Michael Sommer

Die Soldatenkaiser

GESCHICHTE KOMPAKT

Michael Sommer, studierte Alte Geschichte, Klassische Philologie, Wissenschaftliche Politik, Neuere und Neueste Geschichte sowie Vorderasiatische Archäologie in Freiburg, Basel, Bremen und Perugia, lehrte in Liverpool und ist seit 2012 Professor für Alte Geschichte an der Universität Oldenburg. Seine Forschungsschwerpunkte sind das römische Imperium, der östliche Mittelmeerraum sowie die Phönizier.

Herausgegeben von
Kai Brodersen, Martin Kintzinger, Uwe Puschner

Antike
Herausgeber für den Bereich *Antike*:
Kai Brodersen

Berater für den Bereich *Antike*:
Ernst Baltrusch, Peter Funke, Charlotte Schubert, Aloys Winterling

GESCHICHTE KOMPAKT

Michael Sommer

Die Soldatenkaiser

wbg Academic

Abbildungsnachweis:

akg-images: S. 36, 53, 67, 83

Karten, Peter Palm: S. 96, 104

Die Deutsche Nationalbibliothek verzeichnet diese Publikation in der Deutschen Nationalbibliografie; detaillierte bibliografische Daten sind im Internet über http://dnb.de abrufbar.

4., vollständige überarbeitete und bibliografisch aktualisierte Auflage 2020

1. Auflage 2004
Die Herausgabe dieses Werkes wurde durch
die Vereinsmitglieder der WBG ermöglicht.
Satz: Lichtsatz Michael Glaese GmbH, Hemsbach
Einbandgestaltung: schreiberVIS, Seeheim
Gedruckt auf säurefreiem und alterungsbeständigem Papier
Printed in Germany

Besuchen Sie uns im Internet: www.wbg-wissenverbindet.de

ISBN 978-3-534-27224-2

Elektronisch sind folgende Ausgaben erhältlich:
eBook (PDF): 978-3-534-74622-4
eBook (epub): 978-3-534-74623-1

Inhaltsverzeichnis

Geschichte kompakt

In der Geschichte,
wie auch sonst,
dürfen Ursachen nicht
postuliert werden,
man muss sie suchen.
(Marc Bloch)

Das Interesse an Geschichte wächst in der Gesellschaft unserer Zeit. Historische Themen in Literatur, Ausstellungen und Filmen finden breiten Zuspruch. Immer mehr junge Menschen entschließen sich zu einem Studium der Geschichte, und auch für Erfahrene bietet die Begegnung mit der Geschichte stets vielfältige, neue Anreize. Die Fülle dessen, was wir über die Vergangenheit wissen, wächst allerdings ebenfalls: Neue Entdeckungen kommen hinzu, veränderte Fragestellungen führen zu neuen Interpretationen bereits bekannter Sachverhalte. Geschichte wird heute nicht mehr nur als Ereignisfolge verstanden, Herrschaft und Politik stehen nicht mehr allein im Mittelpunkt, und die Konzentration auf eine Nationalgeschichte ist zugunsten offenerer, vergleichender Perspektiven überwunden.

Interessierte, Lehrende und Lernende fragen deshalb nach verlässlicher Information, die komplexe und komplizierte Inhalte konzentriert, übersichtlich konzipiert und gut lesbar darstellt. Die Bände der Reihe „Geschichte kompakt“ bieten solche Information. Sie stellen Ereignisse und Zusammenhänge der historischen Epochen der Antike, des Mittelalters, der Neuzeit und der Globalgeschichte verständlich und auf dem Kenntnisstand der heutigen Forschung vor. Hauptthemen des universitären Studiums wie der schulischen Oberstufen und zentrale Themenfelder der Wissenschaft zur deutschen und europäischen Geschichte werden in Einzelbänden erschlossen. Beigefügte Erläuterungen, Register sowie Literatur- und Quellenangaben zum Weiterlesen ergänzen den Text. Die Lektüre eines Bandes erlaubt, sich mit dem behandelten Gegenstand umfassend vertraut zu machen. „Geschichte kompakt“ ist daher ebenso für eine erste Begegnung mit dem Thema wie für eine Prüfungsvorbereitung geeignet, als Arbeitsgrundlage für Lehrende und Studierende ebenso wie als anregende Lektüre für historisch Interessierte.

Die Autorinnen und Autoren sind in Forschung und Lehre erfahrene Wissenschaftlerinnen und Wissenschaftler. Jeder Band ist, trotz der allen gemeinsamen Absicht, ein abgeschlossenes, eigenständiges Werk. Die Reihe „Geschichte kompakt“ soll durch ihre Einzelbände insgesamt den heutigen Wissensstand zur deutschen und europäischen Geschichte repräsentieren. Sie ist in der thematischen Akzentuierung wie in der Anzahl der Bände nicht festgelegt und wird künftig um weitere Themen der aktuellen historischen Arbeit erweitert werden.

Kai Brodersen
Martin Kintzinger
Uwe Puschner

Vorwort zur 4. Auflage

Das Thema „Soldatenkaiser“, das bei Erscheinen der Erstauflage 2004 noch eine Randexistenz führte, ist mittlerweile fest im Lehrkanon der Alten Geschichte etabliert. Jahr für Jahr wächst die einschlägige Bibliografie - ein sicheres Zeichen, dass das 3. Jahrhundert noch lange nicht „überforscht“ ist. Schon deshalb ist es dem Verfasser ein Anliegen, den Band so aktuell wie möglich zu halten. Die Neuauflage im neuen, zeitgemäßen Gewand gibt Gelegenheit zu einer gründlichen Überarbeitung nicht nur der Bibliografie, sondern auch des Textes. Dank gebührt dem Lektorat der Wissenschaftlichen Buchgesellschaft, insbesondere Daniel Zimmermann, sowie meinen Oldenburger Mitarbeitern und Studenten, von denen inzwischen etliche die Soldatenkaiser für ihre eigene Forschung entdeckt haben. Welcher Ort wäre als Inspirationsquelle für die Überarbeitung geeigneter als Oxford, wo die „Soldatenkaiser“ vor 15 Jahren das Licht der Welt erblickten?

Oxford, August 2019 Michael Sommer

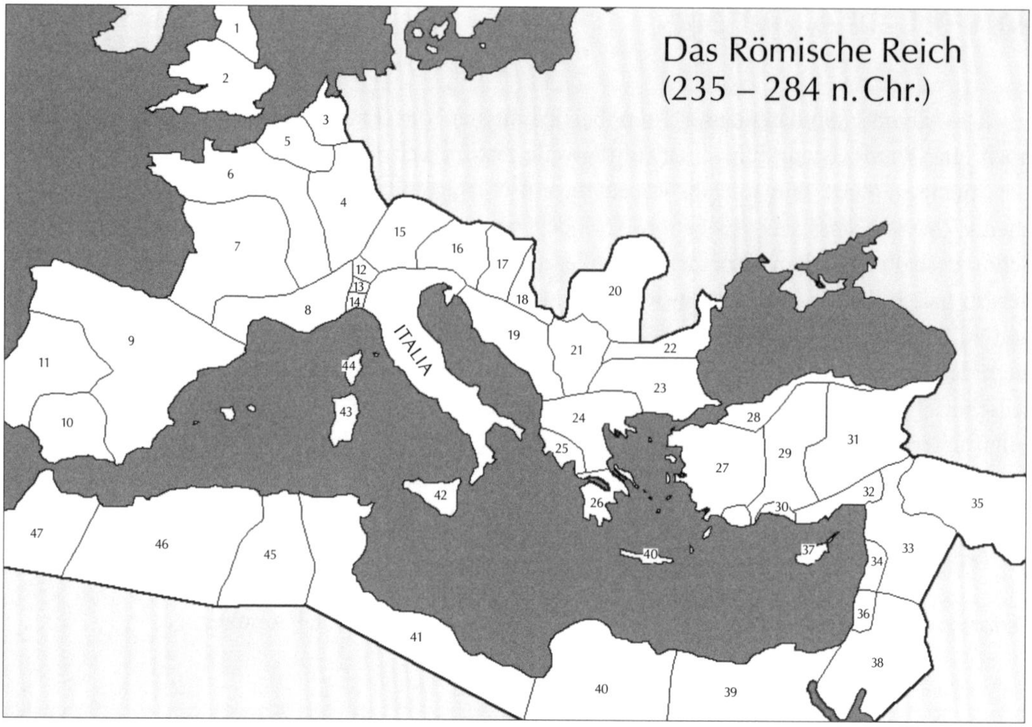

Abb. 1
„Die Provinzen der Soldatenkaiserzeit"

Die Provinzen der Soldatenkaiserzeit

1 *Britannia inferior*
2 *Britannia superior*
3 *Germania inferior*
4 *Germania superior*
5 *Belgica*
6 *Lugdunensis*
7 *Aquitania*
8 *Narbonensis*
9 *Hispania Tarraconensis*
10 *Baetica*
11 *Lusitania*
12 *Alpes Graiae*
13 *Alpes Cottiae*
14 *Alpes Maritimae*
15 *Raetia*
16 *Noricum*
17 *Pannonia superior*
18 *Pannonia inferior*
19 *Dalmatia*
20 *Dacia*
21 *Moesia superior*
22 *Moesia inferior*
23 *Thracia*
24 *Macedonia*
25 *Epirus*
26 *Achaea*
27 *Asia*
28 *Bithynia et Pontus*
29 *Galatia*
30 *Lycia et Pamphylia*
31 *Cappadocia*
32 *Cilicia*
33 *Syria Coele*
34 *Syria Phoenice*
35 *Mesopotamia*
36 *Syria Palaestina*
37 *Cyprus*
38 *Arabia*
39 *Aegyptus*
40 *Cyrenaica et Creta*
41 *Africa Proconsularis*
42 *Sicilia*
43 *Sardinia*
44 *Corsica*
45 *Numidia*
46 *Mauretania Caesariensis*
47 *Mauretania Tingitana*

I. Historische Voraussetzungen

Überblick

Rom, noch Anfang des 4. Jahrhunderts v. Chr. ein Stadtstaat in Mittelitalien, stieg in rund 250 Jahren zur Hegemonialmacht des Mittelmeerraums auf. Von der Expansion und ihren Folgen überfordert, machte die Republik kurz vor der Zeitenwende der Herrschaft eines einzigen Mannes Platz: Augustus begründete den Prinzipat, eine Monarchie in allen Belangen, nur nicht dem Namen nach. Seine Stabilität verdankte der Prinzipat dem politischen Weitblick seines Gründers, nicht zuletzt aber auch dem besonderen Umfeld, in dem sich das römische Imperium im 1. und 2. Jahrhundert n. Chr. befand: es hatte keinen äußeren Gegner, der ihm militärisch auch nur annähernd gewachsen war. Der Prinzipat war eine Schönwettermonarchie.

264–241 v. Chr.	1. römisch-karthagischer Krieg (bis 241): Rom steigt zur Großmacht im Mittelmeerraum auf
241 v. Chr.	Sizilien wird erste römische Provinz
60 v. Chr.	sogenanntes 1. Triumvirat: Pompeius – Caesar – Crassus
44 v. Chr.	Ermordung Caesars
43 v. Chr.	sogenanntes 2. Triumvirat: M. Antonius – Octavianus – Lepidus
27 v. Chr.	Nominelle Wiederherstellung der res publica; Übertragung der prokonsularischen Befehlsgewalt an Augustus auf zunächst zehn Jahre: faktisch Beginn des Prinzipats
14 n. Chr.	Tod des Augustus: Tiberius tritt Nachfolge an
68	1. Vierkaiserjahr: Krise des Prinzipats
193	2. Vierkaiserjahr

1. Prinzipat

Periodisierung

Wir nennen, einer Konvention folgend, den ersten Abschnitt der römischen Kaiserzeit den „Prinzipat“. Die Epoche wird so einerseits von der voraugusteischen Periode römischer Geschichte, der Republik, andererseits von der Spätantike abgegrenzt. Der Begriff kann sich nicht auf eine in antiken Quellen verwendete Terminologie stützen. Die Römer empfanden zwar die Veränderungen, die mit Augustus Einzug hielten, für sie war ihr Gemeinwesen aber nach wie vor eine *res publica*, eine „öffentliche Angelegenheit". Die monarchische Struktur verfestigte sich erst allmählich, auch und gerade in der Begrifflichkeit.

Der Prinzipat lässt sich nicht eindeutig als Epoche abgrenzen. Man lässt ihn meist 27 v. Chr. beginnen, dem Jahr der Verrechtlichung der außerordentlichen, bis dahin faktisch militärdiktatorischen Gewalt des Augustus. Damit hat man wesentlich die staatsrechtliche Komponente im Auge, die aber nur ein Segment der für den gesellschaftlichen und politischen Wandel relevanten Faktoren ist. Grundsätzlich sind deshalb auch andere Zäsuren denkbar: frühere, wie der Beginn des sogenannten 1. Triumvirats zwischen Caesar, Pompeius und Crassus (60 v. Chr.), das Jahr der Ermordung Caesars (44 v. Chr.), der Abschluss des sogenannten 2. Triumvirats zwischen Octavianus (Augustus), M. Antonius und Lepidus (43 v. Chr.), aber auch spätere, wie der Tod des Augustus (14 n. Chr.), als die ursprünglich Augustus persönlich übertragenen Vollmachten auf seinen Nachfolger Tiberius übergingen und so der Prinzipat entpersönlicht und damit erst institutionalisiert wurde.

Nicht einfach zu bestimmen ist auch das Ende der Epoche. Das Rom der Spätantike war ein völlig anderes Rom als das Imperium eines Augustus, Hadrian oder Septimius Severus. Übergänge aber vollziehen sich fast immer in langsamen, für die Zeitgenossen kaum merklichen Rhythmen. Bei allem Wandel herrscht stets auch Kontinuität. Und so war das Reich der Spätantike zwar ein anderes Imperium, aber es war noch immer unverkennbar römisch.

Wieder erfasst die rein staatsrechtliche Betrachtung nur einen Ausschnitt des Gesamtgeschehens. Die Monarchie hatte sich gewandelt, der Kaiser war kein *princeps* („Erster") mehr, sondern legte nunmehr auf die Anrede *dominus* („Herr") und entsprechende Gesten der Unterordnung Wert, weshalb die politische Struktur der Spätantike zumal der älteren Forschung häufig als „Dominat" (im Gegensatz zum Prinzipat) galt. Die Reichszentrale bemühte sich seit dem späten 3. Jahrhundert um die Regelung von immer mehr Lebensbereichen; sie unterhielt dazu ein Heer von Staatsbediensteten, eine immer ausgeklügelter werdende Bürokratie, die Rom zuvor kaum gekannt hatte. Viele Initiativen der kaiserlichen Regierung erwecken den Anschein eines „totalitären" Staates, der gleichwohl in seinen Möglichkeiten - verglichen mit modernen Nationalstaaten - beschränkt blieb.

Die Forschung lässt den Prinzipat entweder mit dem letzten Severer Alexander (der bis 235 regierte) oder mit dem Regierungsantritt Diokletians (284) enden. Schon diese Unschärfe lässt erkennen, dass die dazwischenliegenden fünfzig Jahre eine Epoche des Übergangs waren, die sich weder der Prinzipatszeit noch dem früher sogenannten „Dominat" der Spätantike klar zuordnen lässt. Sie ist Gegenstand dieses Buches, in all ihrer schillernden Uneindeutigkeit und Ambivalenz, die sie mit anderen Perioden politischen, gesellschaftlichen und kulturellen Zeitenwechsels teilt.

Quelle

Maecenas über die Prinzipatsordnung

(Cassius Dio 52,15,1–4)

Denke nicht, dass ich dir rate, das Volk und den Senat zu versklaven und eine Tyrannis zu errichten. Das dir vorzuschlagen, würde ich mich niemals erdreisten. Noch würdest du selbst es über dich bringen. Das aber wäre ehrenhaft und zweckmäßig für dich wie für das Gemeinwesen: dass du selbst, in Absprache mit den fähigsten Männern, die geeigneten Gesetze verfügst, ohne jede Möglichkeit von Widerstand oder Kritik seitens der Massen; dass du und deine Ratgeber Krieg führen nach deinem eigenen Belieben und alle übrigen Bürger deinen Befehlen unverzüglich gehorchen; dass die Auswahl der Amtsträger dir und deinen Beratern obliegt; und dass du mit ihnen Ehren und Strafen festsetzt. Der Vorzug all dessen bestünde darin, dass, was immer dir und deinesgleichen gut schiene, unverzüglich Gesetz würde; dass die Kriege gegen unsere Feinde in aller Stille und zum günstigen Zeitpunkt geführt würden; dass jene, denen eine Aufgabe anvertraut würde, aufgrund ihrer Verdienste und nicht durch das Los oder durch Rivalität ernannt würden; dass die Fähigen geehrt würden, ohne Eifersucht heraufzubeschwören, die Schlechten bestraft, ohne Aufruhr auszulösen. Das meiste, was so in Angriff genommen würde, würde richtig ausgeführt werden, anstatt an die Volksversammlung überwiesen, öffentlich hin und her überlegt, Parteivertretern überantwortet oder der Gefahr ehrgeizigen Wetteifers ausgesetzt zu werden. Und wir sollten uns glücklich schätzen angesichts der Wohltaten, die uns zuteilwerden, statt in riskante auswärtige Kriege oder unseligen internen Zwist verwickelt zu werden.

Prinzipatskonzeption

Die Passage aus dem Geschichtswerk des Cassius Dio (s. Quelle) ist ein Schlüsseltext für das Verständnis des römischen Prinzipats. Der, dem hier geraten wird, ist niemand anderer als Augustus, der Begründer jener politischen Ordnung, die wir Prinzipat nennen und die das römische Kaiserreich zu einem staatsrechtlichen wie herrschaftssoziologischen Sonderfall macht. Im Prinzip monarchisch, denn es gab die meiste Zeit über nur einen Kaiser, und im Prinzip autokratisch, denn faktisch war die Machtfülle des Kaisers schrankenlos, war der Prinzipat doch gleichzeitig auch eine komplexe juristische Konstruktion, die Strukturen der römischen Republik modifiziert fortsetzte.

Cassius Dio ist ein Historiograf des 3. Jahrhunderts n. Chr. Die Worte, die er Maecenas, dem Ratgeber des Augustus, in den Mund legt, sind so vermutlich nie gefallen, aber vom Verfasser mit Bedacht gewählt. Dio stellt in einer fingierten Gesprächssituation zwei Positionen einander gegenüber. Maecenas' Gegenpart M. Agrippa hatte zuvor leidenschaftlich für die Wiederherstellung der Republik plädiert. Augustus stand am Wendepunkt: Sein Sieg über M. Antonius und Kleopatra bei Actium (31 v. Chr.), der ihm den Weg zur Alleinherrschaft geebnet hatte, lag gerade zwei Jahre zurück. Sollte er auf seine außerordentlichen Machtbefugnisse verzichten und die Republik wiederherstellen? Oder sollte er, wie es ihm der Maecenas Dios riet, nach der Alleinherrschaft greifen?

Die Prinzipatsordnung, zu der Augustus fand und die seine Nachfolger sukzessive weiterentwickelten, stellte tatsächlich formal die Republik wieder her. Der Princeps tat seine Absicht in zwei meisterhaft inszenierten Auftritten vor dem Senat kund (27 v. Chr.). Erst zu diesem Anlass nahm er den Ehrentitel „Augustus" an, den nach ihm alle Kaiser im Namen führten (während nachrangige Mitherrscher, häufig Kaisersöhne und präsumtive Nachfolger, den Namen „Caesar" erhielten). Vier Jahre später legte er den Konsulat, den er bis dahin in Serie innegehabt hatte, nieder. Statt der Ämter bekleidete Augustus fortan nur noch deren Befugnisse: Prokonsularische und tribunizische Gewalt wurden zu tragenden Säulen des Prinzipats. Ein wenig treuherzig versichert der erste Princeps in seinem „Tatenbericht" (*Res gestae*), er überrage alle anderen nicht an Machtfülle (*potestas*), wohl aber an Autorität (*auctoritas*).

Die Formulierung enthält gleichwohl, wenn auch nicht die ganze, so doch wenigstens mehr als nur ein Körnchen Wahrheit. Augustus war, ebenso wenig wie einer seiner Nachfolger, alles andere als ein absoluter Monarch. Das lag wesentlich an der Entstehungsgeschichte des Prinzipats aus dem römischen Bürgerkrieg heraus. Zwar war das von Augustus geschaffene System als solches legitim, weil es in der Krise den inneren Frieden wiederhergestellt hatte und fortan nicht mehr infrage gestellt wurde, doch fehlten verbindliche Kriterien, welche die einzelnen Kaiser legitimierten: Weder die imperatorische Akklamation durch das Heer, der Treueeid oder die Verleihung der prokonsularischen und tribunizischen Amtsgewalt – die seit Augustus den Kern der kaiserlichen Herrschaftsbefugnisse bildeten – durch den Senat noch die dynastische Kontinuität reichten für sich genommen, um die Loyalität der Beherrschten auf Dauer sicherzustellen. Sie waren lediglich Investiturakte partikularer Gruppen, die allein keine Legitimität schaffen konnten.

Die Kaiser mussten deshalb, wie *Egon Flaig* überzeugend herausgearbeitet hat, kontinuierlich bei den drei Gruppen um Akzeptanz werben, die zu koordiniertem Handeln in der Lage waren und deshalb die Prinzipatsgesellschaft maßgeblich konstituierten: Senatoren, Militär und stadtrömische Bevölkerung (*plebs urbana*): „Den Herrscher hält ganz allein die Tatsache oben, dass er akzeptiert wird; verliert er seine Akzeptanz, dann stürzt er" (*Flaig*). Die Akzeptanz des einzelnen Kaisers war maßgeblich an seine Person geknüpft und daran, wie er die Kommunikation mit den Einflussgruppen bewältigte. Verlor er den Draht zu ihnen, gelang es ihm nicht, sich ihnen durch Geld- und Lebensmittelspenden, die Ausrichtung von Zirkusspielen, als erfolgreicher Feldherr oder großzügiger Gastgeber zu präsentieren, kurz: als Wohltäter, auf den sich die Hoffnungen aller richteten, waren seine Tage als Kaiser gezählt.

Folgen der Prinzipatsordnung

Unvermeidliche Folge waren Usurpationen, Verschwörungen oder Revolten. Am gravierendsten wirkte stets der Vertrauensentzug durch das Militär. War das Verhältnis zwischen Kaiser und Soldaten zerrüttet, waren Usurpationen nur eine Frage der Zeit. Ihr Verlauf war immer gleich: Die Truppen an den exponierten Grenzen Roms, vorzugsweise dort, wo mehrere Legionen massiert waren, riefen ihren eigenen Kommandeur zum Imperator aus. Der imperatorischen Akklamation folgte der Marsch auf Rom, die Entscheidung zwischen Amtsinhaber und Prätendent brachte der Bürgerkrieg, eine Serie von Bürgerkriegen im nicht seltenen Fall sich häufender, einander zeitlich überschneidender Usurpationen (s. S. 105).

Herrschaft im Akzeptanzsystem des Prinzipats haftete stets das Odium des Außeralltäglichen an und damit eine starke charismatische Komponente – im Sinne von Max Webers Herrschaftssoziologie. Sie war daher stets prekär. Besonders prekär, weil in der konstitutionellen Mechanik nicht vorgesehen, war die Nachfolge. Zwar konnte ein vom Amtsvorgänger designierter Nachfolger, der oft – aber keineswegs immer – ein Verwandter war, auf einen gewissen Vertrauensvorschuss setzen. Dennoch blieben schwere Prinzipatskrisen in den ersten zwei Jahrhunderten die Ausnahme: Nur der Akzeptanzverlust Neros und über hundert Jahre später des Commodus brachten, mit dem ersten (69) und zweiten (193) Vierkaiserjahr, Usurpationsserien mit Wellen von Bürgerkriegen ins Rollen. In anderen Fällen gelang es den Amtsinhabern, Usurpationen im Keim zu ersticken.

Entwicklung der Prinzipatsordnung

Bei aller scheinbaren Gleichförmigkeit entwickelte sich die Prinzipatsordnung doch allmählich von den augusteischen Anfängen aus weiter. Die Richtung war eindeutig, der Prozess unumkehrbar: Obwohl das Kaisertum latent stets seinen quasi-außerordentlichen Notstandscharakter beibehielt, trieb es doch fortschreitender Institutionalisierung und Formalisierung entgegen. Das sogenannte, auf einer Bronzetafel vom Kapitol erhaltene „Bestallungsgesetz“ des Kaisers Vespasian (*lex de imperio Vespasiani*) von 69/70 dokumentiert eine wichtige Etappe auf diesem Weg: „dass er das Recht und die Macht habe, wie es der vergöttlichte Augustus und Tiberius Iulius Caesar Augustus und Tiberius Claudius Caesar Augustus Germanicus hatten, zu tun, was immer er an Göttlichem und Menschlichem, an Öffentlichem und Privatem dem Wohl und übergeordneten Interesse des Staates für dienlich erachte“ (CIL VI, 930). Die, wenigstens theoretische, Allmacht des Prinzeps hatte hier (soweit sich auf Basis der überkommenen Quellen urteilen lässt: erstmalig) eine rechtliche Grundlage erhalten.

Parallel dazu erfolgte, allerdings gegen beträchtliche senatorische Widerstände, die schrittweise Professionalisierung der kaiserlichen Verwaltung und Rechtsprechung. Wichtige Funktionen übernahmen, anstelle der republikanischen Magistrate und Promagistrate, mehr und mehr nichtsenatorische Amtsträger, die speziell für ihre Aufgaben ausgebildet waren. Obwohl bereits unter Claudius erhebliche Anstrengungen zur Rationalisierung des kaiserlichen Palastes unternommen wurden, auch und gerade durch Einsatz von Freigelassenen in herausgehobenen Verwaltungsfunktionen, kam die Bürokratisierung bis ins ausgehende 3. Jahrhundert nicht über relativ bescheidene Anfänge hinaus.

Was war von der ursprünglichen Architektur des Prinzipats und ihrer gewollten Uneindeutigkeit über 200 Jahre nach Augustus, als Dio sein Geschichtswerk schrieb, noch übrig? Unser Text erlaubt hierzu einige Schlussfolgerungen, denn selbstverständlich reflektieren die Ausführungen des Maecenas nicht das Denken der augusteischen Epoche, sondern ein Bild vom Kaisertum, das in Dios eigener Zeit, der späten Severer und frühen Soldatenkaiserzeit, Aktualität besaß. Wir stehen damit an der Schwelle zu jener Epoche, die uns im Folgenden interessieren soll. Aber natürlich ist Dios Standpunkt nicht der eines unbefangenen Beobachters, sondern von der Interessenlage eines selbst gestaltend tätigen, am politischen Geschehen aktiv beteiligten Zeitgenossen vorgegeben: Dio, der Senator aus dem kleinasiatischen Bithynien und gewesener Konsul, entstammte der alten Elite, dem *ordo senatorius*, der an der Wende vom 2. zum 3. Jahrhundert um seine Privilegien fürchtete.

Und so lässt Dio seinen Maecenas mit Bedacht von der Tyrannis abraten. Sein Kaiser ist kein Despot, sondern ein Monarch, der „seinesgleichen" - damit sind natürlich die Senatoren gemeint - an Entscheidungsprozessen teilhaben lässt. Im Dreieck der Interessengruppen hebt Maecenas die Rolle des Senats hervor, während er die „Massen", gemeint ist die *plebs urbana*, aber auch die große Gruppe des Militärs mit ihrer ausgeprägten inneren Kohäsion, mit Bedacht ausklammert. Der größte Vorzug monarchischer Regierung besteht, folgen wir dem Text weiter, in klaren Entscheidungsstrukturen: Der Wille des Kaisers wird Gesetz; die elementare Entscheidung über Krieg und Frieden obliegt allein ihm. Was Cassius Dio hier durch den Mund des Maecenas ausbreitet, ist eigentlich der Entwurf für eine absolute Monarchie, die um eine aristokratische Komponente abgemildert ist.

Dieser Gedanke kam natürlich nicht aus dem politisch luftleeren Raum. Er hatte, in der Perspektive des Autors, einen eminenten Gegenwartsbezug. Hintergrund war die Krise des Prinzipats, die sich bereits unter Commodus (180-192 n. Chr.) und im zweiten Vierkaiserjahr andeutete und nach dem Tod des Septimius Severus (193-211), unter Caracalla (211-217), Macrinus (217-218) und Elagabal (218-222), verschärfte. Der Zeitgenosse Dio setzte seine Hoffnungen nach sich häufenden Usurpationen, Palastwirren, Anzeichen für eine fiskalische Überforderung des Imperiums sowie verlustreichen Kriegen und Bürgerkriegen auf ein starkes Regiment des jungen Kaisers Severus Alexander (222-235). Die Zeit war reif für innere Konsolidierung und Ausgleich. Nicht zuletzt dürften auch der hohe Blutzoll und drohende Macht- und Prestigeverlust des Senatorenstandes Dios Überlegungen beeinflusst haben. Entsprechende Züge trägt das „Programm", das er seinem Maecenas in den Mund legte.

2. Einheit des Mittelmeerraums

Zentrum und Peripherie

Die große Leistung Roms, wenn man es so nennen darf, bestand darin, zum ersten - und bis heute auch zum letzten - Mal das gesamte Mittelmeerbecken in einer einzigen politischen Struktur zusammengefasst zu haben. Von der Iberischen Halbinsel bis zum Euphrat, vom Hadrianswall bis zur Sahara kursierten die gleichen Münzen, galt dasselbe Recht, folgten die Legionen einem einheitlichen Oberbefehl. Die meisten Städte waren auf identischem Bauplan errichtet, hatten ähnliche Verfassungen und dasselbe Inventar an öffentlichen Bauten. Wertvolle Waren zirkulierten als Prestigegüter im gesamten Imperium, und das Getreide zur Versorgung der Hauptstadt Rom fand seinen Weg aus Ägypten über das halbe Mittelmeer.

Wie ein Ring legten sich die **Provinzen** um das Mittelmeer, das die Römer mit gutem Recht *mare nostrum* („unser Meer") nannten.

Stichwort

Provinciae

waren im ursprünglichen Sprachgebrauch die Amtsbereiche römischer Magistrate. Der Begriff bezeichnete schon früh Roms außeritalische Herrschaftsgebiete. Den Anfang machte, nach dem Ersten Punischen Krieg, Sizilien (241 v. Chr.), es folgte kurz darauf Sardinien (238 v. Chr.). Im 2. und 1. Jahrhundert v. Chr. beschleunigte sich das Tempo der römischen Expansion und erfasste schließlich den gesamten hellenistischen Osten und erstmals auch dem Mittelmeer fernere Gebiete (Gallien, Britannien, Germanien). Die Verwaltung der Provinzen oblag in der Regel Personen, die zuvor ein Amt mit *imperium* (Konsulat oder Prätur) versehen hatten. Je nach Größe und Bedeutung der Provinz stand ihr ein gewesener Konsul (Prokonsul) oder Prätor (Proprätor) vor.

Der Prinzipat schuf auch für das Provinzialsystem neue Voraussetzungen. Da die Macht des *princeps* maßgeblich auf seiner Kontrolle der Legionen beruhte, war es für ihn unerlässlich, die exponierten Grenzprovinzen, in denen ein Großteil der Truppen massiert war, seinem direkten Oberbefehl (*imperium*) zu unterstellen. Sie wurden daher schon unter Augustus der Verantwortung von Promagistraten entzogen und senatorischen *legati* („Beauftragten") des Kaisers oder, im Fall kleinerer Provinzen sowie des allerdings außerordentlich wichtigen Ägypten, ritterlichen Präfekten unterstellt. Doch auch weiterhin blieben die römischen Provinzverwaltungen kleine Stäbe; den Hauptteil der administrativen Aufgaben leisteten die sich selbst verwaltenden Städte.

Die Balance zwischen Rom und seinen Provinzen verschob sich seit der frühen Kaiserzeit. Dem republikanischen Rom und seinen Amtsträgern waren die Provinzen nichts anderes gewesen als Reservoirs, denen sich materielle Ressourcen entziehen und ins Zentrum umlenken ließen. Den Provinzialen gegenüber spielte man hemmungslos das Recht des Eroberers aus. In der Kaiserzeit hingegen machte die Nivellierung zwischen Rom und Italien einerseits, den Provinzen andererseits zügige Fortschritte, abzulesen vor allem an der wachsenden Zahl von Senatoren, die den Provinzen entstammten. Die Herrscher leisteten dieser Entwicklung nachhaltig Vorschub.

Quelle

Kaiser Claudius über Provinzialen im Senat (48 n. Chr.)

(H. Dessau: Inscriptiones Latinae Selectae, Bd. 1, Berlin 1954, Nr. 212)

Es war, das ist hinreichend bekannt, eine Neuerung, dass mein Großonkel, der vergöttlichte Augustus, und mein Onkel, Tiberius Caesar, entschieden, dass die Fähigeren und Wohlhabenderen von überall, die gesamte Blüte der Bürgerkolonien und Provinzstädte, in dieser Kurie sitzen sollten. Wie bitte? Hat nicht ein Italiker einen begründeteren Anspruch, Senator zu sein, als ein Provinziale? Was ich davon halte, werde ich euch durch Taten zeigen, wenn ich euch die diesbezüglichen Maßnahmen meiner **Zensur** vorlege. Denn nicht einmal Provinzialen sind, so meine ich, zurückzuweisen, wenn sie nur der Kurie zur Zier gereichen.

Stichwort

Zensur

Seit 366 v. Chr. führten alle fünf Jahre zwei von der Volksversammlung (Zenturiatskomitien) gewählte *censores* (üblicherweise gewesene Konsuln) einen *census*, eine Vermögensschätzung und Musterung der Bürger, durch. Zusätzlich oblag ihnen das *regimen morum*: die Verantwortung für die Einhaltung des traditionellen Wertekanons, des *mos maiorum* („Sitte der Vorfahren"). Das Amt der Zensoren war auf 18 Monate befristet und wurde streng kollegial versehen. Seit dem späten 4. Jahrhundert v. Chr. nahmen die Zensoren zusätzlich die *lectio senatus* vor, die Ernennung neuer und die Streichung amtierender Senatoren von der Senatsliste.

Es waren allerdings auch Schwierigkeiten zu überwinden. Die italischen Senatoren sahen ihre Privilegien dadurch bedroht, dass jetzt vermehrt Provinzialen in ihre Reihen drängten. Auf ihren Unmut nimmt Claudius Bezug (s. Quelle). Natürlich waren auch die von Claudius in den Senat aufgenommenen Provinzialen keine Reichsbewohner ohne römisches Bürgerrecht (*peregrini*), sondern durchweg bereits römische Ritter (Angehörige des *ordo equester*, des nach den Senatoren zweiten Stands der römischen Gesellschaftspyramide) und Nachfahren von Italikern, die in mehreren großen Kolonisationswellen seit spätrepublikanischer Zeit in die Provinzen übergesiedelt waren.

Stadtrecht und Bürgerrecht

Diese „Kolonisten", meist Veteranen, Gründer römischer Bürgerkolonien (*coloniae civium Romanorum*) auf provinzialem Boden, leisteten einen entscheidenden Beitrag zur Romanisierung. Sie stellten nicht nur die Kontrolle der einheimischen Bevölkerung sicher, sondern boten auch zahlreiche Anreize, sich römischem Lebensstil anzupassen. Die provinziale Bevölkerung wurde so vielerorts innerhalb weniger Generationen assimiliert: Aus Hispaniern, Galliern, Briten, Germanen, Illyrern oder Dakern wurden Römer, die allerdings oft, in unterschiedlichem Maß, zu ihrer römischen eine regionale oder lokale Identität bewahrten.

coloniae

Die *coloniae* waren Abbilder Roms im Kleinen. Ihre Bürger waren zugleich römische Bürger (*cives Romani*) und Bürger ihrer jeweiligen Gemeinde. Siedler latinischer Kolonien verloren, wenn sie aus Rom stammten, das römische Bürgerrecht und waren rechtlich den latinischen Bundesgenossen Roms gleichgestellt. In der Frühzeit entstanden Kolonien wesentlich zur militärischen Sicherung unterworfenen Landes. Neben diesem Aspekt trat mehr und mehr der Abbau von Bevölkerungsüberschüssen in Rom und im italischen Kernland und die Versorgung von Veteranen mit knappem Ackerland. Seit den Gracchen, verstärkt seit Caesar, setzte die Gründung von *coloniae* auf Provinzboden ein und leistete einen erheblichen Beitrag zur Romanisierung. Mit dem Bedeutungsverlust des römischen Bürgerrechts hörte die Gründung neuer Kolonien bzw. die Verleihung kolonialen Status an bestehende Gemeinden („Titularkolonien") nicht auf: *Coloniae* rangierten nun in der Prestigehierarchie der Städte an der Spitze.

municipia

Zu den römischen Bürgerkolonien gesellten sich andere Formen städtischer Organisation, mit je unterschiedlichem Rechtsstatus. *Municipia* waren ursprünglich italische Städte, denen Rom in der Republik den Status als römische Bürgergemeinden (mit vollem Stimmrecht der Bürger in der Volksversammlung) oder Halbbürgergemeinden (ohne Stimmrecht) verliehen hatte, wofür sie im Gegenzug „Pflichten übernahmen" (*munera capere*). In der Kaiserzeit erhielten peregrine provinziale Gemeinden als *municipia* latinisches Recht (*municipia Latina*): Die Jahresbeamten der Städte, seit Hadrian alle Dekurionen (Ratsherren) erwarben kraft ihres Amtes das römische Bürgerrecht.

Die Besonderheit dieses abgestuften Systems war, dass prinzipiell jeder Provinziale die Perspektive hatte, seine Kinder oder Enkel römische Bürger werden zu sehen. Neben der Verleihung des Bürgerrechts an ganze Stadtgemeinden, sogenannte Titularkolonien, öffnete der Dienst in den nichtrömischen Hilfstruppeneinheiten (Auxiliartruppen) den Zugang zum römischen Bürgerrecht. Ferner waren freigelassene Sklaven (*liberti*) vom Tag ihrer Freilassung römische Bürger, wenn auch in der ersten Generation mit minderen Rechten. Die Durchlässigkeit des Systems und die Großzügigkeit, mit der Rom sein Bürgerrecht verlieh, machten aus Unterworfenen in ein oder zwei Generationen Teilhaber an der Macht und der Herrlichkeit des Imperiums – eine wesentliche Komponente erfolgreicher Herrschaftssicherung. Nicht ganz zu Unrecht konnte der als Nichtrömer geborene griechische Philosoph Aelius Aristides in einer Rede auf Rom und die Römer im 2. Jahrhundert n. Chr. feststellen: „Ihr seid fähig, zugleich die Macht über ein Reich, und dazu über ein gewaltiges, auszuüben und es nicht ohne Menschenfreundlichkeit zu beherrschen“ (Aristides, or. 26,66).

Kultur

Der Westen hatte der kulturellen Ausstrahlung Roms wenig entgegenzusetzen. Anders freilich stellte sich die Lage in den östlichen Provinzen dar. Hier traf das Imperium auf Zivilisationen, die Jahrhunderte, wenn nicht Jahrtausende, älter waren als Rom selbst. Stadtkultur mit all ihren Annehmlichkeiten gelangte nicht erst durch römische Siedler ins Land, sondern war hier längst tief verwurzelt. Griechisch, das sich im Hellenismus als Verkehrssprache ausgebreitet hatte, behielt diesen Status auch unter römischer Herrschaft. Dasselbe gilt regional für das Aramäische in seinen unterschiedlichen lokalen Varianten. In viel geringerem Umfang als im Westen veränderten Koloniegründungen die demografische Struktur.

Dennoch bewies Rom auch im Osten seine Integrationskraft. Städtische Eliten strebten in den Ritterstand, später auch in den Senat, und sie adaptierten in Kunst und Architektur die römische Formensprache, die Möglichkeiten, die sie zur Selbstdarstellung bot, fest im Blick. Mehr vielleicht noch als im Westen zeigte sich im Osten, dass römische Zivilisationsleistungen ein Angebot waren, kein Zwang. Wo Assimilation und Akkulturation erfolgten, ging die Initiative von unten aus, von der lokalen Bevölkerung, vor allem ihren Eliten, nicht vom Kaiser und den Statthaltern. Es gab kein „Programm“ zur Romanisierung, das den Rändern der römischen Welt die Bausteine des Römischseins hätte aufpfropfen können. Stattdessen gab es das Verlangen der Provinzialen, so zu werden wie jene, die einst als Eroberer gekommen waren.

Der Grund dafür ist denkbar einfach: Das römische Imperium war kein auf Homogenität hin konzipierter Nationalstaat. Wie alle Großreiche übte es ein gewisses Maß „struktureller Toleranz“ (der Neuzeithistoriker *Jürgen Osterhammel*), einfach weil es nicht anders konnte. Das Reich war und blieb, aller Tendenz zur Romanisierung zum Trotz, polyethnisch, multikulturell und religiös vielfältig. Lokale Besonderheiten, „kleine“ Traditionen, blieben unter der Oberfläche der „großen“, reichsweit wirksamen Tradition erhalten. Für uns sind sie, mangels aussagekräftiger Befunde, oft nur schwer aufzuspüren. Allerdings zeichnet sich, auch dank eines wachsenden Bestands an materiellen Zeugnissen, ein Bild ab, das ältere Romanisierungsmodelle differenzieren hilft.

Danach vollbrachte das Römische Reich ab Augustus eine beeindruckende Integrationsleistung. Weit stärker als andere Imperien band es breite Bevölkerungsschichten auch affektiv an die römische Herrschaft, die allenthalben nicht nur rasch akzeptiert, sondern für die meisten auch Anknüpfungspunkt zur innerlichen Identifikation mit Rom war. Drei Angebote erleichterten den Provinzialen die Integration: das soziale Aufstiegsversprechen über den Erwerb des römischen Bürgerrechts; die Verheißung eines komfortableren Lebens dank der Segnungen der römischen Zivilisation; und die Möglichkeit zur Identitätsbestimmung im ideellen Koordinatensystem des von den Griechen erschaffenen und von den Römern gepflegten Mythos. Diesen Angeboten entsprachen die drei Dimensionen von Romanisierung: rechtliche, materielle und symbolische Romanisierung. Sie erlaubten es den Adressaten, die Bedingungen ihrer Romanisierung als Akteure weitgehend selbst zu gestalten: Wie die Angebote jeweils interpretiert und akzeptiert wurden, hing von den Gegebenheiten vor Ort ab, und die wiederum waren stark von lokalen Traditionen und von der sehr unterschiedlichen Intensität römischer Herrschaft geprägt.

Herrschaftsintensität

Herrschaftsintensität nimmt in Großreichen, allgemein gesprochen, vom Zentrum zur Peripherie hin ab. Am größten ist sie im Kerngebiet, dem Ausgangspunkt der Expansion, mit einer oder mehreren Hauptstädten und dem Siedlungsbereich der das Reich tragenden ethnischen Gruppe(n). Darum lagern sich eroberte und direkt von der Zentrale beherrschte Territorien. Noch weiter außen liegen Vasallen- und Klientelstaaten sowie Stämme, über die das Großreich noch eine (nach außen hin immer lockerere) indirekte Oberherrschaft ausübt. Außenpolitisch zu Gefolgschaft verpflichtet, genießen sie im Inneren ein – je unterschiedlich – hohes Maß an innerer Autonomie. Indirekte Herrschaft spart der Zentralmacht die Kosten und den personellen Aufwand direkter Verwaltung; sie ermöglicht so einen denkbar effizienten Einsatz knapper Ressourcen. Praktisch alle vormodernen Imperien bedienten sich ihrer zur Beherrschung weiter Räume, die sie direkt nicht leisten konnten. „Indirekte Herrschaft“ und die Abnahme von Herrschaftsintensität vom Zentrum zur Peripherie hin, gleichsam in konzentrischen Kreisen, sind nur idealtypische Modellbildungen, und natürlich können regionale Besonderheiten, etwa besondere geografische Gegebenheiten (Hochgebirge, Wüsten, Inseln), Ausnahmen von der Regel bedingen.

Das Modell hat weitgehend auch für das Römische Reich Gültigkeit. Auch da, wo natürliche Barrieren (Ozeane, Flüsse, Gebirge) seine Grenzen scheinbar deutlich markierten, reichte sein indirekter Einfluss meist weiter. Jenseits der Rhein- und Donaulinie, wo Rom sich nach der verheerenden Niederlage des Varus (9 n. Chr.) militärisch zurückhielt, wirkte seine Diplomatie umso effektiver; und im Orient begnügte sich Pompeius, als er Syrien zur Provinz machte (64 v. Chr.), mit einem kleinen Brückenkopf an der Küste, den er aber mit einem breiten Glacis von Klientelmonarchien umgab, das die römische Provinz dem Zugriff des rivalisierenden östlichen Großreichs, des Partherreichs, entzog.

Doch kannte das Römische Reich noch eine zweite Besonderheit, die es von anderen Großreichen unterschied. Es beherrschte nicht nur die von ihm abhängigen Klientelkönigreiche und Nomadenstämme indirekt, es gewährte auch seinen Provinzen und selbst dem italischen Kernland Autonomie. Griechische und römische Antike waren, obwohl der überwiegende Teil der Menschen auf dem Land lebte, wesentlich durch urbanes Leben geprägt. Städte waren Schauplätze des politischen Lebens und Bezugspunkte kultureller Identität. Sie wurden im gesamten Mittelmeergebiet zu Zellen römischer Herrschaft, mit der signifikanten Ausnahme Ägyptens. Städte waren allenthalben autonome Gemeinwesen, mit eigenen politischen Organen und Amtsträgern. Zu den Städten gehörte ihr, nicht selten großes, Territorium, mit Dorfgemeinschaften, die von der Stadt als Zentralort abhängig waren. Stadt und Umland bildeten eine politische, soziale und ökonomische Einheit. Stadt grenzte so an Stadt. Das Römische Reich war, aus der lokalen Perspektive betrachtet, kaum mehr als eine Föderation autonomer Städte.

Städte

Die Städte waren es deshalb auch, die Rom die Herrschaft über seine Provinzen mit denkbar geringem Personalaufwand gestatteten. Ihre inneren Angelegenheiten, von juristischen Fragen über die städtischen Finanzen bis hin zu Kultangelegenheiten, regelten sie weitgehend in eigener Regie. Der Provinzstatthalter griff meist nur in Notfällen, bei Konflikten zwischen Städten oder als Appellationsinstanz in Rechtsstreitigkeiten ein. Besonderes Gewicht besaßen deshalb die den Stadtrat und die städtischen Magistrate stellenden Familien der städtischen Oberschicht, die Dekurionen. Sie bildeten in den unzähligen Städten des Imperiums eine Senatsaristokratie im Kleinformat. ■

Auf einen Blick

Ein Mann beherrschte seit Augustus das römische Imperium, das sich vom Atlantik bis nach Mesopotamien erstreckte, doch waren die Kräfte, die das Reich zusammenhielten, vielfältig und komplex. Die Kaiser waren auf die senatorische Elite und das Militär angewiesen, um sich behaupten zu können. Deshalb waren sie genötigt, Kompromisse zu schließen. Das Reich war weder politisch, noch sozial, ökonomisch oder kulturell eine Einheit, aber die normierende Kraft der Romanisierung schweißte es allmählich zu einer Schicksalsgemeinschaft zusammen, zu einem Raum, der auch wirtschaftlich eng miteinander verflochten war.

Literaturhinweise

Christ, K.: Geschichte der römischen Kaiserzeit, München ^{3}1995. Umfassende und hervorragend lesbare Gesamtdarstellung der Epoche.

Flaig, E.: Den Kaiser herausfordern. Die Usurpation im römischen Reich, Frankfurt am Main ^{2}2019. Theoretisch informierte, weit über die Usurpation hinausgreifende Analyse des Prinzipats.

Millar, F.: The emperor in the Roman world, London ^{2}1992. Einflussreiche, nicht unumstrittene Darstellung der institutionellen Aspekte des römischen Kaisertums.

Sommer, M.: Das römische Kaiserreich. Aufstieg und Fall einer Weltmacht, Stuttgart 2018. Kurzdarstellung der Epoche mit Einführungscharakter.

II. Die Quellen und ihre Probleme

Überblick

Verglichen mit der römischen Republik und der frühen Kaiserzeit ist das 3. Jahrhundert n. Chr. ein quellenarmes Zeitalter. Viele literarische Texte sind nur fragmentarisch überliefert, andere, wie die gleich mehrfach problematische Historia Augusta, stammen aus viel späterer Zeit. Umso größere Bedeutung kommt deshalb anderen Quellen zu: archäologischen Überresten ebenso wie Inschriften, Münzen und Papyri.

Wir wissen über das 3. Jahrhundert relativ wenig - noch weniger, als über viele andere Epochen antiker Geschichte. Und besonders dürftig ist unser Wissen über die Zeit der Soldatenkaiser. Ein Grund liegt in den Zufälligkeiten der Überlieferung: Wichtige Texte, die Aufschlüsse über historische Ereignisse und Zusammenhänge geben könnten, sind verschollen, andere, erhaltene stellen einer schlüssigen Deutung schier unüberwindliche Hürden entgegen. Andererseits: Eine dürftige, problematische Überlieferungssituation ist vielleicht, vor dem Hintergrund allgemeinen Zeitenwechsels, nicht nur zufallsbedingt. Sie mag ihrerseits auch Indikator sein, Ausdruck sich wandelnder Präferenzen und Möglichkeiten der Zeitgenossen. Ein ganzer Abschnitt, nur den Quellen gewidmet, ist vermeintlich trockener Lesestoff; angesichts der Zeugnisse der Soldatenkaiserzeit und ihrer vielfältigen Probleme ist er unerlässlich.

1. Literarische Quellen

Herodian

Cassius Dios Geschichtswerk, die Hauptquelle für das 2. und beginnende 3. Jahrhundert, bricht 229 ab. Obwohl für das Verständnis der Epoche und ihrer prägenden Grundstimmungen unentbehrlich, ist es deshalb im strengen Sinn für die Geschichte der Soldatenkaiserzeit wertlos. Etwas weiter (bis 238) reichen die acht Bücher Geschichte des vielleicht aus Syrien stammenden, unter den Gordianen oder etwas später schreibenden Historiografen Herodian, dessen Werk in der Altertumswissenschaft wegen seiner „Fabulierfreudigkeit“ (*Hermann Bengtson*) keinen guten Ruf genießt. Einer historischen Forschung, die nicht allein an der Rekonstruktion der Ereignisgeschichte, sondern auch an kulturellen Wertmustern und Mentalitäten interessiert ist, hat Herodian, der mit durchaus originellen Erzähltechniken arbeitet, gleichwohl etwas zu sagen.

Herodians Zeitgenossenschaft macht ihn zum wichtigen Zeugen für Stimmungen und Wahrnehmungen der Epoche. Die literarische Gestaltung seines Stoffes erhält von hier ihre Impulse und wird so zum Spiegel einer besonderen historischen Dynamik. Dass Herodian die Krisensymptome seines Zeitalters nicht entgingen, wird aus seinen Bewertungen der von ihm skizzierten Kaiserpersönlichkeiten deutlich. Sein Gegenstand ist Zeitgeschichte von Commodus bis Maximinus Thrax. Alle diese Kaiserpersönlichkeiten müssen sich an Mark Aurel messen lassen, dem hochgebildeten letzten Adoptivkaiser, dessen Selbstbetrachtungen ein Hauptwerk der Ideengeschichte sind. Mark Aurels Regierungszeit verklärt Herodian, der sie nicht erlebt hat, in der Rückschau zu einem goldenen Zeitalter; griechische Bildung, *paideia*, ist ihm Schlüsselqualifikation des guten Herrschers schlechthin. Dagegen nehmen sich die Kaiserpersönlichkeiten seiner Gegenwart - ein entarteter Tyrann (Caracalla), ein exotischer Wollüstling (Elagabal), ein barbarischer Berserker (Maximinus Thrax) - wie bloße Karikaturen aus. Das griechische Bildungsideal der *paideia* beherrscht seine Darstellung und bestimmt die selektive Schilderung von Ereignisgeschichte.

Historia Augusta

Ein ganzes Bündel von Problemen wirft die *Historia Augusta* auf, eine von Hadrian bis Numerian (117-285) reichende Sammlung von Kaiserbiografien und für weite Teile der Soldatenkaiserzeit die einzige literarische Quelle. Bereits die Autorschaft bereitet kaum lösbare Probleme: Um die Frage, ob für alle Viten der Sammlung ein einziger Verfasser verantwortlich zeichnet oder, wie vom Werk selbst suggeriert, für jede Vita ein anderer, wird in der Forschung zur *Historia Augusta* heftig gerungen. Ungeklärt und durch die Frage der Autorschaft zusätzlich kompliziert sind auch Quellen, Tendenz und Entstehungszeit der Sammlung: vermutlich die zweite Hälfte des 4. Jahrhunderts.

Zu diesen Schwierigkeiten gesellt sich noch der offensichtlich besonders hohe Grad literarischer Fiktionalität der *Historia Augusta* - im Prinzip ein Problem jeglicher historiografischer Literatur der Antike. Weniger die Überlieferung historischer Fakten als vielmehr das Ziel, unterhaltsame Lektüre zu bieten, sowie vielleicht eine - sich uns nicht immer erschließende - antichristliche Polemik bestimmen weite Teile des Textes. Mit den Mitteln klassischer Quellenkritik ist kaum zu entscheiden, wo der oder die Verfasser aus Faktenwissen schöpfen. Dennoch lagen dem Autor oder den Autoren der *Historia Augusta* zahlreiche Quellen vor, die heute verloren sind. Schon deshalb wird man an der *Historia Augusta* kaum vorbeikommen.

Dexippos

Zu den heute weitgehend verlorenen historiografischen Texten des 3. Jahrhunderts zählt die griechische Chronik des Atheners Dexippos, die bis zum Tod Claudius' II. (270) reichte. Auf Dexippos griffen die *Historia Augusta* und mehrere byzantinische Geschichtsschreiber zurück, in denen Fragmente der Chronik überdauert haben. Dexippos erlebte den Einfall der von den Goten abgespaltenen Heruler nach Griechenland und den Fall Athens. Für seinen

Einsatz bei der Zurückschlagung der Heruler errichteten die Athener ihm eine Ehrenstatue, deren Basis (mit Inschrift) erhalten ist. Lediglich fragmentarisch überliefert sind auch die Geschichtswerke der Zeitgenossen Eusebios und Nikostratos von Trapezunt, ganz verloren sind die griechischen Schriften des Asinius Quadratus, eines Senators aus Italien. Der Eindruck, dass die literarische Produktion im 3. Jahrhundert fast gänzlich erlahmte, ist grundfalsch: Er ist hauptsächlich einer gegenüber der frühen Kaiserzeit deutlich ungünstigeren Überlieferungssituation geschuldet und sollte daher nicht als Krisensymptom missverstanden werden.

Breviarien

Eine im 4. Jahrhundert neu entstandene Untergattung der historiografischen Literatur sind die „Breviarien", historische Abrisse in Kurzform, entstanden in offiziellem Auftrag des Kaiserhauses. Erhalten sind die Breviarien Eutrops, Aurelius Victors und des Festus sowie eine anonyme Schrift, die *Epitome de Caesaribus.* Sie alle schöpfen, wie auch die *Historia Augusta*, aus einer gemeinsamen, nicht erhaltenen und erst von einem Historiker des 19. Jahrhunderts rekonstruierten Quelle, die nach ihm „Enmannsche Kaisergeschichte" heißt. In ihrer Darstellung wesentlich knapper, liefern die Breviarien durchweg verlässlichere Informationen als die problematische *Historia Augusta.* Von ähnlicher Bedeutung ist die *Chronica Urbis Romae*, eine kurz gefasste Stadtgeschichte, die bis zur Alleinherrschaft Konstantins des Großen (324) reicht, wenig später entstand und Mitte des 4. Jahrhunderts in einem Almanach, dem sogenannten *Chronograph des Jahres 354 n. Chr.*, Verwendung fand.

Chroniken christlicher Autoren

Eine weitere Gruppe literarischer Quellen bilden die Chroniken christlicher Autoren des 3. bis 5. Jahrhunderts. Sie konzentrieren sich, der Textnatur entsprechend, auf heils- und kirchengeschichtliche Aspekte, zunächst auf Verfolgungen, die Christen zu erdulden hatten, und ihre Auseinandersetzung mit dem römischen Staat; später auf innerchristliche Konflikte und die Zurückdrängung heidnischer Kulte. Trotz des heilsgeschichtlichen Deutungsschemas enthalten Werke wie die Kirchengeschichte des Bischofs Eusebios von Caesarea und Orosius' *Historiarum adversum paganos libri VII* („Sieben Bücher Geschichte gegen die Heiden") auch für die allgemeine Geschichte wichtiges Material. Kein christlicher Autor hat aber als Quelle für die Soldatenkaiserzeit eine vergleichbare Bedeutung wie der 245 getaufte Cyprian, Bischof von Karthago zur Zeit der in Afrika besonders heftigen Christenverfolgungen des Decius. Zwar folgt sein Blick auf die Geschichte primär einer lokalhistorischen Perspektive, doch ist gerade sie besonders illustrativ, zumal vor dem Hintergrund allgemeiner Quellenarmut für die Jahrhundertmitte. Cyprian gibt Einblick in das Denken und Fühlen christlicher Eliten in den Städten der Provinzen. Er ist einer der Kronzeugen für die moderne These, die Menschen seiner Zeit hätten ein „Krisenbewusstsein" entwickelt. Freilich teilte Cyprian, wie im Übrigen auch viele Nichtchristen, die heilsgeschichtlich inspirierte Auffassung vieler Zeitgenossen, das Ende der Welt stehe unmittelbar bevor. Nur konsequent war daher ihre Wahrnehmung aller irdischen Verhältnisse als „Jammertal“. Ob hier das Sein das Bewusstsein beeinflusste oder ob es sich umgekehrt verhielt, ist nicht leicht zu entscheiden.

Byzantinische Autoren

Manches von den verloren gegangenen Texten des 3. Jahrhunderts bewahrten die Geschichtswerke byzantinischer Autoren. Hier seien nur die beiden wichtigsten genannt: der um 500 n. Chr. schreibende Heide Zosimos, ein Syrer, der in seiner „Neuen Geschichte“ den Verfall Roms seit Augustus darstellen wollte und unter anderem auf Dexippos zurückgriff, und der im 12. Jahrhundert lebende Mönch Johannes Zonaras, Verfasser einer bis in seine Gegenwart reichenden Weltchronik. Interessante Einblicke in die von Einfällen gotischer Stämme in die Donauprovinzen bestimmte Wirklichkeit des 3. Jahrhunderts eröffnet die Gotengeschichte (*De origine actibusque Getarum*) des im 6. Jahrhundert lebenden Goten Jordanes.

Oracula Sibyllina

Nicht zur historiografischen Literatur zählt das Textkorpus der *Oracula Sibyllina*, eine äußerst uneinheitliche Sammlung von Prophezeiungen, die erst in nachantiker Zeit zusammengestellt wurde. Von den ursprünglich 14 Büchern sind noch zwölf erhalten. Das für die Soldatenkaiserzeit bedeutendste ist das 13., zwischen dem römisch-persischen Frieden von 264 und der Ermordung des palmyrenischen Herrschers Odaenathus (267) entstandene Buch. Es enthält zahlreiche Zeitbezüge und ist für die Rekonstruktion der Ereignisgeschichte, speziell mit Blick auf den Osten, eminent wichtig. Gemeinsam mit dem 8. und 12. Buch gibt es zudem Aufschluss über das Lebensgefühl der Zeitgenossen und ist damit ein erstrangiges Dokument auch für die Mentalitätsgeschichte der Epoche.

Allen literarischen Quellen gemeinsam ist, dass sie aus einer spezifischen Erzählperspektive, -absicht und -situation heraus geschrieben und nur in Kenntnis dieses Kontextes angemessen zu interpretieren sind. Sie verraten nicht – oder jedenfalls nicht direkt – das, was die moderne Geschichtswissenschaft von ihnen wissen möchte. Der fiktionale Charakter antiker historischer Literatur ist Gegenstand einer offenen Debatte vornehmlich zwischen Althistorikern und klassischen Philologen. Einen bedingt tragfähigen Zugang eröffnet die Quellenkritik: Sie setzt Texte untereinander oder mit anderen – etwa archäologischen – Befunden in Relation und überprüft sie auf ihre innere Kohärenz bzw. eventuelle Widersprüche hin.

Sie fragt mithin nach der Plausibilität des Dargestellten. Aber auch der quellenkritische Ansatz hat seine Grenzen. Er kann zwar offensichtlich fehlerhafte Elemente der Tradition aufspüren und alternative Rekonstruktionen anbieten, wird aber den Schleier zwischen uns und der objektiven historischen „Realität“ niemals ganz lüften können. „Wie es eigentlich gewesen“ (*Leopold von Ranke*), wird somit immer ein von Klio, der Muse der Geschichte, wohlgehütetes Geheimnis bleiben.

2. Inschriften

Was folgt, versteht sich als grundsätzliche Einführung in Quellengattungen, ohne die unser Wissen von der Antike noch weitaus lückenhafter wäre, als es ohnehin schon ist, zumal für eine durch Texte schlecht dokumentierte Periode wie die Soldatenkaiserzeit. Inschriften, Papyri (und Pergamente), Münzen sowie archäologische Quellen im engeren Sinn (Architektur, Bildwerke, Keramik, Kleinfunde) bereiten besondere analytische Schwierigkeiten, eröffnen aber auch Zugänge zu sonst verborgenen Bereichen antiker Geschichte. Die folgenden Abschnitte vermitteln für die Darstellung der Epoche elementares Wissen und wenden sich an einen Leserkreis, der über keine bis wenig Erfahrung mit nichtliterarischen Zeugnissen verfügt.

Angesichts des vielstimmigen Schweigens der literarischen Quellen liegen Versuch und Versuchung nahe, anderen, materiellen Hinterlassenschaften der Antike jene Informationen zu entlocken, die die Autoren so hartnäckig verweigern. Diesem Bemühen verdanken drei Teildisziplinen der Alten Geschichte ihre Existenz: Epigrafik (Inschriftenkunde), Numismatik (Münzkunde) und Papyrologie.

Inschriften, Papyri und Münzen gehören zum archäologischen Fundgut. Wie bei den Überresten antiker Architektur, Bildwerke und anderer Gegenstände ist auch ihre Erhaltung bzw. Auffindung wesentlich eine Frage des Zufalls. Bedenkt man, dass bisweilen der Fund einer einzigen Inschrift oder eines einzigen Papyrus unser Bild einer Epoche fundamental ändern kann, so wird klar, dass jede Rekonstruktion von Geschichte, die wesentlich auf archäologischem Material fußt, unweigerlich ihr Verfallsdatum in sich trägt. Auf der anderen Seite bieten nichtliterarische Quellen unbestreitbare Vorzüge. In einer Gesellschaft, in der literarisches Schaffen nur von kleinen elitären Minderheiten rezipiert wurde, verengte sich ihr Gesichtskreis zwangsläufig auf die Lebenswirklichkeit einer exklusiven Gruppe. Die überwältigende Mehrheit der Menschen bleibt in den Texten normalerweise stumm. Ihr verleihen Archäologie, Epigrafik und Papyrologie, aller Problematik des Befunds zum Trotz, eine Stimme.

Inschriften unterscheiden sich hauptsächlich durch ihre andere, gleichsam unmittelbare Überlieferungsgeschichte von literarischen Texten. Sie sind auf dauerhaftem Material, in der Regel Stein, aber auch Metall oder Keramik, verfasst. Fast immer lag es also in der Absicht der Verfasser, eine Botschaft, wenn nicht für die Ewigkeit, so doch für sehr lange Zeiträume, publik zu machen, nach Möglichkeit für kommende Generationen. Wer mit der Botschaft angesprochen werden sollte, verrät meist der Aufstellungsort: Inschriften auf zentralen Plätzen, etwa Märkten, sollten von möglichst vielen Menschen wahrgenommen werden, aber auch Inschriften eher privater Natur suchten häufig einen breiten Adressatenkreis. So wenden sich entlang der antiken Gräberstraßen, die zugleich immer Ausfallstraßen der Städte waren, aufgestellte Grabinschriften oft an die vorbeigehenden Reisenden.

Inschriften sind ihrer Natur nach an bestimmte Orte gebunden. Sonst aber gelten für ihre Interpretation die gleichen Maßstäbe wie für literarische Quellen. Beide sind, im weitesten Sinn, erzählende Texte. Auch für sie gilt es daher stets, Kenntnis über Erzählperspektive, -absicht und -situation zu erlangen. Mehr noch als literarische werfen epigrafische Texte, so vielseitig sie sind, ein analytisches Problem auf: Sie sind praktisch nie aus sich selbst heraus verständlich, sondern immer nur im Zusammenhang. Ihre Interpretation – oft auch nur die Lesung beschädigter Inschriften – erfordert ein hohes Maß spezifischen Wissens. Auf der anderen Seite wüssten wir ohne epigrafische Tradition über zahlreiche Funktionsbereiche der römischen Gesellschaft nur einen Bruchteil dessen, was wir dank der Inschriften wissen: Das Innenleben von Militär, Verwaltung und Religion bliebe uns fast vollständig verborgen.

Gleichwohl war natürlich nur ein kleiner Ausschnitt menschlicher Lebensbereiche Gegenstand von Inschriften. Allein zwei Bereiche privater bzw. halbprivater Aktivitäten finden überhaupt in nennenswertem Umfang Eingang in das Korpus antiker Inschriften: Tod und Religion (wobei sich über den privaten Charakter von Religion im Altertum wiederum streiten ließe). Der dritte, gänzlich offizielle, Sektor ist das breite Feld administrativer Tätigkeit; hier spricht, durch die Inschriften, mehr oder weniger direkt die Staatsmacht – ob Stadt, Statthalter oder Kaiser – zu uns: Inschriften bewahren uns Gesetze, Entscheidungen kaiserlicher oder kommunaler Behörden, militärische Direktiven, Organisation von Kulthandlungen oder Ehrendekrete.

Ein Großteil der erhaltenen Inschriften, auch des 3. Jahrhunderts, enthält, jedenfalls vordergründig, kaum historisch verwertbare Aussagen. Grabinschriften einfacher Leute etwa folgen durchweg einheitlichem Formular und enthalten an Wissenswertem allenfalls den Namen des oder der Verstorbenen. Auch Weihungen an Götter oder den Kaiser und seine Familie müssen nicht unbedingt von inhaltlichem Interesse sein. Und doch kann allein der Umstand, dass eine Inschrift in einer bestimmten Sprache an einem bestimmten Ort aufgestellt wurde, Informationen von großer Tragweite liefern: Ganz wesentlich durch Inschriften erschließt sich uns die „Sprachgeografie“ (*Fergus Millar*) der antiken Welt. Wichtig, weil Aufschlüsse über die Datierung und Funktion von Gebäuden enthaltend, sind fast immer Bauinschriften. Auch die Meilensteine römischer Straßen sind erstrangige Dokumente und geben oft sekundär Aufschluss über politische und militärische Entwicklungen.

Ein erheblicher Teil des Aufgabenspektrums römischer Kaiser bestand im höchstrichterlichen Entscheid von Rechtsstreitigkeiten und der Beantwortung von Eingaben und Petitionen, meist von ganzen Dorfgemeinschaften oder Städten. Hatte eine Gruppe das erlangt, was sie vom Kaiser erbeten hatte, so stellte man die Antwort des Kaisers, sein Reskript, und oft auch die Eingabe selbst an prominenter Stelle für alle sichtbar auf. Unzählige kaiserliche Verfügungen sind so erhalten. Sie sind wichtige Zeugnisse nicht nur herrscherlicher Rechtsprechung, sondern auch für die sozialen und wirtschaftlichen Verhältnisse in allen Teilen des Reiches.

Der „Tatenbericht" Šapurs

Die bedeutendste historische Inschrift der Soldatenkaiserzeit ist so ein Text und stammt, wie es der Zufall will, nicht aus dem römischen Imperium. Es handelt sich um die *Res gestae divi Saporis*, den „Tatenbericht" des Sasanidenkönigs Šapur I.: eine monumentale trilingue Inschrift, die auf einem Turmbau in Naqš-i Rustam nahe Persepolis angebracht ist. Die Inschrift schildert unter anderem, in einer nicht immer leicht zu durchschauenden Erzählstruktur, die Feldzüge Šapurs gegen die Römer. Sie ist, neben einigen Bildwerken, das bedeutendste persische Selbstzeugnis zu den Kriegen und schon als solches von unschätzbarem Wert.

3. Papyri

Für Papyri und die wenigen erhaltenen antiken Pergamente gilt im Wesentlichen dasselbe wie für Inschriften, mit einigen Ausnahmen: Sie erhellen partiell andere Lebensbereiche (namentlich die wichtigen Bereiche Recht und Wirtschaft); ihre Fundumstände hängen, wegen der Besonderheiten ihrer Konservierung, noch weitaus mehr von der Laune des Zufalls ab; Papyrusfunde beschränken sich, wiederum wegen der spezifischen Materialeigenschaften (und abermals von einigen Ausnahmen abgesehen), auf einige wenige römische Provinzen. Obwohl im gesamten Imperium auf **Papyrus** geschrieben wurde, stammt der bei Weitem größte Teil erhaltener Exemplare aus den klimatisch trockenen Randgebieten des östlichen Mittelmeers (Ägypten, Palästina, Syrien).

Stichwort

Papyrus

Papyrus ist eine Staudenpflanze, die hauptsächlich in Feuchtgebieten Nordafrikas und Vorderasiens wächst. Die einzigen europäischen Vorkommen befinden sich in Sizilien. Das antike Herstellungsverfahren für Papyrus überliefert Plinius der Ältere in seiner *Historia Naturalis* (XIII 74–82): Die Blätter werden in Streifen geschnitten, diese kreuzweise übereinandergelegt und mit Wasser getränkt. Nach dem Trocknen entstehen so papierähnliche Bahnen, die nach dem Beschreiben meist als Rollen gelagert wurden. Hochwertiger Papyrus war ein teures Fertigprodukt und wurde über große Distanz im Reich gehandelt. Bücher waren nicht zuletzt deshalb Luxusartikel, die sich nur wenige leisten konnten.

Papyrus war selbstverständlich auch Schreibmaterial für literarische Texte. So sind zahllose Homer-Fragmente auf Papyrus überliefert. Manches literarische Fragment gibt uns einen Einblick in sonst verschollene Werke. Namentlich von der hellenistischen Literatur der Ptolemäerhauptstadt Alexandria hat vieles nur dank im Wüstensand konservierter Papyri überdauert. Die meisten erhaltenen Papyri sind aber keine schöngeistigen Texte, sondern Rechts- und Verwaltungsurkunden: Kaufverträge, Pachturkunden, Darlehensvereinbarungen, Archivstücke, Steuerbescheide, Inventare, Katasterurkunden.

Ägypten

Ägypten ist deshalb diejenige römische Provinz, über deren Verwaltung und Wirtschaft wir mit Abstand am besten informiert sind. So wertvoll ihre Informationen sind, so fraglich ist auch, ob das Bild, das die Papyri vom römischen Ägypten zeichnen, ohne Weiteres auf andere Reichsteile übertragbar ist. Wir wissen, dass Ägypten gerade wirtschaftlich und administrativ eine Sonderrolle spielte, sich von anderen Provinzen aufgrund seiner Tradition und Landesnatur deutlich unterschied. Dennoch sind die ägyptischen Papyri nicht nur regionalhistorisch von Nutzen: Sie liefern, wenn sie etwa römische Magistrate namentlich nennen und vor allem die Kaiser mitsamt ihren Ehrentiteln, wichtige Anhaltspunkte für die Chronologie auch der Reichsgeschichte. Auf den Zeithorizont dieses Buches bezogen heißt das: Wesentliche Details etwa der Expansion Palmyras blieben uns verborgen, viele Regierungsdaten von Herrschern, zahlreiche Usurpationen und Kriege unbekannt, unzählige historische Zusammenhänge im Dunkeln, verfügten wir nicht über entsprechende Informationen aus Papyrustexten.

Die auf zahllose Museums-, Instituts- und Privatsammlungen und entsprechend disparate Publikationen verteilten Papyri zu finden, bereitet Anfängern meist erhebliche Schwierigkeiten. Abhilfe schaffen jetzt etliche Online-Datenbanken und eine Meta-Suchmaschine, die den gezielten, problemorientierten Zugriff auf größere Materialmengen erleichtern.

4. Münzen

Antike Münzen sind nicht nur eine außerordentlich häufige, nachgerade allgegenwärtige Quellengattung, sondern auch in ihrer Aussagekraft ausgesprochen vielseitig. Sie geben Antwort auf unterschiedlichste Fragen: von der Organisation des Prägewesens und der Beschaffung des Münzmetalls bis hin zu Aspekten der Chronologie, der Wirtschafts-, Sozial- und Kulturgeschichte.

Münzen treten, wenn sie auf archäologischen Grabungen gefunden werden, in bestimmten Kontexten an die Oberfläche. Sie leisten deshalb einen entscheidenden Beitrag zur Datierung des Fundzusammenhangs, helfen, die Besiedlungsdauer und Zerstörungshorizonte festzulegen. Sie geben unter Umständen, da sich ihre Herkunft und Prägestätte meist leicht ermitteln lassen, Aufschluss über eventuelle interregionale Austauschbeziehungen, etwa Fernhandelsverbindungen. Studien zur Verteilung bestimmter Münztypen gestatten, bei aller Vorsicht, Rückschlüsse auf Handelsströme und -netzwerke.

Die Fundumstände vermitteln weitere Informationen: Hortfunde etwa, insbesondere dann, wenn sie sich in bestimmten Epochen und Regionen häufen, sind Anhaltspunkte für politische Unsicherheit, Krieg, oft auch für alle Formen der Zwangsmigration: Massendeportationen, Flucht und Vertreibung. Umgekehrt kann das Vorkommen von Münzen, zumal Goldmünzen, die einen immensen Wert repräsentierten, eindeutiger Indikator wirtschaftlicher Prosperität sein.

Münzen vermitteln aber auch dann, wenn ihre Fundumstände unbekannt sind, wichtige Informationen. Das römische Kaiserreich kannte, neben den zentral im Auftrag des Kaisers geschlagenen Münzen, eine Fülle lokaler Emissionen. Besaß eine Stadt das Prägerecht, so war dies ein Zeichen ihrer Bedeutung und ihres Prestiges. Das Ende lokaler Prägungen kann wirtschaftlichen und demografischen Verfall, aber auch den Entzug der Prägerechte durch den Kaiser anzeigen, praktisch immer aus politischen Gründen. Im 3. Jahrhundert verstummten nach und nach die lokalen Prägestätten der Städte, ohne dass sich dafür bisher ein überzeugender Erklärungsrahmen hätte finden lassen.

Münzen, mit ihrem Münzbild und der Legende, haben schließlich einen ikonografischen (auf das Bild bezogenen) und einen im engeren Sinn historischen (auf die Legende bezogenen) Aussagewert. Auf römischen Reichsmünzen prangte, für jedermann gut sichtbar, das Porträt des Kaisers auf der Vorderseite. Das Bild folgte natürlich offiziellen Richtlinien, es war Teil der kaiserlichen Selbstdarstellung. Entsprechend sehen wir auf den Münzen nicht, wie der Kaiser aussah, sondern wie er gesehen werden wollte. Das gilt auch für die Beischrift, welche die offizielle Titulatur des Kaisers enthielt, wie wir sie auch von offiziellen Inschriften her kennen. Nur liefern uns Münzen gleichsam ein Jahr für Jahr aktualisiertes Bild, sodass sich etwa die Annahme von Siegestitulaturen wie GERMANICVS oder PARTHICVS MAXIMVS zeitlich genau eingrenzen lässt. Nicht wenige Kriege lassen sich erst so sicher datieren. Ebenfalls wichtig sind Informationen wie die Zahl der Akklamationen zum IMP(erator) und der Konsulate, die durch entsprechende Zahlen vermerkt werden (etwa: COS III - dreimaliger Konsulat).

Nicht minder interessant ist die Rückseite, die sich in ihrer Symbolkraft mit der Vorderseite wenigstens messen kann. Sie brachte fast immer eine programmatische Botschaft in ikonografischer Verkürzung unter die Leute, oft unter symbolischer Zuhilfenahme einer Gottheit und erläutert durch eine entsprechende Legende. Eine Darstellung der personifizierten CONCORDIA kündete von der Eintracht, die dank der Herrschaft des Kaisers im Reich herrschte. Ganz ähnlich wurden andere Erwartungen, die auf den Kaiser projiziert und deshalb von ihm propagiert wurden, als weibliche Gottheiten personifiziert: LIBERALITAS (Freigebigkeit), HILARITAS (Heiterkeit), FELICITAS (Glückseligkeit), SALVS PVBLICA (öffentliches Wohlergehen). Bisweilen künden die so formulierten Münzprogramme gerade von glücklichen Umständen, an denen es dem Zeitalter besonders mangelte und die die Zeitgenossen deshalb besonders intensiv herbeiwünschten.

Von direktem Quellenwert ist schließlich auch die in Gewicht und Feingehalt an Edelmetallen sich bemessende Qualität der Prägungen sowie ihre (allerdings aufgrund der Zufälligkeit jedes Fundes kaum zuverlässig rekonstruierbare) schiere Zahl. Geldverfall und inflationäre Aufblähung der Geldmenge, die in der Soldatenkaiserzeit ein bislang nicht gekanntes Ausmaß erreichten, gelten als ökonomische Krisensymptome und werden durchweg, ob zu Recht oder Unrecht, als Indikatoren des allgemeinen ökonomischen Verfalls der Epoche gewertet (s. S. 110).

5. Archäologische Quellen

Gehören Epigrafik, Papyrologie und Numismatik als Teildisziplinen der Alten Geschichte im weiteren Sinn an, so ist das übrige materielle Fundgut Gegenstand der archäologischen Fächer. Dazu zählen hauptsächlich Artefakte, von Menschenhand hergestellte Gegenstände aus mehr oder weniger dauerhaftem Material: Häuser, Straßen, Befestigungsanlagen, Bildwerke, Gefäße aus Keramik, Stein, Metall und andere Dinge des Alltags. Auch weniger dauerhafte und auf den ersten Blick kaum spektakuläre Relikte der materiellen Kultur wie Holzreste, Schlacken, Abfälle aller Art, selbst Bohrlöcher und Gruben sind „Quellen", Zeugnisse menschlicher Existenz. Das gilt auch für „Ökofakte", meist organische Überbleibsel einer vergangenen natürlichen Umwelt: Tierknochen, Essensreste, Pollen, selbst Böden und Sedimente.

Materielle Überbleibsel teilen mit schriftlicher Überlieferung, dass sie nur im Zusammenhang zu verstehen und interpretierbar sind. In archäologische Begriffe übersetzt: Der Fundkontext ist bei Grabungen möglichst lückenlos zu dokumentieren. Architektur, Bilder, Keramik und Kleinfunde sind daher unlösbar in einem Beziehungsgeflecht verbunden, das erst Datierung und Funktionsbestimmung erlaubt.

Hermeneutisch die größte Verwandtschaft zu literarischen Texten weisen Bildwerke auf. Auch sie „erzählen" in Stein gemeißelte oder seltener, weil – außer auf Keramik – nur sporadisch erhaltene, in Farbe aufgebrachte Botschaften. Bilder konfrontieren uns deshalb mit ähnlichen Fragen wie Texte: Was ist dargestellt? Wie wird es dargestellt? Warum und aus welcher Situation heraus? Warum so und nicht anders? Sie sind formalen (d.h. Fragen des Stils, der Technik, der Gattung) wie inhaltlichen Analysen zugänglich. Wie bei Texten verschränken sich die Analyseebenen vielfältig, schon deshalb, weil Bilder wie Texte „nie absichtslose Wiedergaben einer wertneutralen ‚Wirklichkeit'?" (*Tonio Hölscher*) sind. Was dargestellt wird und wie Bilder „gemacht" werden, spiegelt neben individuellem Geschmack stets auch soziale und kulturelle Normen, ästhetisches Empfinden und politische Repräsentationsabsichten. Dem großen Stilwandel der bildenden Kunst im 3. Jahrhundert – weg von klassisch-naturalistischen Konventionen, hin zu stärker symbolisch verklausulierter Formensprache und frontalen Darstellungsprinzipien – wächst von hier sein Erklärungspotenzial auch für historische und soziale Prozesse zu.

Philippopolis

Antike Herrscher mehrten immer wieder ihr Prestige, indem sie Städte neu gründeten oder bestehende ausbauten und mit ihrem Namen versahen. Die „Alexanderstädte“ Alexanders des Großen und Konstantinopel, das neue, christliche Rom, sind nur die bekanntesten Beispiele. In der an baulichen Großdenkmälern vergleichsweise armen Soldatenkaiserzeit ist die Gründung einer ganzen Stadt schon ein bemerkenswerter Vorgang. Das Schicksal von Philippopolis in Arabien ist mit ihrem Gründer Philippus Arabs so innig verwoben, dass sich in ihren Steinen Aufstieg und Niedergang dieses Herrschers geradezu symbolisch zu verdichten scheinen.

Wohl kurz nach seiner Machtübernahme ließ Philipp den Bau der Stadt an der Stelle seines Heimatdorfs in der Provinz Arabia vorbereiten. Sie erhielt den Status einer *colonia* und das Recht, Münzen zu prägen. Philippopolis war in jeder Beziehung eine typisch römische Stadt. Es stach in seiner rechteckigen Anlage markant von anderen Städten der Region ab, die eine eindeutiger „lokale“ Prägung hatten. Orientalische Städte, wie das nahe Petra und im Ursprung auch Palmyra, zeichneten sich von jeher durch ihre ungeplant wirkende, unregelmäßige Straßenführung und die starke Neigung zur Bildung in sich abgeschlossener Sackgassensysteme aus. Kernstücke von Philippopolis hingegen waren ein orthogonales, dem Militärlager nachempfundenes Straßenraster, mit den sich im Zentrum kreuzenden Hauptstraßen, dem *cardo* und dem *decumanus*, und ein Ensemble öffentlicher Bauten vorwiegend in der Stadtmitte.

Die rechteckige, 70 × 140 m messende, am westlichen *decumanus maximus* gelegene Agora, das römische Forum, entspricht in ihren Dimensionen exakt den Vorgaben Vitruvs. An ihrem Südende befindet sich das für Philipp und seine Familie errichtete Mausoleum (das sogenannte Philippeion), in dem der Vater des Kaisers, Marinus, bestattet lag. Die Westseite nahm ein Heiligtum in Form einer Kalybe mit reich verzierter, barock anmutender Fassade und Exedra ein. Dieser Bautypus ist auch aus anderen Städten des kaiserzeitlichen Nahen Ostens bekannt, etwa aus Baalbek. Das gegenüberliegende Gebäude war vermutlich die Basilika der Stadt. Philippopolis hatte, mitten in der syrisch-arabischen Steppe, mit dem typischen Inventar an öffentlichen Monumentalbauten aufzuwarten, das eine römische Stadt auszeichnet: Theater, Stadion, Bäder. Umgeben war die Stadt von einer mit rechteckigen Türmen bewehrten Mauer.

Bauten haben nicht nur einen Nutz-, sondern auch einen Symbolwert. Wenn eine in jeder Beziehung römische Stadt buchstäblich aus dem Wüstensand gestampft wurde, so war das selbstverständlich in erster Linie eine politische Demonstration. Der Kaiser wertete sein arabisches Heimatdorf, und damit auch seine vielleicht von vielen als obskur oder exotisch empfundene Herkunft, durch die Metropole aus dem Nichts nachträglich auf. Die Mauern, Säulen, Thermen und Theater wurden aber auch von der lokalen Bevölkerung als Zeichen verstanden. Sie brachten ihnen allen die Präsenz des Imperiums selbst in einem so abgelegenen, von der Natur wenig begünstigten Winkel wie der arabischen Trachonitis unmissverständlich zu Bewusstsein. Sie waren gewiss nicht zuletzt auch als Machtdemonstration an den hinter den nahen Grenzen lauernden Erzfeind, die Sasaniden, gemeint.

Das urbanistische Großprojekt kam mit Philipps Tod zum Erliegen. Die Stadt auf dem Boden seines Heimatdorfs war schlicht überflüssig geworden. Damit erstarb das Leben in den Mauern von Philippopolis aber keineswegs. Die Monumentalbauten blieben unvollendet, aber die Wohnstadt führte als mäßig große Siedlung fortan eine bescheidene Randexistenz im Schatten großer Städte wie Bostra, Gerasa und Damaskus. Immerhin besaß die Stadt noch im 4. Jahrhundert einen Rat (*boule*), im 5. und 6. Jahrhundert einen Bischof. Die ihr von Philipp zugedachte Rolle aber blieb ihr versagt. ■

Auf einen Blick

Der bithynische Senator Cassius Dio und der vermutlich aus Syrien stammende Ritter Herodian sind die wichtigsten Geschichtsschreiber der Epoche, doch brechen ihre Darstellungen bereits in der Severerzeit ab. Deshalb ist die Forschung auf häufig unzuverlässige Texte aus viel späterer Zeit angewiesen, um die Ereignisgeschichte wenigstens in Umrissen rekonstruieren zu können. Eine andere Geschichte als die Texte erzählen materielle Zeugnisse, die häufig auch Einblicke in die Lebenswirklichkeit von Menschen zulassen, die nicht der Elite zugehören.

Literaturhinweise

Berressem, B.N.: Die Repräsentation der Soldatenkaiser. Studien zur kaiserlichen Selbstdarstellung im 3. Jh. n. Chr., Wiesbaden 2018. Wichtige Studie zur materiellen Kultur der Epoche.

Bleckmann, B.: Die Reichskrise des III. Jahrhunderts in der spätantiken und byzantinischen Geschichtsschreibung. Untersuchungen zu den nachdionischen Quellen der Chronik des Zonaras, München 1992. Breit angelegte Untersuchung der spät- und nachantiken Quellen zum 3. Jahrhundert.

Brecht, S.: Die römische Reichskrise von ihrem Ausbruch bis zu ihrem Höhepunkt in der Darstellung byzantinischer Autoren, Rahden 1999. Eingehende Diskussion der byzantinischen Quellen und ihrer Problematik.

Syme, R.: Emperors and biography. Studies in the Historia Augusta, Oxford 1971. Schon älterer, aber wertvoller Wegweiser in der ausufernden Fülle der *Historia-Augusta*-Literatur.

Zimmermann, M. (Hg.): Geschichtsschreibung und politischer Wandel im 3. Jh., Stuttgart 1999. Sammelband, der auch die wenig bekannten und nur fragmentarisch erhaltenen Historiker würdigt.

Zimmermann, M.: Kaiser und Ereignis. Studien zum Geschichtswerk Herodians, München 1999. Umfassendste und aktuellste Darstellung zu Herodian, mit weiterführender Literatur.

III. Die Soldatenkaiser: Das Drama und seine Akteure

Überblick

Das Ende der Schönwettermonarchie des Prinzipats kündigte sich in den 160er Jahren an, unter Mark Aurel, der an der Donau gegen die Markomannen und Quaden einen brutalen Krieg zu führen gezwungen war. Unter den Severern wandelte sich die politisch-strategische Umwelt des Imperiums von Grund auf: Im germanischen Barbaricum formierten sich anstelle der kompakten, sesshaften Stämme große, mobile Konföderationen unter charismatischen Heerkönigen; im Osten nahm das Perserreich der Sasaniden die Stelle der Parther ein. Nach diesem Vorspiel und dem Sturz des letzten Severers 235 n. Chr. steuerte die römische Welt auf eine 50-jährige Periode politischer Instabilität zu, die den Prinzipat augusteischer Prägung unter sich begrub: Im ersten Akt, von Maximinus Thrax bis Philippus Arab, stand die Herrschaft der Soldatenkaiser noch weitgehend in der Kontinuität der Severer. Im zweiten Akt, von Decius bis Gallienus, ragt die lange, aber von Katastrophen überschattete Herrschaft des Vater-Sohn-Gespannes Valerian und Gallienus heraus. Im dritten Akt, von Claudius Gothicus bis Carus, ging das in die Defensive gedrängte Imperium allmählich wieder gegen seine Gegner in die Offensive, bevor Diokletian und die Tetrarchie die römische Welt zu neuer Stabilität finden ließen.

193	Krise des Prinzipats: Vierkaiserjahr; Septimius Severus (bis 211)
211	Caracalla (bis 217)
217	Macrinus (bis 218)
218	Elagabal (bis 222)
222	Severus Alexander (bis 235)
235	Maximinus Thrax (bis 238)
238	Krise des Prinzipats: Sechskaiserjahr; Gordian III. (bis 244)
244	Philippus Arabs (bis 249)
249	Decius (bis 251)
251	Trebonianus Gallus (bis 253)
253	Aemilianus (bis 253); Valerian (bis 260)
260	Gallienus (bis 268)
268	Claudius II. Gothicus (bis 270)
270	Quintillus (bis 270); Aurelian (bis 275)

275	Tacitus (bis 276)
276	Florianus (bis 276); Probus (bis 282)
282	Carus (bis 283)
284	Diokletian (bis 305)
293	(1. März) Beginn der Tetrarchie

1. Vorspiel: Das severische Kaiserhaus

Nach dem Ende des Commodus kam Rom noch einmal glimpflich davon. Die Nachfolgekrise mit einem Interimskaiser (Pertinax) und drei Usurpationen (Pescennius Niger, Clodius Albinus und Septimius Severus) innerhalb eines Jahres (193) löste sich auf im Siegeszug des stärksten und geschicktesten von ihnen, Septimius Severus. Die veränderten Rahmenbedingungen römischer Herrschaft aber waren trotz allem unübersehbar: Die neue Gefährdung der langen Rhein-Donau-Grenze war bereits durch den langwierigen Abwehrkrieg Mark Aurels gegen Markomannen und Quaden (ca. 165–174) offenbar geworden. Nach über einem Jahrhundert relativer Ruhe an seinen westlichen Grenzen geriet Rom erstmals in die Defensive. Langfristig wurde eine strategische Neuorientierung erforderlich, die den Grenzheeren zu erheblichem Bedeutungszuwachs verhalf. So war das Vierkaiserjahr nur ein erster Reflex des Wandels, der bald darauf das Reich in seinen Grundfesten erschütterte und in eine gefährliche Schieflage zwischen imperialen Ressourcen und erforderlichen Verteidigungsanstrengungen manövrierte. Erst das Wissen um die Weichenstellung der Severerzeit erschließt das Verständnis historischer Prozesse in der Epoche der Soldatenkaiser.

Septimius Severus

Septimius Severus hatte den Willen und die Macht, künftigen Usurpationen vorzubeugen. Eine wichtige Maßnahme war die Verkleinerung (und damit: Vermehrung) der Provinzen. Namentlich Provinzen mit mehr als einer Legion, vor allem die Rhein- und Donauprovinzen sowie Syrien, teilte er und entzog so den Statthaltern die Befehlsgewalt über allzu große Heeresverbände. Mehr als alle Kaiser vor ihm griff Severus zur Sicherung seiner Herrschaft auf provinziale Eliten zurück und bezog, selbst aus dem ehemals punischen Leptis Magna im heutigen Libyen stammend, erstmals jene des Ostens in das aristokratische Beziehungskartell ein, auf das sich kaiserliche Macht stets stützte. Über seine Ehefrau Julia Domna mit der Priesterdynastie der syrischen Tempelstadt Emesa verschwägert, brachte er eine orientalische Komponente in die Dynastie, die ihm die Loyalität vieler einflussreicher Familien der Ostprovinzen sicherte, ohne dass sich freilich von einer regelrechten severischen „Partei" sprechen ließe.

Severus wagte sich auch an das Tabu der Sonderrolle, die Italien im Reichsverband spielte. Als Erster stationierte er eine reguläre Legion, die *legio II Parthica*, in unmittelbarer Nähe Roms. Die aus Italikern rekrutierten Prätorianerkohorten, die sich gegen Pertinax erhoben hatten, löste er auf und ersetzte sie durch ihm vollständig loyale Soldaten aus dem Donauraum, Syrien und Afrika. Schließlich betraute er erstmals Angehörige des Ritterstands mit dem Kommando von Legionen, eine Funktion, die zuvor ausnahmslos Senatoren versehen hatten.

Noch wichtiger als all das war seine Politik dem Militär selbst gegenüber. In dem richtigen Bewusstsein, als Führer einer militärischen Interessengruppe die Herrschaft erlangt und zu ihrer Verteidigung, mehr als auf alle anderen, auf die Legionen angewiesen zu sein, erweiterte er die Privilegien der Soldaten erheblich: Sein **Donativ** sprengte alle bis dahin gültigen Maßstäbe, den regulären Sold erhöhte er. Das von vielen heftig beklagte, für Soldaten geltende Verbot, während der aktiven Dienstzeit mit ihren Familen zusammenzuleben, schaffte er kurzerhand ab. Severus beseitigte auch einige der Hürden, die dem Aufstieg einfacher Soldaten in höhere Offiziersränge entgegenstanden - und schuf so letztlich die Voraussetzung für den Aufstieg professioneller Militärs bis zum kaiserlichen Purpur, der in der Soldatenkaiserzeit zum Regelfall wurde. Der Senatorenstand hatte endgültig als wichtigste der drei tragenden Säulen des Prinzipats (s. S. 12) ausgespielt und wurde immer mehr an den Rand gedrängt; das Militär trat machtvoll an seine Stelle.

Stichwort

Donativ

Das Donativ war eine außerordentliche Geldzuwendung an Soldaten zur Sicherstellung ihrer Loyalität gegenüber dem Feldherrn. Donative kamen in der späten Republik auf, als die Heere faktisch zu Gefolgschaftsverbänden ihrer Feldherrn („Heeresklientel") wurden. Es wurde in der Kaiserzeit gängige Praxis bei Thronbesteigungen, aber auch zu anderen besonderen Gelegenheiten als irreguläre Soldzulage ausbezahlt. Das Donativ, das ursprünglich das Militär an den Kaiser binden sollte, machte häufige Thronwechsel für die Soldaten finanziell lukrativ und destabilisierte so, ganz gegen die ursprüngliche Absicht, den Prinzipat.

Das gute Auskommen mit der Truppe war indes nicht zum Nulltarif zu haben: Severus finanzierte einen wesentlichen Teil seiner Aufwendungen durch Münzverschlechterung. Er läutete so jene galoppierende Geldentwertung ein, die im vollständigen Glaubwürdigkeitsverlust der Währung unter den Soldatenkaisern kulminierte. Aber Severus konnte auch entscheidende außenpolitische Erfolge verbuchen, die sein Prestige mehrten und dem Fiskus reiche Beute bescherten: In zwei groß angelegten Kampagnen (194-195; 196-198) stieß er, das Konfliktpotenzial des Bürgerkriegs nach außen ableitend, tief ins Partherreich vor und konsolidierte das nördliche Mesopotamien für Rom, scheiterte allerdings vor der Steppenstadt Hatra, einem bedeutenden Kultzentrum in Obermesopotamien. Zwar waren die territorialen Zugewinne bescheiden (die wichtige Grenzstadt Nisibis hatte schon zuvor eine römische Garnison beherbergt), doch war der strategische Mehrwert außerordentlich, wenigstens mittelfristig. Roms notorischer Widersacher im Osten, das Reich der Parther, versank in Agonie und war zu militärischer Initiative unfähig. Von den Schlachten und Siegen des Kaisers kündet bis heute der Severusbogen, ein dreitoriger Triumphbogen auf dem Forum Romanum, dessen Reliefs in der Tradition der narrativen Großbildwerke auf den Siegessäulen Trajans und Mark Aurels ebenfalls in Rom stehen.

Der zweite wichtige Kriegsschauplatz, dem sich Severus zuwandte, war Britannien. Die unter Claudius (41-54) eroberte Provinz war bereits seit geraumer Zeit das Ziel von Einfällen der Kaledonier aus Schottland gewesen, dem von Rom nicht kontrollierten Teil der britischen Hauptinsel. Severus unternahm mehrere Vorstöße nach Schottland (209-211), nachdem zuvor bereits römische Legionen erfolgreich gegen einfallende Stämme operiert hatten, unter anderem unter dem Kommando von Severus' Sohn Caracalla. Noch in Britannien, in York, starb der Kaiser (211). Der Rat, den Septimius Severus seinen Söhnen Caracalla und Geta vom Totenbett mit auf den Weg gegeben haben soll („Seid einig, bereichert die Soldaten und verachtet alle anderen"), mag literarische Fiktion Cassius Dios (76,15) sein. Faktisch wurde er zum Manifest eines neuen Zeitalters.

Abb. 2
Septimius Severus

Caracalla

Die Doppelherrschaft der Brüder Caracalla und Geta währte nicht lange. Caracalla räumte Geta im Jahr nach der gemeinsamen Thronbesteigung beiseite (211). Das Bild, das die Quellen von Caracalla (eigentlich Marcus Aurelius Antoninus; den Spitznamen verdankt er dem gallischen Kapuzenmantel, den er gern trug) zeichnen, ist denkbar ungünstig. Inwieweit das Bild eines bis zur Lächerlichkeit exzentrischen Kaisers das Produkt senatorischer Meinungsmache ist und wir ihm zu misstrauen haben, ist schwer zu beurteilen. Ihm haften aber überdeutlich die stereotypen „Caesarenwahn"-Züge an, mit denen römische Historiografen immer wieder missliebige Kaiser stigmatisierten.

Dunkel bleiben auch die Hintergründe einer mit Caracallas Namen verknüpften politischen Maßnahme von epochaler Bedeutung: Die *constitutio Antoniniana* (212) erklärte (mit wenigen Ausnahmen) alle freien Einwohner des Reiches zu römischen Bürgern. Die Unterscheidung zwischen Peregrinen und *cives Romani*, die wenig politisches, aber erhebliches soziales Gewicht besessen hatte, war fortan hinfällig - und mit ihr das sorgfältig gestaffelte System kommunaler Statuten und römischer Bürgerrechtsklassen. An ihre Stelle traten allmählich andere soziale Unterscheidungskriterien, hauptsächlich der Gegensatz **honestiores – humiliores,** der erhebliche Rechtsunterschiede bedingte. Eine mögliche Erklärung für Caracallas Maßnahme, die bereits Dio (79,9,5) andeutet, könnte das Bestreben gewesen sein, dem Fiskus neue Steuerquellen zu erschließen: Nur römische Bürger zahlten Erbschaftssteuer.

Stichwort

honestiores – humiliores

Die von Folter und Todesstrafe befreiten *honestiores* waren Senatoren, Ritter, Angehörige der städtischen Eliten und Veteranen; *humiliores* waren alle anderen – sie traf die volle Härte des Gesetzes.

In groben Zügen scheint aber Caracalla die Politik seines Vaters fortgesetzt zu haben. Er folgte offensichtlich dessen Rat, die Soldaten zu bereichern, denn bei ihnen genoss der Kaiser, der ostentativ das Leben seiner Legionäre teilte, hohe Popularität, über den Tod hinaus. Strategisch setzte Caracalla auf Offensive: Erfolgreich begegnete er dem Druck wandernder Stämme an Rhein und Donau mit einem Feldzug in Rätien und Germanien (213-214). Wie weit die Ziele seines Partherkriegs (215-217) reichten, ob er auf den Spuren Alexanders oder „nur" seines Vaters wandelte, wird nie zu klären sein: Bei Carrhae in Obermesopotamien erlag er einer Verschwörung um den Prätorianerpräfekten Macrinus (8. April 217).

Macrinus

Mit dem Ritter Macrinus bestieg der erste Nicht-Senator den römischen Kaiserthron. Er hatte die undankbare Aufgabe, Caracallas Partherkrieg abzuwickeln, und strich, angesichts leerer Staatskassen, den exorbitanten Militärhaushalt zusammen. Er kürzte Donativ und Sold, so den Unmut der Soldaten provozierend. Die nächste Usurpation ließ folglich nicht lange auf sich warten. Julia Maesa, Schwester Julia Domnas und Schwägerin des Septimius Severus, war von Macrinus in ihren Privilegien bestätigt worden; zugleich war ihr, mitsamt ihren Töchtern Sohaemias und Mamaea, die Rückkehr in ihre syrische Heimatstadt Emesa nahegelegt worden. Macrinus stellte sich bewusst in severische Tradition, ließ sogar Caracalla, an dessen Sturz er tatkräftig mitgewirkt hatte, per *consecratio* - einem formalen, vom Senat beschlossenen Rechtsakt - unter die Staatsgötter aufnehmen, um seine eigene Herrschaft zu legitimieren.

Elagabal

Maesa und ihre Familie hatten sich unterdessen im syrischen Exil keineswegs mit dem Machtverlust abgefunden. Die Politik des Macrinus und sein Imageverlust bei der Truppe lieferten ihnen eine willkommene Gelegenheit. Die Usurpation ging von Emesa aus, wo man der örtlichen Garnison den 14-jährigen Varius Avitus Bassianus, Enkel Maesas und Sohn der Sohaemias, als Caracallas Sprössling vorstellte. Die Soldaten akklamierten Varius Avitus, besser bekannt unter dem Namen seines Gottes, Elagabal, zum Kaiser und schlugen den Angriff eines Macrinus loyalen Truppenverbands zurück (218). Die Anhänger Elagabals gingen unverzüglich in die Offensive und besiegten das Aufgebot des Macrinus vor Antiochia. Macrinus, der durch seine Flucht die eigene Niederlage besiegelt hatte, fand in Kleinasien den Tod.

Mit Elagabal herrschte eine der schillerndsten und rätselhaftesten Figuren der langen römischen Kaisergeschichte. Fest steht, dass er bis zu seiner Thronbesteigung Priester des - wohl aus der **synkretistischen** Verschmelzung einer nomadischen Sonnengottheit mit einem lokalen Berggott hervorgegangenen - emesenischen Gottes Elagabal war; ferner, dass er den Kult dieses Gottes - erfolglos, wie sich zeigen sollte, und mit für ihn tödlichen Konsequenzen - in Rom heimisch machen wollte. Umstritten sind aber die Gründe und Hintergründe seiner Maßnahmen: War Elagabal ein religionspolitischer Reformator, der den Prinzipat ideell auf neue Grundlagen stellen wollte? Oder ein religiöser Dogmatiker orientalischer Prägung, der dem in kultischen Dingen toleranten Rom seinen exotischen Gott aufzwingen wollte? Oder einfach ein Irrer, wie unsere Hauptquelle Cassius Dio suggeriert?

Stichwort

Synkretismus („Verschmelzung")

Synkretismus bezeichnet als religionswissenschaftlicher Terminus technicus das Zusammenfallen heterogener religiöser Inhalte in einem neuen religiös-weltanschaulichen System, konkret oft auch die Verschmelzung verschiedener Gottheiten mit unterschiedlichem Hintergrund in einer einzigen, die dann meist verschiedene Aspekte der älteren Gottheiten in sich aufnahm. Faktisch sind alle, antike wie rezente, Religionen in unterschiedlicher Intensität Synkretismen.

Nicht als Irren, wohl aber als kulturell in jeder Beziehung Fremden präsentiert die zweite wichtige Quelle, Herodian, den jugendlichen Kaiser: Er beschreibt das fremdartige Äußere Elagabals, mit persischer Tiara, Schmuck und golddurchwirkter Kleidung aus Seide; seine Weigerung Wollstoffe zu tragen und seinen Hang zu orgiastischen Festen. Ohne Eile begab er sich nach Rom. Vor seiner Ankunft griff er zu einer ungewöhnlichen Maßnahme: Er ließ ein großes gemaltes Bild von sich aufstellen (s. Quelle).

Quelle

Elagabal auf dem Weg nach Rom

(Herodian 5,5,6–7)

Er wollte den Senat und das Volk von Rom an den Anblick seines Aufzugs gewöhnen und zugleich aus der Ferne einen Versuch machen, wie sie wohl auf den Anblick seines Aufzugs reagieren würden, und so ließ er ein sehr großes Bild seiner gesamten Person malen, wie er öffentlich bei der Ausübung seiner Riten in Erscheinung trat, und auf dem Bild neben sich das Symbol des heimischen Gottes, bei dessen Opfer er gemalt war; dies sandte er nach Rom und ließ es im Senat an einem zentralen Punkt in großer Höhe anbringen über dem Haupt der Siegesgöttin, der beim Betreten des Senats jeder eine Weihrauch- und Weinspende darbringt.

Wie Herodian Elagabals Persönlichkeit darstellt, verrät, dass er, anders als sein älterer Zeitgenosse Cassius Dio, die kulturellen Gräben, die das Reich offensichtlich durchzogen, wachen Sinnes wahrnahm. Wie Elagabal stammte Herodian - mit hoher Wahrscheinlichkeit - aus Syrien, vermutlich aus Antiochia. Er war mit griechischer Kultur groß geworden und fühlte sich als Grieche. Gerade er, der syrische Grieche, war berufen, den Kontrast zwischen der griechisch-römischen Welt und der Welt eines, nach seinem Verständnis, orientalischen Denkkategorien verhafteten emesenischen Priesters mit besonderer Schärfe herauszuarbeiten. Elagabal wirkte, aus seinem Blickwinkel, wie die Vorwegnahme der noch kommenden Kaiser nach Severus Alexander, die von der von Herodian so verehrten griechischen *paideia* („Bildung“) nichts ahnen ließen.

Was Elagabal bewogen haben mag, seinen Gott - übrigens ganz physisch als Steinidol (*baitylos*) - mit nach Rom zu nehmen und ihm dort (wie Münzen zeigen) ein Heiligtum zu errichten, bleibt rätselhaft. Bekannt ist sein unrühmliches Ende: Die Soldaten, denen er den Purpur verdankte, wandten sich von Elagabal ab; auch Julia Maesa, die mächtige Figur im Hintergrund, ließ ihren Enkel alsbald fallen und baute, um einem erneuten Machtverlust der Dynastie vorzubeugen, dessen Cousin Gessius Bassianus Alexianus, den Sohn Mamaeas, als Nachfolger auf. Sie zwang Elagabal, den um vier Jahre Jüngeren zum Mitherrscher zu machen. Als Gerüchte aufkamen, Elagabal wolle seinen Cousin aus dem Weg schaffen, wurden er und seine Mutter von aufgebrachten Prätorianern umgebracht, die Leichname durch die Stadt geschleift und in den Tiber geworfen.

Severus Alexander

Damit war Alexianus, nunmehr als Severus Alexander, Alleinherrscher (222). Der neue Kaiser war, laut Herodian, auf Initiative Mamaeas nach griechischer und römischer Tradition erzogen worden. Dem gerade 14-Jährigen führten seine Mutter und, bis zu deren Tod, die Großmutter das Regiment, dazu ein Stab fachlich versierter Ratgeber. Der prominenteste von ihnen, der Jurist Domitius Ulpianus, bekleidete seit 222 die Prätorianerpräfektur. Dem aus Tyros in Phönikien gebürtigen Ulpian, Verfasser wichtiger juristischer

Schriften, gebührt das Verdienst, das traditionell auf die Stadt Rom bezogene römische Recht, in Konsequenz der *constitutio Antoniniana*, zu einem veritablen Reichsrecht universalisiert zu haben. Die Ermordung Ulpians durch die Prätorianer (wohl schon 223) markiert nur eine der vielen Krisen von Alexanders Prinzipat und offenbart dessen eklatante Schwäche.

Kaum besser war es um Roms Macht nach außen bestellt. Unter Alexanders Herrschaft kollabierte das angeschlagene Partherreich der Arsakiden in einer sich rasch auswachsenden lokalen Revolte (224; s. S. 99). Mit den neuen Herren im Osten, den Sasaniden, änderte sich auch das Gebaren der rivalisierenden Großmacht. Unverzüglich schlug die innerparthische Expansion in aggressive Feldzüge nach außen um. Ardaširs Truppen fielen ins römische Mesopotamien ein und belagerten die Grenzstadt Nisibis (230): Syrien und Kappadokien waren unmittelbar bedroht. Alexanders Gegenoffensive (ab 232) entsetzte Nisibis und brachte Rom wieder in den Besitz Obermesopotamiens. Das einstmals parthische Hatra, das die Verbindungswege zwischen Babylonien und dem Norden kontrollierte, wechselte die Seiten und erhielt den Schutz einer römischen Garnison (bis 240).

Alexanders Führung im Perserkrieg war kaum unumstritten, seine Akzeptanz in der seit Septimius Severus wichtigsten Interessengruppe des Reiches, den Legionen, im Schwinden begriffen. Übereinstimmend berichten die Quellen von sich häufenden Meutereien und Usurpationsversuchen. Wie prekär die Herrschaft des letzten Severers war, zeigte sich auf dem nächsten Kriegsschauplatz, in Germanien. Den kaum nach Rom zurückgekehrten Kaiser erreichten alarmierende Meldungen von der Rheingrenze, wo germanische Stämme den Limes überschritten hatten und in die römischen Provinzen drängten (233). Severus Alexander hatte für seinen Perserkrieg mehrere Legionen vom Rhein abgezogen; weite Landstriche waren den Invasoren praktisch schutzlos ausgeliefert. Der Herrscher brach, gemeinsam mit seiner Mutter Mamaea, in die Krisenprovinzen auf und ließ eine Schiffsbrücke über den Rhein schlagen (234). Noch vor Beginn der Offensive brach sich die lange angestaute Unzufriedenheit des Heeres mit dem in militärischen Dingen unbedarften Kaiser in einer, diesmal erfolgreichen, Usurpation Bahn. Im obergermanischen Legionslager von Mainz fanden Severus Alexander und seine Mutter den Tod; die severische Dynastie hatte ihr Ende gefunden, nach 42 Jahren.

2. Erster Akt: Von Maximinus Thrax bis Philippus Arabs (235–249)

Historische Periodisierung ist immer ein schwieriges Unterfangen. Wo sind Zäsuren erkennbar, wo überwiegen Kontinuitäten? Freilich: Ein rationaler Zugriff auf Geschichte lebt von Unterteilungen, von Einschnitten ins Kontinuum des Ereignisablaufs. Er ist stets Abstraktionsleistung, fußend auf Vereinfachung des im Prinzip unendlich Komplizierten. Im Licht unterschiedlicher Fragestellungen variieren auch die, subjektiv von uns zu setzenden, Zäsuren. Eine Periodisierung der Soldatenkaiserzeit in drei Phasen ungefähr gleicher Länge kann sich auf die innere wie äußere Entwicklung berufen.

Nach innen lässt die erste Periode von 14 Jahren, von Maximinus bis Philippus Arabs, deutliche Kontinuitäten zur Severerzeit erkennen. Zwar mehrten sich Krisensymptome wie Geldentwertung, lokale Unruhen und politische Instabilität, doch blieben grundsätzlich die Herausforderungen dieselben wie zuvor. Nichts anderes gilt für die Mittel, zu denen die Kaiser und ihre Verwaltungsspitze griffen. Strukturell und personell änderte sich kaum etwas. Senatorische Einflussgruppen waren, wie die Regierungszeit Gordians III. illustriert, keineswegs von der Macht ausgeschlossen; Männer, die unter Severus Alexander und Maximinus nach oben gekommen waren, setzten ihre Karrieren meist bruchlos fort. Vereinzelte Neuerungen, wie die Herrschaftsteilung unter den „Senatskaisern" Balbinus und Pupienus oder die gleichzeitige Ausübung der Statthalterschaft in mehreren Provinzen durch Philipps Bruder Priscus, blieben Episode, ohne vorerst die Qualität richtungsweisender Weichenstellungen zu erlangen.

Desselbe gilt für das Feld der Außenpolitik. Die elementaren Gefährdungen, denen das Imperium sich gegenübersah, der Druck auf die Rhein- und Donaugrenze und die tatkräftige Westpolitik der Sasanidenherrscher, rührten bereits aus der Regierungszeit Severus Alexanders. Nicht anders verhielt es sich mit der Wahl der Mittel durch die Kaiser: Große Heeresverbände wurden über weite Distanzen verlegt, um dort präsent zu sein, wo Krisenherde aufflammten. Ihr Abzug riss andernorts kaum zu schließende Lücken und provozierte so meist schon den nächsten Einfall von „Barbaren" in die römischen Grenzprovinzen.

Maximinus Thrax

Im erst später als Zäsur hervortretenden Jahr 235 n. Chr. hieß der neue Machthaber Maximinus, war Thraker von Geburt (daher der Beiname) und, in signifikantem Gegensatz zum gänzlich unsoldatischen Severus Alexander, professioneller Militär. Die literarische Überlieferung dichtete ihm einen Aufstieg aus einfachsten Verhältnissen an, als Kind halbbarbarischer thrakischer Hirten. Sein voller Name C. Iulius Verus Maximinus ist indes Beweis genug, dass er oder seine Familie nicht erst mit der *constitutio Antoniniana* das römische Bürgerrecht erworben hatten. Vermutlich verdankt also Maximinus sein berserkerhaftes Image der stereotypen Tyrannentopik der literarischen Quellen.

Ob Maximinus wirklich, wie die *Historia Augusta* und auch Herodian suggerieren, das Soldatenhandwerk gleichsam von der Pike auf gelernt hatte, ist, mangels belastbarer Quellenlage, nicht zu entscheiden. Sicher ist nur, dass er im Perserkrieg Alexanders bereits ein verantwortliches Kommando innehatte und vom Osten direkt an den Rhein versetzt wurde, um dort die *praefectura tironibus* zu bekleiden, eine außerordentliche und speziell für den Anlass geschaffene Stelle. Maximinus war damit für die Ausbildung des Heeres und mithin für einen wichtigen Aspekt der Vorbereitungen zum Germanien-Feldzug verantwortlich. Wir dürfen ihn daher sehr wohl zum engeren Kreis der militärischen Elite in der späten Severerzeit zählen.

Maximinus' Funktion war wie geschaffen dafür, ihn bei den Soldaten populär zu machen. In der Vorbereitungsphase des Krieges, im Winter 234/5, braute sich offensichtlich eine für Alexander und seine Herrschaft gefährliche Stimmung zusammen. Ein Mann wie Maximinus versprach genau die Qualitäten, die der Kaiser so schmerzlich vermissen ließ: militärische Erfahrung, kameradschaftlichen Umgang mit den Soldaten, Charisma. Im Übrigen machte das in Aussicht stehende Donativ den Regierungswechsel für die Soldaten zu einer profitablen Angelegenheit.

Wohl im März 235 war es so weit: Das lange Winterlager hatte den idealen Nährboden für die Usurpation bereitet, die Soldaten der Mainzer Garnison versammelten sich auf dem Exerzierplatz und warfen dem - wie zufällig erscheinenden und anfangs widerstrebenden - Maximinus den Purpurmantel des Kaisers über. Treffend bringt Herodian, der die Ereignisse schildert, die Risiken für den Usurpator auf eine knappe Formel: „Als sie ihm aber mit Schwertern zusetzten und ihn umzubringen drohten, nahm er die Gefährdung im gegenwärtigen Augenblick gegenüber der daraus erwachsenden künftigen Gefährdung wichtiger und nahm also diese Ehrung hin" (Herodian 6,8,6). Wirklich setzte jede Usurpation einen vom Usurpator nicht mehr zu kontrollierenden Automatismus in Gang, der entweder den Amtsinhaber oder ihn selbst ins Verderben stürzen musste - mit tödlicher Sicherheit (s. S. 105).

Maximinus' Kalkül ging auf, die Usurpation glückte. Severus Alexander, so Herodians dramatische Schilderung der Ereignisse, flüchtete sich zu seiner Mutter ins Zelt, wo Offiziere die beiden auf Geheiß des Thrakers töteten. Der römische Senat verhängte, fraglos auf Betreiben des neuen *princeps*, Gedächtnissanktionen: Seine Statuen wurden gestürzt, seine Gesetze für ungültig erklärt, sein Name aus dem öffentlichen Raum getilgt. Die Zäsur sollte unübersehbar sein: Severus Alexander und seine Mutter wurden aus der Geschichte förmlich ausradiert, auch wenn in diesem speziellen Fall kein Senatsbeschluss überliefert ist, auf dessen Grundlage solche Gedächtnissanktionen normalerweise verhängt wurden.

Erstmals war ein „Berufssoldat" auf den römischen Kaiserthron gelangt - ein Ereignis, das sich klar in die von den sich häufenden militärischen Krisensituationen in Ost (Mesopotamien, Syrien, Kappadokien) und West (Rhein- und Donaugrenze) vorgezeichnete Entwicklung fügt. Der Kontrast zum eher zivilen Herrschaftsstil Alexanders könnte größer nicht sein. Dennoch gibt es keine klaren Anzeichen dafür, dass maßgebliche Kräfte im Imperium den

Prinzipat des Maximinus als Abweichung von der Norm, gar als Ausnahmezustand betrachteten. Zwar berichtet Herodian von Konflikten zwischen dem Kaiser und den senatorischen Eliten sowie von Versuchen des Maximinus, den Einfluss des Senats bereits in der Frühphase seiner Herrschaft weiter zurückzudrängen, doch deutet die Befundlage - soweit sich die Jahre nach 235 rekonstruieren lassen - eher auf Kontinuität hin als auf Bruch, nach innen wie außen.

Die Karrieren senatorischer und anderer Funktionäre setzten sich anscheinend in den meisten Fällen bruchlos fort. Männer, die unter Severus Alexander den Konsulat bekleidet hatten, erhielten unter Maximinus Provinzstatthalterschaften; der Kaiser war, in der Tradition des Prinzipats, selbst im Jahr nach seiner Kaisererhebung **consul ordinarius,** sein Kollege der altadlige italische Senator M. Pupienus Africanus. Auch außenpolitisch knüpfte Maximinus an die späte Severerzeit an. Im von Alexander geplanten Germanenkrieg ging er unverzüglich, wohl noch im Frühjahr 235, zur Offensive über, überquerte den Rhein und brach tief ins germanische Hinterland ein, wo er massiv gegen die Alamannen vorging. Von Sirmium aus konsolidierte er die kritische Donaugrenze, wo Jazygen und Daker aus dem von Rom nicht kontrollierten Teil Dakiens gegen die römische Provinz Pannonien drängten (236/7).

Stichwort

consul ordinarius

Seit der frühen Kaiserzeit amtierten Konsuln im Normalfall nicht mehr für ein ganzes Jahr, sondern nur noch für wenige (zunächst vier, später meist zwei) Monate, damit der gestiegene Bedarf an konsularischen Amtsträgern gedeckt werden konnte. *Consules ordinarii* waren, im Gegensatz zu den *consules suffecti*, die beiden zu Beginn des römischen Amtsjahres amtierenden, für das Jahr namensgebenden Konsuln. Ein „ordentlicher" Konsulat stellte den „Suffektkonsulat" in puncto Prestige weit in den Schatten.

Nach der gerade in Fragen des Grenzschutzes als unbefriedigend empfundenen Herrschaft Alexanders schien somit die Initiative auf zwei entscheidenden Kriegsschauplätzen wieder an die Römer überzugehen. Der seit 2008 systematisch erforschte Fundplatz am Harzhorn im Landkreis Northeim, wo im 3. Jahrhundert eine Schlacht zwischen Römern und Germanen stattfand, datiert nahezu sicher in die Zeit des Maximinus. Damit ist der Beweis dafür erbracht, dass Rom unter dem Thraker tief im „freien" Germanien operierte. Auch sonst erfüllte Maximinus die Erwartungen der Soldaten in seinem Prinzipat. Er zahlte das übliche Donativ, bedachte sogar die Einheiten, die an seiner Akklamation beteiligt gewesen waren, mit dem doppelten Satz; er lobte, darin der Tradition folgend, ein *congiarium* aus, die dem militärischen Donativ entsprechende Geldspende an die Zivilbevölkerung, das vielleicht lediglich in seiner Höhe neue Maßstäbe setzte. Insgesamt waren die Maßnahmen, zu denen der erste Soldatenkaiser griff, durchaus konventionell und alles andere als ein Bruch mit der Politik der Severer. Die Kritik, die in den Quellen (Herodian, *Historia Augusta*) an Maximinus' Umverteilungspolitik zugunsten des Militärs laut wird, folgt einem stereotypen Grundmuster. Natürlich heizte Maximinus damit, wie alle seine Vorgänger seit Septimius Severus, die Spirale von Finanzknappheit und Geldentwertung nur weiter an. Die von Herodian heftig beklagte „Raffgier" des Kaisers dürfte maßgeblich den militärischen und fiskalischen Zwängen geschuldet gewesen sein.

Trotzdem war Maximinus bei seinen Versuchen, die Grenzen zu stabilisieren und seine Herrschaft zu konsolidieren, mit Schwierigkeiten konfrontiert. Wir erfahren, wiederum durch Herodian (7,1,9–12), von einer Meuterei osrhoenischer Soldaten auf dem Germanien-Feldzug. Osrhoene, ein ehemaliges Königreich in Mesopotamien, jetzt römische Provinz, war bekannt für seine berittenen Bogenschützen, die eine hoch mobile Eliteeinheit bildeten und stets an strategischen Brennpunkten zum Einsatz kamen. Bei der Meuterei mag eine gewisse landsmannschaftliche Solidarität gegenüber dem aus Syrien gebürtigen Severus Alexander den Ausschlag gegeben haben. Verbindungen zu einer sich bereits formierenden senatorischen Opposition, wie sie Herodian andeutet, müssen nicht bestanden haben. Auf eine besondere Krisenanfälligkeit des neuen Regimes jedenfalls deutet die Rebellion nicht: Maximinus wurde mit ihr anscheinend spielend fertig.

Das Wenige, was wir über seine politische Akzentsetzung wissen, scheint zu belegen, dass Maximinus auf die vielfältigen Herausforderungen seines Zeitalters reagierte, nicht mit einem auf lange Sicht hin angelegten „Programm", sondern mit kurz- und mittelfristigen Maßnahmen. Er trug der wachsenden Bedeutung des Militärs Rechnung, indem er Privilegien für die Soldaten ausweitete, und er versuchte, dem Verfall der Infrastruktur durch Sanierung und Neubau von Straßen entgegenzuwirken. Seine Hauptaufgabe sah Maximinus indes in der Grenzsicherung. Entsprechend vertagte er die Rückkehr nach Rom, verweilte an der Rheingrenze und bereitete im Winter 237/8 abermals einen Feldzug im Donauraum vor. Das Sechskaiserjahr, eine der bislang schwersten Prinzipatskrisen, begann.

Sechskaiserjahr 238

Der Anlass, über den Maximinus letztlich stürzte, war fast schon nichtig. In der Provinz Africa Proconsularis, in der Stadt Thysdrus, war der Prokurator, ein „Mann von brutaler Härte" (Herodian 7,4,2), einem Mordanschlag zum Opfer gefallen (Anfang 238). Offenbar im Auftrag des Kaisers hatte er den Druck auf die **conductores** kaiserlicher Domänen erhöht und so eine mächtige lokale Interessengruppe gegen sich aufgebracht. Die in Korporationen zusammengeschlossenen *conductores* setzten sich gegen ihre drohende Deklassierung zur Wehr. Es handelte sich also weder um soziale Unruhen mit Klassenkampfcharakter noch um einen von langer Hand geplanten – etwa gar senatorischen - Staatsstreich gegen Maximinus, sondern schlicht um eine Verzweiflungstat.

Stichwort

conductores

Die stadtsässigen Großpächter kaiserlicher Domänen oder privaten Großgrundbesitzes hießen *conductores*. Sie verpachteten das Land an Kleinpächter (*coloni*, s. S. 112) weiter und lebten von dem Pachterlös als Grundrentner.

Die Hintermänner des Anschlags riefen, Strafverfolgung fürchtend, den Prokonsul M. Antonius Gordianus, einen Mann bereits vorgerückten Alters, in Abwesenheit zum Kaiser aus. Nach einigem Widerstreben akzeptierten Gordian (I.) und sein gleichnamiger Sohn (Gordian II.) die Akklamation und schickten Gesandte nach Rom, um die Kaisererhebung durch den Senat sanktionieren zu lassen. Den Prätorianerpräfekten Vitalianus ließen sie ermorden. In Rom brach ein regelrechter Volksaufstand los, der die Anhänger des Maximinus, soweit sie nicht getötet wurden, aus der Stadt trieb. Maximinus selbst erklärte der Senat zum Staatsfeind (*hostis publicus*). Zur Organisation der Abwehr gegen den Kaiser, der noch immer in Pannonien stand, setzte das Gremium eine aus zwanzig Senatoren gebildete Kommission ein (*XX viri reipublicae curandae*).

Die „Senatskaiser" Pupienus und Balbinus

Die Usurpation schien in sich zusammenzubrechen, als Capelianus eingriff, der Maximinus loyale Statthalter der *Africa Proconsularis* benachbarten Provinz *Numidia*, die Gordiane besiegte und den Jüngeren der beiden tötete, woraufhin sich der Ältere das Leben nahm. Die Senatoren, die nun die Rache des Thrakers fürchteten, griffen zum letzten Ausweg, der ihnen blieb: Sie wählten - ein in der Prinzipatsgeschichte einmaliger Vorgang - einen Nachfolger. Da man sich offenbar nicht auf einen Kandidaten einigen konnte, wählte man sogar zwei Purpurträger: Die angesehenen Senatoren Marcus Clodius Pupienus Maximus (der Vater von Maximinus' Mitkonsul im Jahr 236) und Decimus Caelius Calvinus Balbinus wurden als neue Augusti proklamiert; da die *plebs urbana* darauf bestand, einem der Gordiane die Kaiserwürde zu übertragen, bestellte man obendrein den erst 13-jährigen Neffen Gordians II. als nunmehrigen Gordian III. zum Caesar.

Halten wir einen Moment inne: Bis zur Erhebung Gordians III. zum Caesar ist eine senatorische Opposition, gar eine systematische Widerstandsbewegung gegen einen als „barbarisch" empfunden Kaiser zu keinem Zeitpunkt erkennbar. Am Anfang stand vielmehr eine örtlich begrenzte Revolte. Sie setzte eine Kettenreaktion in Gang, in der die Akteure nur jeweils begrenzte Handlungsalternativen hatten. Die Mörder reagierten auf einen akuten ökonomischen Notstand, der seinerseits lokales Symptom der reichsweiten Fiskal- und Finanzkrise war. Die Verkettung lokaler und imperialer, militärischer, sozialer, ökonomischer und politischer Einflussgrößen illustriert einmal mehr das unentwirrbare, multifaktorielle Beziehungsgeflecht, in dem für Zufälle wenig Raum blieb.

Auch das Handeln des Senats auf dem Höhepunkt der Krise wird so verständlich. Die Senatoren gewannen, indem sie zwei Kaiser aus ihrer Mitte kürten, nicht die Initiative zurück; die Wahl von Balbinus und Pupienus war kein Signal senatorischer Stärke – im Hintergrund stand allein die Furcht vor der unausweichlichen Gegenoffensive des Maximinus. Der Senat war von der Entwicklung überrollt worden; er hatte sich, im Glauben, einer sicheren Sache zu folgen, früh auf die Seite der Gordiane geschlagen und griff nun, im Angesicht des drohenden Scheiterns, zum letzten Mittel.

Balbinus und Pupienus, die in jeder Beziehung gleichrangigen Augusti, blieben nicht müßig. Sie teilten, was bei einer Doppelspitze nahelag, ihre Befugnisse: Balbinus sicherte, gemeinsam mit dem jungen Gordian III., die Lage in Rom, Pupienus begab sich nach Ravenna, wo er die Verteidigung gegen das erwartete Anrücken des zum *hostis* erklärten Maximinus vorbereitete. Überall in Italien fanden Aushebungen statt, damit Pupienus dem zahlenmäßig überlegenen Donauheer des Maximinus abwehrbereit entgegentreten konnte. Als Maximinus den Isonzo überquerte und in Italien einrückte, erwartete ihn verbrannte Erde. Die Stadt Aquileia an der nördlichen Adria war für eine Belagerung bestens vorbereitet und mit Lebensmittelvorräten versorgt worden. An ihr, das war der Plan, sollte sich Maximinus die Zähne ausbeißen.

Tatsächlich scheiterte Maximinus, zunächst auf diplomatischem Parkett. Er schickte Gesandte unter Führung eines aus Aquileia stammenden Tribunen in die Stadt, die über eine kampflose Übergabe verhandeln sollten. Crispinus und Menophilus, die Legionslegaten der „Senatskaiser" Balbinus und Pupienus und selbst beide konsularischen Ranges, stemmten sich der Kapitulation erfolgreich entgegen. Herodian fügt, um seine Leser an der Dramatik teilhaben zu lassen, eine Rede des Crispinus in seinen Bericht ein (s. Quelle).

Quelle

Crispinus spricht zur Bevölkerung von Aquileia

(Herodian 8,3,5–6)

Denn oft haben auch wenige eine Übermacht besiegt und scheinbar Schwächere die mit vermeintlich größerer Kampfkraft vernichtet; daher lasst euch auch nicht einschüchtern von der Menge des Heeres. Denn die, welche für einen anderen kämpfen, und, wenn es denn dazu käme, für ein Glück, das bei anderen sein würde, sind in der Bereitschaft zum Kampf eher zurückhaltend, weil sie wissen, dass sie wohl an den Gefahren teilnehmen, den höchsten Lohn des Sieges aber ein anderer ernten und genießen wird. Denen aber, die für die eigene Heimat kämpfen, wachsen auch von Seiten der Götter stärkere Hoffnungen zu, da sie ja nicht Fremdes zu nehmen, sondern das Eigene zu bewahren wünschen; und ihre Kampfentschlossenheit nehmen sie nicht von fremdem Befehl, sondern aus der eigenen Not, weil ja auch die volle Frucht des Sieges ihnen erhalten bleibt.

Das sind hehre Worte. Die Polemik indes und der Gegensatz, den Herodian zwischen Kämpfern für eine fremde Sache (des Maximinus) und Vaterlandsverteidigern (den Soldaten der „Senatskaiser" und Einwohnern von Aquileia) konstruiert, gehen an der Wirklichkeit vorbei. Der Geschichtsschreiber verkennt die Mechanik der Usurpation, die stets den Prätendenten und sein Heer in einer Interessen- und Schicksalsgemeinschaft zusammenschweißt. Insofern befanden sich Belagerer und Belagerte in einer ganz ähnlichen Situation: Egal wer als Gewinner vom Platz ging, die Sieger konnten handfeste Privilegien erwarten, die Verlierer im günstigen Fall die *clementia*, die politisch motivierte „Milde" des Siegers, im ungünstigeren Sanktionen bis hin zur Todesstrafe.

Auch militärisch scheiterte Maximinus. Es gelang seinen Truppen nicht, Aquileia einzunehmen. Mit jedem Tag, den die Belagerung andauerte, büßte Maximinus einen Teil des militärischen Prestiges ein, das seit der Kaisererhebung sein größtes Kapital gewesen war. Der Schaden war irreparabel. Möglich, dass Maximinus selbst sein Ende beschleunigte, indem er sich, wie Herodian überliefert, mit Schuldzuweisungen an die Adresse von Offizieren und Soldaten unbeliebt machte. Dessen bedurfte es, so wie die Dinge lagen, eigentlich nicht mehr: Maximinus' Sache war mit dem militärischen Fehlschlag vor Aquileia verloren.

Soldaten der üblicherweise seit Septimius Severus in den Albaner Bergen bei Rom stationierten *legio II Parthica*, deren Frauen und Kinder in den Händen des Senats waren, ermordeten Maximinus und seinen Sohn. Ob Maximinus der „verachtete und verhasste Tyrann" war, als den ihn Herodian (8,5,8) schildert, scheint angesichts der durchaus nicht nur negativen Bilanz seiner Herrschaft fraglich. Sein Ende war, jedenfalls aus der Perspektive römischer Geschichtsschreibung, das eines Tyrannen: Die Leichen des Maximinus und der Angehörigen seines engsten Kreises wurden der Misshandlung preisgegeben, die Köpfe nach Rom gesandt.

Die Autorität der „Senatskaiser" war damit, wie Meilensteine mit den Namen von Pupienus und Balbinus belegen, praktisch im gesamten Reich anerkannt, mit Ausnahme des nach wie vor von Capelianus kontrollierten Nordafrika. Der Druck auf die Grenzen, namentlich durch die Goten, hatte indes nicht nachgelassen. Im Donauraum fehlten jetzt die Legionen, die Maximinus nach Italien begleitet hatten. Sein für das Jahr 238 geplanter Feldzug war ausgeblieben. Pupienus und Balbinus betrauten Menophilus, der in Aquileia seine Qualitäten unter Beweis gestellt hatte, mit der Abwehr. Zugleich bahnte sich auch im Osten ein neuer Konflikt mit den Sasaniden an. Die Vorbereitungen Ardaširs zu einem erneuten Rom-Feldzug liefen bereits auf Hochtouren. Ob Carrhae und Nisibis, zwei bedeutende Städte im römischen Mesopotamien, bereits unter Maximinus in persische Hände fielen, ist aber fraglich, da Hatra, die wichtige Grenzfestung, bis 240 römisch blieb. Vermutlich begann die große persische Offensive erst nach dem Fall Hatras.

Aber auch Italien kam nicht zur Ruhe. Der Krieg gegen Maximinus hatte die ohnehin angeschlagene Finanzkraft des kaiserlichen Haushalts schwer getroffen. Wie ihre Vorgänger verminderten die „Senatskaiser" den Edelmetallgehalt ihrer Münzen und heizten so den Geldverfall an. Weitaus gravierender für die politische Stabilität war, dass mit der Niederlage des gemeinsamen Gegners Maximinus zwischen den Akteuren alte Konflikte wieder aufbrachen. Balbinus und Pupienus, gegen den Thraker zusammengeschweißt in einer Interessenkoalition, waren im Grunde von Beginn ihrer Herrschaft an Rivalen, vermutlich auch Exponenten rivalisierender Flügel des Senats. Die proklamierte Eintracht (*concordia Augustorum*) war nur mehr Makulatur. Balbinus pochte, wie Herodian glaubhaft macht, auf seine noblere Abstammung, Pupienus unter Verweis auf seinen militärischen Triumph über Maximinus auf seine größeren Verdienste; beide griffen, der Doppelherrschaft müde, nach dem Alleinbesitz des Purpurs. Obendrein meldeten die Prätorianer, stellvertretend für den jugendlichen Caesar Gordian, dessen Herrschaftsanspruch an.

Pupienus und Balbinus, gelähmt durch ihren Zwist, hatten dem nichts entgegenzusetzen. Das zerstrittene Kaiserpaar in seinem Palast wurde den anrückenden Prätorianern zum leichten Opfer. Sind also die Ereignisse des Jahres 238 im Licht rivalisierender Interessen der drei großen Einflussgruppen zu interpretieren: von Militär, Senatsaristokratie und *plebs urbana?* Immerhin war die Erhebung Gordians III. zum Caesar auf Initiative der *plebs urbana* erfolgt, Pupienus und Balbinus waren, stellt man die Besonderheiten ihrer Thronerhebung in Rechnung, Kreaturen des Senats. Maximinus schließlich kann als Exponent des Militärs, oder doch großer Teile davon, gelten.

Dennoch verliefen die tiefsten Gräben eher quer durch die Einflussgruppen als zwischen ihnen. Die Senatsaristokratie hinter den „Senatskaisern" war nur einig, solange es gegen Maximinus ging; anscheinend verfügte auch Gordian III. über eine Unterstützergruppe im Senat. Das Militär war zwischen Macrinus-Anhängern und -gegnern gespalten. Allein die *plebs urbana* stand geschlossen hinter Gordian, spielte aber bei seiner Erhebung zum Augustus kaum eine Rolle. Fazit: Keine der gesellschaftlichen Gruppen, weder das Militär noch die Senatsaristokratie oder die *plebs urbana*, war als Kollektiv handlungsfähig. Das Sechskaiserjahr war deshalb keine Krise, in der gesellschaftliche Gruppen miteinander rangen, sondern entsprach in seinem Verlauf weitgehend der Usurpationen inhärenten Dynamik. Schon gar nicht handelte es sich um den „Klassenkampf" zwischen einer proletarisierten Soldateska einerseits, wohlhabenden urbanen Grundbesitzer- und Bürgerschichten andererseits.

War also 238 ein Wendejahr der Prinzipatsgeschichte? Gab es Alternativen zur Destabilisierung und Fragmentierung der Regierungsgewalt? Hier hilft allein das hypothetische Durchspielen alternativer Abläufe weiter, so spekulativ es sein mag. Zwei Alternativen zur erfolgreichen Usurpation des minderjährigen Gordian sind denkbar: *Erstens* hätte Maximinus den Konflikt gegen Pupienus und Balbinus für sich entscheiden können; *zweitens* hätte eine effiziente Zusammenarbeit der „Senatskaiser" nach ihrem Sieg über Maximinus - etwa im Sinn einer Teilung der Zuständigkeitsbereiche, gegebenenfalls unter Einbeziehung des Caesar Gordian - dessen Usurpation vorbeugen oder sie scheitern lassen können.

Im ersten Fall wäre Maximinus bis Rom vorgerückt, hätte dort - wie von ihnen befürchtet - mit seinen Gegnern abgerechnet und sich im Übrigen in der gleichen Situation wie im Jahr zuvor gefunden: leere Kassen, latente Gefährdung der Rhein- und virulente Gefährdung der Donaugrenze, vermutlich in verschiedenen Reichsteilen Widerstandsnester der Opposition. Maximinus hätte sich wahrscheinlich der Aufgabe des Grenzschutzes gewidmet, da er diese als dringlichste wahrgenommen hätte, und so den Städten und Grundbesitzern weitere Zumutungen aufbürden, mit Gewissheit weitere Usurpationen riskieren müssen. Obendrein war Maximinus nicht mehr jung. Das Problem der Nachfolge hätte früher oder später auf der Tagesordnung gestanden. Alles in allem spricht wenig dafür, dass Maximinus, hätte er über Pupienus und Balbinus triumphiert, ein Dynastiegründer vom Schlage Vespasians oder des Septimius Severus hätte werden können. Wohlgemerkt: Dagegen sprechen die Begleitumstände, die spezifische historische Situation des Jahres 238, nicht Charakter oder Persönlichkeit des Maximinus.

Interessantere Möglichkeiten hätte die zweite Alternative geboten. Zwar steht nicht zur Debatte, dass sich das Rad der Geschichte hätte zurückdrehen bzw. sich der Prinzipat zu einem „Superkonsulat" (*Karl Dietz*) hätte republikanisieren lassen. Die nächstliegende Parallele - die Erhebung Nervas nach dem Tode Domitians - lässt erkennen, dass eine solche Entwicklung außerhalb des Möglichen lag. Dennoch bot die Situation 238 Ansatzpunkte für eine innovative Transformation des Prinzipats. Sie hätte freilich die Zusammenarbeit der Augusti vorausgesetzt, im günstigsten Fall unter Einbeziehung des Caesar Gordianus: Möglich geworden wäre sie am ehesten durch die regionale Teilung der Zuständigkeitsbereiche und einen realistischen Zeitplan für die Nachfolge des Gordianus im Amt des Augustus. Faktisch wäre ein solches Szenario auf die Vorwegnahme der Tetrarchie oder doch zentraler Elemente davon (s. S. 86) hinausgelaufen.

Ein Ausgleich zwischen den „Senatskaisern" und Gordian hätte die Integration potenzieller Usurpationen ins Herrschaftskartell und zugleich eine erhebliche Effizienzsteigerung durch Verbreiterung der Reichsspitze bedeutet. Freilich: Pupienus und Balbinus waren nicht Diokletian, und die leidvollen Erfahrungen mit sich häufenden Usurpationen und einer bis zur Agonie reichenden Lähmung der Herrschaftsgewalt standen der römischen Welt erst noch bevor.

Gordian III.

Mit Gordians Herrschaftsantritt schienen sich Problemstellungen der spätseverischen Zeit zu wiederholen. Abermals, wie in den Tagen des Severus Alexander, trug ein minderjähriger Knabe den Purpur. Und wieder erforderten die zahlreichen Brennpunkte an Roms Außengrenzen die Präsenz eines in militärischen Dingen versierten Princeps. Besonders im Osten überschlugen sich, obwohl schwer zu rekonstruieren, die Ereignisse, und zwar keineswegs zu Roms Gunsten: Hatra fiel (240), in Edessa gelangte für kurze Zeit, wohl weil das römische Mesopotamien zum Machtvakuum zu werden drohte, die alte Dynastie zurück an die Macht.

Als Gordian III. 242 zur Gegenoffensive ansetzte und selbst auf dem Kriegsschauplatz erschien, war das monarchische Zwischenspiel in Edessa bereits Geschichte, die Stadt wieder römische *colonia.* Die römischen Legionen schlugen Šapurs Truppen bei Rešaina, zwischen Edessa und Nisibis (243) und stellten so Roms Kontrolle über die Provinz *Mesopotamia* wieder her. Die Ausgangslage für weitere Operationen gegen die Sasaniden schien so günstig wie lange nicht mehr.

An der Donaufront blieb die Lage ruhig, solange Menophilus das Oberkommando führte (bis 242). Im Jahr seiner Abberufung aber drangen Gruppen von Karpen, Goten und Alanen über die untere Donau nach Thrakien, bis vor Adrianopel, vor. Auf ihrem Beutezug wandten sie sich, ohne erkennbar von römischen Verbänden aufgehalten zu werden, westwärts und drangen bis in den Save-Drina-Raum vor. Ein starkes Truppenaufgebot unter Führung des Prätorianerpräfekten Timesitheus, das sich auf dem Weg zum östlichen Kriegsschauplatz befand, schlug die Eindringlinge schließlich hinter die Grenzen zurück (242). Eine spätere Invasion von „Skythen“ (gemeint sind abermals Goten) unter ihrem König Argunt (wohl 244), von der die *Historia Augusta (Gordiani tres* 31,1) berichtet, konnte dagegen erst von Philippus Arabs abgewehrt werden. Insgesamt zeigte sich die Regierung Gordians den verschiedenen Herausforderungen an der Donaugrenze gegenüber durchaus gewachsen.

Auch innenpolitisch schien die Position des Kaisers zunächst wenig angreifbar zu sein. Die Übertragung der für den Princeps üblichen Ehren durch den Senat ging nach erfolgreicher Usurpation reibungslos vonstatten. Dank seiner familiären Verbindungen wusste er ein einflussreiches aristokratisches Netzwerk hinter sich: Senatoren, die einander in vielfältigen verwandtschaftlichen und sonstigen Nahverhältnissen verbunden waren. Im selben Kreis dürften auch diejenigen zu suchen sein, die für den minderjährigen Gordian die Regierungsgeschäfte führten. Die Protagonisten der Gruppe, wie der bereits von Balbinus und Pupienus in Moesien eingesetzte und dort mit großem Erfolg operierende Menophilus, bekleideten unter Gordian wichtige Posten in der Zentral- und Provinzverwaltung. Ein Senator, Aedinius Julianus, wurde auch Prätorianerpräfekt - eine üblicherweise von Rittern versehene Funktion.

Timesitheus

Sein Nachfolger wurde unter ungeklärten Umständen C. Furius Sabinius Aquila Timesitheus (Frühjahr 241). Ein Zusammenhang mit der im gleichen Jahr niedergeschlagenen Usurpation eines Sabinianus, einer von Karthago ausgehenden Revolte eher lokalen Charakters (240-241), ist möglich, aber nicht sicher nachzuweisen. Timesitheus, ein wohl aus den Orientprovinzen stammender Ritter, konnte auf eine glanzvolle Karriere in der Provinzial- und Zentraladministration zurückblicken, die schon vor Severus Alexander begonnen hatte. Er hatte eine Auxiliarkohorte in Spanien befehligt und später als Prokurator in verschiedenen Provinzen gedient. Eine Inschrift würdigt ihn als Verantwortlichen (*exactor*) für die *annona militaris*, die den Perserkrieg Severus Alexanders logistisch begleitete (232). Mit seiner Ernennung wurde Timesitheus der eigentlich starke Mann der Regierung Gordians; seine überragende Machtstellung krönte und befestigte die Heirat seiner Tochter Furia Sabina mit dem Princeps im selben Jahr.

Timesitheus erscheint in der literarischen Überlieferung, in der *Historia Augusta* und bei Zosimos, als Lichtgestalt ersten Ranges. Ihm gelang anscheinend das Kunststück, dem noch minderjährigen Princeps die Unterstützung der Personengruppen zu sichern, auf die es ankam: vor allem des Militärs, aber auch der Senatorenschaft. Der **vir eminentissimus** Timesitheus, der tatsächlich einen wesentlichen Beitrag zur Stabilisierung von Gordians Herrschaft leistete, starb allerdings bereits 243 unter ungeklärten Umständen.

Stichwort

vir eminentissimus

Mit dem Bedeutungsverlust der alten Stände (*ordo senatorius, ordo equester*) seit dem 3. Jahrhundert zeichneten sich alsbald die Umrissene einer neuen Hierarchie ab, die sich von den Rangklassen der allmählich sich differenzierenden und professionalisierenden Verwaltung ableitete. Die Rangklasse eines *vir eminentissimus* stand an der Spitze der ritterlichen Hierarchie, es folgten *viri perfectissimi* und *viri egregii*. Die dem alten Senatorenstand entsprechende Hierarchie begann mit der Gruppe der *viri clarissimi*, der die Statthalter zugehörten. Noch höhere Ränge bekleideten die *viri spectabiles* und *illustres*, in der Spätantike etwa die Vorsteher der neu geschaffenen territorialen Prätorianerpräfekturen.

Wer oder was immer für seinen Tod verantwortlich war, ob sein Nachfolger Philipp (wie die freilich tendenziöse *Historia Augusta* andeutet) oder schlicht eine Krankheit (so der wohl hier verlässlichere Zosimos), mit Timesitheus endete auch jene kurze Phase relativer Stabilität, für die sein Name steht. Timesitheus war nicht der einzige griechische Intellektuelle, der sich im Stab Gordians III. befand. Im Gefolge des Kaisers reiste auch Plotin, der berühmte Philosoph und Begründer des **Neuplatonismus**. Plotin reizte an dem Unternehmen die Möglichkeit, die Denkweise von Persern und Indern studieren zu können. Er überlebte die Katastrophe von Mesiche und entkam nach Rom, wo er seine Schule begründete.

Wichtige Fragen der Chronologie, und damit auch der Bewertung des Geschehens, bleiben verworren. Timesitheus starb fraglos während des Perserfeldzugs. Ob sein Tod zeitlich vor oder nach die gewonnene Schlacht von Rešaina fiel, ob mithin der Sieg das Verdienst noch des Timesitheus oder schon Philipps war, lässt sich nicht ermitteln. Sicher ist nur, dass das Glück den römischen Waffen nicht hold blieb.

Stichwort

Neuplatonismus

Der Neuplatonismus fußte auf den Lehren Platons, die von den Philosophen des 3. Jh. allerdings um mystische Elemente angereichert wurde. Für Plotin und seine Schüler entzog sich das Göttliche, All-Eine jedem menschlichen Zugriff, es lag „jenseits des Seins" wie „jenseits des Geistes". Der Neuplatonismus wurde zur dominierenden Denkschule des spätantiken Heidentums, übte aber auch erheblichen Einfluss auf die frühchristliche Theologie aus.

Über das Ende Gordians und die Schlussphase seines Perserkriegs existieren unterschiedliche Versionen in der literarischen Überlieferung. Sie betreffen Ort und Umstände seines Todes. Unklar ist, ob Gordian noch im römischen Mesopotamien vor Erreichen persischen Territoriums (so die *Historia Augusta*, Zosimos), vor Ktesiphon (u.a. *Epitome de Caesaribus*) oder, nach siegreichem Feldzug, nach der Rückkehr auf römisches Gebiet (u.a. Ammianus Marcellinus, Eutrop, Festus) einer Meuterei seiner Truppen zum Opfer fiel. Eine vierte Variante, die allerdings die Tendenz der Quelle widerspiegelt, steuern die *Res gestae divi Saporis* bei, nach denen Gordian in der Schlacht gegen die Perser fiel (s. Quelle) bzw. den Unfalltod starb. Kleinster gemeinsamer Nenner aller übrigen Quellen ist die Hauptverantwortung des Mannes, der Gordians Nachfolger wurde: Philippus Arabs, zum Zeitpunkt der Ermordung des Kaisers sein Prätorianerpräfekt. Die genauen Umstände von Philipps Herrschaftsantritt bleiben dunkel. Klar ist nur, dass das römische Heer sich unter neuer Führung in denkbar ungünstiger Lage befand, vermutlich eine Schlacht verloren hatte.

Philippus Arabs

Offenbar sah Philipp deshalb keine Alternative zum Abbruch des von Gordian und Timesitheus geerbten Perserkriegs. Die Friedensbedingungen, die er mit Šapur aushandelte, sind nur schwer zu erhellen. Šapur rühmt sich in seinem „Tatenbericht", die Römer seien den Persern „tributpflichtig" geworden und hätten zur Auslösung der Kriegsgefangenen ein hohes Lösegeld gezahlt.

Quelle

Šapurs „Tatenbericht" über den Herrscherwechsel im römischen Imperium

(Sasanidische Staatsinschriften, S. 290 ff.)

Als wir [Šapur] zur Herrschaft gelangt waren, hob Gordianus Caesar im gesamten Römischen Reich eine Streitmacht aus, aus den gotischen und germanischen Ländern, und marschierte gegen Babylonien, gegen das Reich von Iran und gegen uns. An der Grenze Babyloniens, in Mesikhe, fand eine große Feldschlacht statt. Gordianus Caesar wurde getötet und die römische Streitmacht zerstört. Und die Römer erhoben Philipp zum Caesar. Sodann kam Philippus Caesar zu uns, um über Frieden zu verhandeln, und um ihr Leben [das der Kriegsgefangenen] zu retten, gab er uns 500000 Denare, und er wurde uns tributpflichtig. Und aus diesem Grund haben wir Mesikhe in Peroz-Šapur umbenannt.

Abb. 3 Philippus Arabs

Sasanidische Felsreliefs in der Persis zeigen Philipp in demütig kniender Haltung, wie er von Šapur die Friedensbedingungen entgegennimmt. Gewiss waren die Sasaniden im Vorteil. Der vergleichsweise maßvolle Friedensschluss trägt aber keine Züge eines Diktats: Die Zahlung von Geld, wiewohl keine „Tributpflicht", bestätigen auch römisch-byzantinische Quellen, und Rom verzichtete auf seine Unterstützung der Arsakidendynastie in Armenien gegen die Perser, während es territorial beim Status quo ante blieb. Die Frage ist auch, ob Philipp unverzüglich die Kriegshandlungen einstellte oder erst nach einiger Zeit, vielleicht nach Eintreffen ungünstiger Nachrichten aus dem Donauraum. Das genaue Kräfteverhältnis im Osten ist daher schwer abzuschätzen. Gleichviel: In Rom empfand man den Ausgang des Krieges offensichtlich als Niederlage. Die üblichen Versuche, den Misserfolg publizistisch schönzufärben, unterblieben. Die Regierung des Philippus Arabs war deshalb von Beginn an mit einer schweren Hypothek belastet, das kaiserliche Prestige angekratzt.

Philipp ließ sich mit einer Rückkehr nach Rom Zeit. Über Bostra in Arabien, das neu gegründete Philippopolis, Antiochia, Ephesos und Thrakien begab er sich in die Hauptstadt, von dort unmittelbar auf den nächsten Kriegsschauplatz, in den Donauraum, wie so oft ein Brennpunkt des Kriegsgeschehens. Schon vor Philipps Herrschaftsantritt waren Goten (die „Skythen" der *Historia Augusta*) in Moesien, bald darauf Karpen, ein dakischer Stamm, in die römische Provinz Dakien eingefallen. Philipp hatte, unter Aufgabe einiger vorgeschobener römischer Stellungen, die Provinzen kaum befriedet und den Grenzschutz ausgebaut, als Goten über Dakien nach Moesien und Thrakien einfielen. Die Goten waren unter Philipps Vorgängern Empfänger regelmäßiger römischer Subsidienzahlungen gewesen, faktisch Schutzgelder, um sie vom Einfall auf römisches Gebiet abzuhalten. Philippus Arabs stellte die Zahlungen, vermutlich schlicht aus Geldnot, ein und provozierte so die Krise, die ihn letztlich um Kaiserwürde und Leben brachte.

Revolten im Donauraum

Philipp hatte den Abwehrkampf gegen die Goten zunächst seinem Schwager oder Schwiegervater Severianus anvertraut, der als **dux** den Oberbefehl über die Donaulegionen erhielt. Offenbar begann es alsbald in der Truppe zu gären, denn wir erfahren von der Usurpation eines gewissen Pacatianus, wohl eines Militärtribunen aus senatorischer Familie, der in einer der Donaulegionen diente (248/9). Die Revolte fiel rasch in sich zusammen, weil die eigenen Truppen von Pacatianus abfielen; sie zeigt aber, dass die Akzeptanz des Arabers unter den Soldaten gelitten hatte. Pacatianus war nicht der einzige Usurpator, der den Kaiser herausforderte. Ungefähr gleichzeitig brach in Syrien und im benachbarten Kappadokien die Erhebung eines Jotapianus los, wohl – wie der Name verrät – eines Abkömmlings der Dynastie von Kommagene, das unter Vespasian der Provinz Syrien einverleibt worden war. Welches Kommando Jotapianus in Syrien innehatte, ist nicht bekannt. Auch seine Rebellion kollabierte alsbald (vielleicht erst unter Decius), signalisiert aber, welches Unzufriedenheitspotenzial sich gerade im Osten aufgestaut hatte.

Stichwort

dux

Unter dem Oberbefehl eines *dux* waren mehrere Legionen verschiedener Provinzen vereinigt. Häufig wurde die befristete militärische Gewalt eines *dux*, der in militärischen Krisenzonen, meist an der Donau, erhebliche Teile des militärischen Potenzials kontrollierte, zum Kristallisationspunkt von Usurpationen.

In den Orientprovinzen hatte Philipp seinen Bruder Priscus, der ihm und schon seinem Vorgänger als Prätorianerpräfekt diente, als *rector Orientis* eingesetzt. Die Machtfülle, die sich hinter diesem Titel verbarg, war ohne Präzedenzfall: Priscus hatte gleichzeitig mehrere Statthalterschaften inne, wenigstens von *Syria Coele* und *Mesopotamia*, möglicherweise auch noch von anderen, angrenzenden Provinzen. Die Maßnahme war eine Antwort auf die besondere Bedrohung des Ostens durch die Sasaniden und nahm in mancher

Hinsicht die spätere, vom Kaiser in Rom dann allerdings nicht mehr initiierte, sondern nur mehr tolerierte Regionalisierung der Kommandogewalt vorweg (s. S. 126). Hauptanlass für die Usurpation des Jotapianus war offenbar der auf den Orientprovinzen lastende Steuerdruck, den Priscus durch eine Steuerreform weiter erhöht hatte.

Philipps Regierung drohte also der Verlust von Rückhalt gleich an mehreren Fronten. Die Erhebung im Donauraum spiegelte die Unzufriedenheit der Soldaten mit der Grenz- und Verteidigungspolitik. Den Goteneinfall bewerteten die Soldaten gewiss als Verschulden des Kaisers, dem sie vielleicht auch die Delegierung des Kriegs an Severianus anlasteten. Der Aufstand des Jotapianus hatte hingegen einen regionalen Hintergrund und entzündete sich an fiskalpolitischen Fragen. Beide Rebellionen zeigen lehrbuchhaft die Wechselwirkungen zwischen inneren und äußeren Faktoren, mit fataler Destabilisierung der Regierungsgewalt als Konsequenz.

Unter den Auspizien von Niederlage und Aufruhr verpufften Ansätze wirkungslos, Philipp der Reichsbevölkerung als Heilsbringer zu empfehlen. Der Kaiser nahm seinen wichtigen Sieg über die Karpen zum Anlass, die eigene Sieghaftigkeit gebührend herauszustellen, wie Münzen mit Victoria-Darstellung und der Legende VICTORIA CARPICA zeigen. Auch die Gründung einer neuen Stadt mit dem Namen Philipps (247) zielte auf die Öffentlichkeit und verfehlte wohl auch nicht ihre Wirkung auf die Region. Den glanzvollsten Anlass zur Selbstdarstellung aber lieferte ein symbolträchtiges Datum: Am 21. April 248 beging man in Rom die Tausendjahrfeier der Stadt, als religiöse Feier und inszeniertes Großereignis, mit Tierhetzen (*venationes*) und Wagenrennen im Circus Maximus, Theaterspielen auf dem Marsfeld und Gladiatorenspielen überall in der Stadt. Philipp verewigte die Feiern in seiner Münzprägung.

Gewiss bot die Jahrtausendfeier ausgiebig Gelegenheit, die Verbundenheit von Kaiser und *plebs urbana* zu zelebrieren. Aber Rom war nicht das Reich, und angesichts der vielfältigen Nöte und Gefährdungen war der Graben, der zwischen Inszenierung und Wirklichkeit klaffte, zu tief. Die Usurpationen, noch im Jahr der glanzvollen Feier, sprechen eine deutliche Sprache. Sie sollten lediglich Vorspiel sein für die Erhebung des Decius, die ebenfalls im Donauraum ihren Anfang nahm (Mai 249). Der Senator Decius hatte dort als Nachfolger des Severianus als *dux Moesiae et Pannoniae* das Oberkommando über ein massives Heeresaufgebot inne. Philipp selbst hatte ihn an die Donau beordert, um der Usurpation des Pacatianus oder ihrer Nachwehen Herr zu werden und die Gotengefahr zu bannen.

Von Decius' Usurpation übermitteln die literarischen Quellen - wieder einmal - einander widersprechende Versionen. Einer gemeinsamen, deciusfreundlichen Quelle folgen die byzantinischen Historiker Zosimos und Johannes Zonaras. Sie lassen den Senator, die Konsequenzen fürchtend, nur widerstrebend dem Befehl Philipps folgen, das Kommando über die Donaulegionen zu übernehmen, und dann nur gegen seinen erklärten Willen unter Zwang die Akklamation des Heeres akzeptieren. Decius soll sogar, nach erfolgter Usurpation, Philipp seine Rückkehr nach Rom angeboten haben, um dort in aller Form die Herrscherinsignien abzulegen. Erst die Kriegsvorbereitungen Philipps hätten ihn zum Gegenschlag veranlasst. Dass die Erhebung – wie Zosimos und Johannes Zonaras übereinstimmend berichten – eine starke Eigendynamik entwickelte und Decius vielleicht eher Getriebener als treibende Kraft war, ist vorstellbar, aber nicht sehr wahrscheinlich: Dass sie die imperatorische Akklamation durch das Heer zunächst ablehnten, erwarteten alle Beteiligten von den Kandidaten. Ein Usurpator, so wollte es das Ritual der *recusatio imperii*, musste sich bitten, ja beknien lassen, bevor er die Würde, die schnell zur Bürde werden konnte, akzeptierte.

Ob Usurpator wider Willen oder nicht: Fest steht, dass Decius 249 das Donauheer befehligte, er von diesem Heer zum Kaiser ausgerufen wurde, sodann mit seinem Heer dem in Rom weilenden Philipp entgegenzog und ihn wohl bei Berrhoia in Makedonien unter nicht näher bekannten Umständen schlug. Das erste Reskript des Decius aus dem *Corpus Iuris Civilis* stammt vom 16. Oktober 249, der erste nach ihm datierte ägyptische Papyrus vom 28. November – auch Eilmeldungen brauchten schließlich ihre Zeit, um die immensen Distanzen im Imperium zu überwinden.

3. Zweiter Akt: Von Decius bis Gallienus (249–268)

In die mit knapp zwanzig Jahren etwas längere mittlere Phase der Soldatenkaiserzeit fielen, auf zwei unterschiedlichen Schlachtfeldern, die vernichtendsten Niederlagen, die römische Kaiser bis dahin erlitten hatten: Decius fiel bei Abrittus (Rasgrad, Bulgarien) gegen die Goten (251), Valerian geriet nach der Schlacht von Edessa (260) in persische Gefangenschaft. Beide Katastrophen stürzten das Imperium politisch ins Chaos.

Die Welle der Usurpationen enthüllte die Verwundbarkeit des Prinzipats vor dem Hintergrund einer äußeren Krise. Als politisches System zeigte er sich den veränderten Herausforderungen immer weniger gewachsen. Herrscher wie Beherrschte griffen deshalb auf allen Ebenen vermehrt zu innovativen Rezepten, um die Probleme zu meistern: Das Opferedikt des Decius und die Regionalisierung von Herrschaft mit der Abgrenzung von Zuständigkeitsbereichen durch Valerian und Gallienus, mit vermehrter Berufung von in ihrer Befehlsvollmacht weitgehend autonomen *duces*, aber auch mit der Etablierung einer quasi-souveränen Einflusssphäre wie des gallischen „Sonderreichs“ unter Postumus, waren zukunftsweisende Neuerungen, die mit dem Herkommen brachen, auch wenn sie keiner umfassenden Strategie entsprangen, sondern zunächst eher Trial-and-Error-Lösungen für die sich häufenden Probleme waren.

C. Messius Quintus Decius stammte aus Budalia in Pannonien. Er war damit, rechnet man den Thraker Maximinus nicht, der Erste einer längeren, mit Unterbrechungen bis Galerius reichenden Reihe von Kaisern mit familären Wurzeln im Balkanraum, dem Illyricum im weiteren Sinne. Die „illyrischen" Kaiser zeichneten sich fast alle dadurch aus, dass sie als Berufssoldaten Karriere gemacht hatten. Wie die späteren Tetrarchen Diokletian und Maximian hatten sich viele von ihnen von ganz unten nach ganz oben emporgearbeitet.

Decius

Anders Decius: Der wohl um 190 geborene Pannonier war bei seinem Herrschaftsantritt bereits Konsular und blickte auf eine lange senatorische Karriere zurück. Inschriften bezeugen, dass er unter Severus Alexander bereits als Statthalter in *Moesia Inferior* amtierte (wohl 234) und später in *Germania Inferior* in *Hispania Tarraconensis.* Unter Maximinus, den er bis zuletzt unterstützte, hatte er eine Statthalterschaft in Spanien inne. Über seine Ehefrau Herennia Cupressenia Etruscilla, vielleicht auch seine eigene Familie, dürfte er über Beziehungen zur italischen Senatsaristokratie verfügt haben. Wohl auch seines Ranges in der senatorischen Hackordnung wegen bestimmte ihn sein Vorgänger Philipp zum Oberbefehlshaber an der Donaugrenze (249).

Der neue Kaiser fand nach seinem Sieg bei Berrhoia und dem Tod Philipps in der Schlacht rasch reichsweite Anerkennung. Er zog nach Rom und feierte dort in traditioneller Manier seinen - auf Münzen festgehaltenen - *adventus* („Ankunft"). Programmatisch versteht sich die Annahme eines neuen Beinamens: „Traianus" sollte an die senatsfreundliche Politik, aber auch an die militärische Sieghaftigkeit des *optimus princeps* Trajan (98-117 n. Chr.) erinnern. Gegenüber seinen Vorgängern kürzte Decius das *congiarium*, die Geldverteilung an die *plebs urbana*, nicht aber das Donativ.

In die Zeit seines Aufenthalts in Rom datiert die berühmteste Maßnahme des Decius, sein allgemeines Opferedikt (wohl Ende 249). Darin forderte der Kaiser von allen Reichsbewohnern ein öffentliches Bekenntnis zu den traditionellen Göttern in Form eines Opfers, das vor staatlichen Funktionären darzubringen war. Wer innerhalb einer zuvor festgesetzten Frist der Anordnung nicht Folge leistete und eine Bescheinigung über das Opfer beibringen konnte, galt als *sacrilegus* („Frevler") und wurde mit dem Tod bestraft. Die Durchführung der Bestimmungen variierte freilich von Provinz zu Provinz, ja von Stadt zu Stadt. Wesentlich vom Edikt betroffen waren die Christen, namentlich in Nordafrika, und über die Frage, wie sich die Kirche Abtrünnigen gegenüber zu verhalten habe, erlebte das Christentum gerade dort sein erstes Schisma. Auf die religiösen und soziokulturellen Implikationen des Decius-Edikts wird noch zurückzukommen sein (s. S. 146).

Wie Decius die prekäre Lage im Osten des Reiches meisterte, wissen wir nicht. Probleme häuften sich gleich auf mehreren Ebenen. Der Perserfriede Philipps (244) war erkennbar nur eine Atempause; dass die Sasaniden neue Offensiven vorbereiteten, stand außer Frage. Die Usurpation des Jotapianus war vielleicht noch in vollem Gang. Dass es in der provinzialen Bevölkerung gärte, lag auf der Hand. Zu allen Unwägbarkeiten kommt die offene Frage, welche Rolle der *rector Orientis* Priscus, Philipps Bruder, nach Decius' Sieg bei Verona noch spielte.

Besser bekannt sind Decius' Maßnahmen - und seine Erfolge - im Westen. Auch hier sah sich das Imperium vielfältigen Gefahrenherden gegenüber: Der Kaiser unterdrückte eine Rebellion in Gallien (Eutropius 9,4), war aber vor allem mit erneuten Einfällen von Goten und Karpen im Donauraum (seit Anfang 250) konfrontiert. Gruppen wandernder Stämme unter dem Goten Kniva hatten auf breiter Front die Donau überschritten, bedrohten den gesamten Balkanraum (Dakien, Moesien, Pannonien, Thrakien und Griechenland) und teilten sich nahe der Einmündung der Jantra in die Donau im heutigen Bulgarien. Sie belagerten den *dux* beider moesischen Provinzen, Trebonianus Gallus, in Nikopolis an der Jantra sowie den Statthalter Thrakiens, Priscus (nicht identisch oder verwandt mit Priscus, dem Bruder Philipps), im thrakischen Philippopolis. Decius sandte zunächst seinen Sohn Herennius, den er zuvor zum Caesar erhoben hatte, mit einem Kontingent in die bedrohten Donauprovinzen.

Wenig später erschien er selbst mit einem Heer auf dem Kriegsschauplatz. Er konnte, wie ein Dexippos-Fragment überliefert, das belagerte Nikopolis entsetzen (Sommer 250), erlitt aber, als ihn die Goten Knivas bei Berrhoi überfielen, eine vernichtende Niederlage (Jordanes, *De origine actibusque Getarum* 18). Decius, der knapp entkam, zog sich nach Moesien zurück und vereinigte seine verbliebenen Truppen mit jenen des *dux* Gallus. Auf dem Höhepunkt der Krise einigte sich der noch immer in Philippopolis ausharrende Priscus mit den gotischen Belagerern. Er übergab die Stadt und wurde im Gegenzug selbst zum Augustus proklamiert. Sein Griff nach dem Purpur blieb nicht die einzige Usurpation: In Rom hatte ein Julius Valens Licinianus auf Betreiben der *plebs urbana* - wie Aurelius Victor (29,2-3) berichtet - für allerdings sehr kurze Zeit die Macht an sich gerissen (251).

Wenn Kniva gehofft hatte, mit einem eigenen Prätendenten den römischen Widerstand zu brechen, so ging sein Kalkül nicht auf. Decius reorganisierte die verbliebenen Legionen im Donauraum und marschierte donauabwärts den Goten entgegen, um sie von ihren Rückzugsgebieten abzuschneiden. In *Moesia inferior* stellte er die Goten, siegte, fand aber in einem Verfolgungsgefecht den Tod. Die Leistung des Decius findet in einer knappen Würdigung, die bei Zosimos erhalten ist, viel Anerkennung (s. Quelle).

Quelle

Zosimos über Decius

(Zosimos 1,23)

Die Skythen [Goten] überschritten, von der vollständigen Unordnung, die Philipps Nachlässigkeit hinterlassen hatte, profitierend, den Tanais [Don, Irrtum des Zosimos] und machten Anstalten, die Länder um Thrakien zu plündern. Decius stellte sich ihnen und gewann nicht nur jede Schlacht, sondern bemächtigte sich ihrer Beute und versuchte, ihnen den Rückzug abzuschneiden, um sie zu vernichten, damit sie niemals wieder einen Angriff wagen würden. Er stellte Gallus mit einer angemessenen Streitmacht am Tanaisufer auf, während er selbst mit dem Rest des Heeres angriff. Alles verlief nach Plan, bis Gallus sich zur Revolte entschied und Gesandte zu den Barbaren schickte, die sie dazu aufriefen, sich seiner Usurpation gegen Decius anzuschließen. Die Barbaren willigten gern ein und teilten, während Gallus am Ufer des Tanais Wache stand, ihr Heer in drei Abteilungen, wobei sie die erste hinter einem Sumpfgebiet aufstellten. Als Decius diese erste Abteilung zum größten Teil zerstört hatte, griff ihn die zweite an, die er ebenfalls schlug, ehe die dritte in der Nähe des Sumpfes auftauchte. Auf des Gallus Zeichen, sie durch den Sumpf hindurch anzugreifen, und in unbekanntem Terrain unbedacht vorwärts drängend, versank er mitsamt seinem Heer im Sumpf, bestürmt auf allen Seiten von Barbaren. Decius und sein ganzes Heer gingen bis auf den letzten Mann unter. Ein solches Ende nahm dieser hervorragende Kaiser.

Zosimos' Version der Ereignisse ist von seinem Bild des Decius - und dem seines Vorgängers und Nachfolgers - überformt. Gegen Philipp wie Trebonianus Gallus hebt sich Decius als Lichtgestalt ab; umso schwärzer färbt Zosimos seine Darstellung der beiden: Die Zuspitzung an der Donaufront sei überhaupt nur Folge von Philipps „Nachlässigkeit" gewesen, von dessen Sieg über die Karpen liest man kein Wort. Als Sündenbock für Decius' Untergang gegen die Goten muss der *dux* Gallus herhalten, dessen Herrschaft vor Zosimos keine Gnade findet (Zosimos 1,24-28).

Die Erzählabsicht hinter dem Bericht des Zosimos ist mehr als durchsichtig. Der Heide Zosimos sah in Decius, dem Christenverfolger, ein Bollwerk gegen die neue Religion. Vermutlich verstärkte er deshalb noch die Tendenz seiner ohnehin schon deciusfreundlichen Quelle. Die wirkliche Leistung des Decius können wir kaum ermessen durch den Schleier, den die Quellen weben, das Geschehen oft mehr verdunkelnd als erhellend. Seine insgesamt tatkräftige, auch von einer Niederlage nicht zu beirrende Abwehrpolitik auf dem Balkan verdient fraglos Respekt. Ob ihm in seiner turbulenten, nur zweijährigen Regierung die Zeit blieb, eine echte Strategie den andrängenden Stämmen gegenüber zu formulieren, ist fraglich. Dass Decius wichtige militärische Kommandostellen an Männer wie Trebonianus Gallus und den Caesar Herennius delegierte, war kein neues Element. Philippus Arabs hatte viel konsequenter auf dieses Instrument zurückgegriffen. Will man Decius' Herrschaft und ihre Bedeutung beurteilen, so gibt das Opferedikt den wichtigsten Anhaltspunkt.

Decius war der erste römische Kaiser, der den Tod im Kampf gegen einen auswärtigen Feind fand. Seine Regierung und sein Sterben illustrieren, der desolaten Quellenlage zum Trotz, wieder das kombinierte Wirken innerer und äußerer Krisenfaktoren, diesmal in bislang nie da gewesener Intensität. Zu Einfällen wandernder Stämme und periodisch aufflackernden Usurpationen kam, häufiger Begleiter politischer und militärischer Notlagen, noch eine Epidemie, die unter Decius Rom erreichte.

Gallus und Aemilianus

Prädestiniert zur Nachfolge war Trebonianus Gallus; ihn rief das Donauheer nach Decius' Tod zum Augustus aus. Er tat, was er zur Sicherung seiner Herrschaft tun konnte und adoptierte den zweiten Sohn des Decius, Hostilianus, der bereits den Augustus-Titel trug. Gallus stellte sich so in die Kontinuität seines Vorgängers, erhob aber auch seinen eigenen Sohn Volusianus erst zum Caesar, bald auch zum Augustus. Gegen die Plünderungszüge der Goten unter Kniva war er praktisch machtlos. Er akzeptierte einen für die Goten vorteilhaften Frieden und brach in aller Eile nach Rom auf. Dort starb Hostilianus, für Gallus keineswegs unwillkommen, an der noch immer grassierenden Seuche.

Gallus und Volusianus gewährten der stadtrömischen Bevölkerung großzügig Geld zur Bestattung der Toten; die Abwehr der Goten auf dem Kriegsschauplatz an der Donau überließen sie dem dortigen Statthalter, Marcus Aemilius Aemilianus. Dessen Erfolge konnten sich sehen lassen. Bald hatte Aemilianus die Goten Knivas über die Donau zurückgeworfen und konnte sogar Strafexpeditionen auf das jenseitige Donauufer unternehmen (253). Was geschehen musste, geschah, mit der Konsequenz einer fallenden Dominoreihe: Die siegreichen Donaulegionen akklamierten nun folgerichtig Aemilianus als Kaiser, der sich ohne zu zögern nach Rom aufmachte (Juli 253). Gallus und Volusianus, die über keine hinreichend starken Heeresverbände verfügten, wandten sich in ihrer Not an den Konsular Licinius Valerianus, der in Raetien für einen Alamannenkrieg rüstete. Doch war es bereits zu spät: Aemilianus hatte Verbindung zu italischen Truppenteilen aufgenommen, die Gallus und Volusianus stürzten und ermordeten.

Die Nachricht von der Ermordung des Gallus brachte, sobald sie nach Raetien gelangte, den nächsten Dominostein zum Fallen. Valerianus, dessen Heer Gallus zu Hilfe kommen sollte, wurde selbst zum Kaiser ausgerufen (Sommer 253). Anders als im Sechskaiserjahr 238 stellt sich für weite Teile der Nachfolgekrise nach Decius' Tod die Frage nach alternativen Ereignisabläufen nicht. Die Brände loderten an so vielen Stellen, die Ressourcen waren so unzureichend, die Überforderung der Zentrale so evident, dass sich Möglichkeiten wirksamer Steuerung kaum boten. Das Geschehen war vollends dem Wollen und Planen der Akteure entglitten.

Valerian

Mit Valerian trat wiederum ein schon älterer Konsular die Herrschaft an. Er hatte bereits im Sechskaiserjahr eine wichtige, wenn auch nicht näher bekannte Rolle gespielt. Später hatte Valerian womöglich das Opferedikt des Decius mit durchgesetzt und an dessen Gotenkrieg teilgenommen. Bei seiner Kaiserakklamation hatte er ein militärisches Kommando in Raetien inne, offensichtlich zur eigenverantwortlichen Vorbereitung eines Alamannenfeldzugs. Verschwägert mit der einflussreichen senatorischen Familie der Egnatii, ernannte Valerian nach seiner Thronbesteigung deren Oberhaupt Egnatius Victor Lollianus zum Stadtpräfekten (254).

Auf die Nachricht von der Erhebung Valerians erschlugen die Truppen des Aemilianus den Kaiser und machten so den Weg frei für einen Machtwechsel ohne Bürgerkrieg (September 253). Seinen Sohn Gallienus (geboren 218) machte Valerian wohl schon unmittelbar nach Herrschaftsantritt zum Caesar, wenig später (254) zum Augustus. Die Umstände ließen beiden keine Zeit, lange in Rom zu verweilen.

Invasion der Sasaniden

Im Osten war der von Philippus Arabs ausgehandelte Friede brüchig geworden. Inschriften verraten, dass noch unter Gallus und Volusianus starke Verbände aus dem - keineswegs ruhigen - Balkanraum abgezogen und nach Syrien verlegt wurden. Offensichtlicher Grund war die akute Bedrohung der Ostgrenze durch die Sasaniden, die sich mit der persischen Invasion im mit Rom verbündeten Armenien (252) ankündigte. Der „Tatenbericht" Šapurs, der die Ereignisse als zweiten von insgesamt drei großen Konflikten mit Rom zusammenfasst (der erste war der von Philipp beendete Krieg Gordians III., der dritte der mit der Niederlage Valerians und dem Aufstieg Odaenaths von Palmyra endende Krieg), erlaubt eine recht exakte Rekonstruktion des Geschehens. Bei Barbalissos am Euphrat schlugen die Sasaniden ein römisches Heer (wohl 253) - die im „Tatenbericht" angegebene Stärke von 60000 Mann ist vermutlich stark übertrieben - und fielen dann ins römische Syrien ein, wo sie mehrere Städte, darunter Antiochia, Apameia, Hierapolis und Zeugma, eroberten, andere (vermutlich Dura-Europos) umgingen. So manche Stadt, darunter Antiochia, öffnete ihnen bereitwillig die Tore. Ein gewisser Mareades fungierte anscheinend als Verbindungsmann der Sasaniden zur einheimischen Bevölkerung. Der Mann entstammte der lokalen Honoratiorenschicht und hatte sich vermutlich Unterschlagungen zuschulden kommen lassen. Um seiner Strafe zu entgehen, flüchtete er zu den Persern und ließ 253 seine Kontakte in Antiochia spielen. Er erwirkte so womöglich die Übergabe der Stadt.

Quelle

Die Invasion Šapurs im römischen Osten nach dem 13. Sibyllinischen Orakel

13. Sibyllinisches Orakel, 89–102)

Dann wird ein schlauer und arglistiger Mann kommen, ein Brigant, der aus Syrien auftaucht, ein obskurer Römer, und er wird verräterisch gegen das kappadokische Volk ziehen und, unersättlich im Krieg, es belagern und bedrängen. Dann wird er nach euch, Tyana und Mazaka [Städte in Kappadokien], greifen und ihr werdet versklavt und euren Hals unter sein Joch halten. Und Syrien wird tote Männer beklagen und Selene [die Mondgöttin] wird die Heilige Stadt [wohl Hierapolis-Bambyke in Syrien] nicht retten. Wenn der schnellfüßige Mann durch Sura [Stadt am mittleren Euphrat] aus Syrien flieht, auf der Flucht vor den Römern über die Fluten des Euphrat, nicht länger den Römern ähnlich, sondern den anmaßenden pfeileschießenden Persern, dann wird der König der Italiker [Decius] im Kampf fallen, gemartert mit glühendem Eisen, in völligem Chaos. Und seine Söhne werden mit ihm vernichtet werden.

Im 13. Sibyllinischen Orakel wird die Invasion Šapurs im römischen Osten dargestellt (s. Quelle). Der Text ist, natürlich, ein fingiertes Orakel: Er berichtet aus der post-festum-Perspektive jener, die das Geschilderte erlebt haben, vermutlich aus so großer Nähe, dass die Geschehnisse einen bleibenden Eindruck hinterließen. Die Lokalisierung des 13. Sibyllinischen Orakels in einem jüdisch-alexandrinischen Milieu würde jedenfalls dazu passen. Die Tendenz ist ausgeprägt prorömisch, der „Mann", der „obskure Römer" (Jotapianus) wird regelrecht zum Anti-Messias, zur Inkarnation des Bösen, stilisiert.

Sampsigeramus

Allein Emesa bedrängten die Sasaniden vergeblich; einzig hier regte sich nennenswerter lokaler Widerstand. Die Sonderentwicklung in Emesa ist symptomatisch für die Verfassung des römischen Ostens um die Jahrhundertmitte und verdient daher nähere Betrachtung. Die Emesener stellten sich den vorrückenden Persern Šapurs mit einer eigenen, vielleicht aus örtlichen Viehzüchternomaden rekrutierten Miliz entgegen (253). An der Spitze des Heeres stand ein Mann, dessen Ornat nicht von ungefähr an den Kaiser Elagabal erinnerte: Sampsigeramus, der Hohepriester des lokalen Gottes Elagabal (Malalas 12,296,5-297,10). Der Name Sampsigeramus verrät Herkunft aus der örtlichen Priesterdynastie, mithin Verwandtschaft mit Elagabal und der severischen Dynastie. Sampsigeramus siegte über eine persische Heeresabteilung, die unter Zurücklassung ihrer Kriegsbeute den Rückzug über den Euphrat antrat.

Der militärische Erfolg aus der Defensive war angesichts der irritierenden Macht und Tatenlosigkeit der Zentralregierung (Valerian erschien erst Ende 254 auf dem Kriegsschauplatz) Grund genug für eine Kaiserakklamation des Sampsigeramus. Der Usurpator Sampsigeramus prägte Münzen, mit denen er ostentativ an die Severer anknüpfte: Er nannte sich Lucius Aurelius Sulpicius Severus Uranius Antoninus. Die Erhebung erlangte zwar nur lokale Bedeutung, lässt aber, in kleinerem Maßstab, deutlich Züge der Entwicklung knapp zehn Jahre später in Palmyra erkennen.

Wann und wie Rom die Kontrolle über Syrien zurückgewann und das Regiment des Sampsigeramus (der Münzen bis 254 schlagen ließ) erlosch, ist unklar. Offensichtlich war die persische Offensive nicht mehr als ein überfallartiges Unternehmen. Eine Annexion Syriens konnte oder wollte Šapur nicht leisten. Zum Jahreswechsel 253/4 schlug man in Antiochia wieder Münzen mit dem Porträt des Kaisers, und noch 254 traf Valerian selbst in der Stadt am

Orontes ein, fraglos, um die Gegenoffensive in eigener Person zu befehligen. Das Erscheinen Valerians auf dem östlichen Kriegsschauplatz war Teil einer strategischen Weichenstellung, die erstmals auf klar getrennte, während der gesamten gemeinsamen Herrschaft aufrechterhaltene Zuständigkeitsbereiche der beiden amtierenden Augusti hinauslief. Zwar stand die höhere Autorität des Älteren zu keinem Zeitpunkt infrage, doch war jeder auf seinem Kriegsschauplatz als autonomer Oberbefehlshaber alleiniger Herr über die Kriegführung. Während Valerian in Antiochia Vorbereitungen traf, widmete sich Gallienus den Brennpunkten an Donau und Rhein.

Beide hatten beträchtliche Erfolge zu verbuchen. Mit diplomatischem Geschick und militärischer Fortune agierte Gallienus in Dakien und Pannonien, wo er zusätzlich zu einfallenden Stämmen zwei Usurpationen zu bekämpfen hatte, sowie an der von Alamannen bedrohten Rheingrenze. Archäologische Funde, Zerstörungsschichten in römischen Grenzkastellen am germanischen Limes und von einer eingeschüchterten Bevölkerung in Furcht vor Einfällen angelegte Münzhorte, bestätigen die akute Bedrohung. Am Rhein gelang es ihm, die Front der Gegner zu spalten und einzelne alamannische Stämme auf die römische Seite zu ziehen. Gallienus koordinierte, ausweislich einer größeren Zahl von Meilensteinen, Straßenbaumaßnahmen im heutigen Südwestdeutschland zwischen Rhein und Neckar, dem sogenannten Dekumatland, gewiss, um die Mobilität der Grenztruppen zu erhöhen. Es war der letzte Versuch Roms, das Dekumatland zu halten, bevor es, bedingt nicht zuletzt durch die Usurpationen des Jahres 260, von den Legionen endgültig geräumt wurde.

Die genaue Chronologie der Kampfhandlungen im Westen ist verworren, ob Gallienus zuerst in Germanien oder auf dem Balkan aktiv wurde, nicht zu klären. Vielleicht wechselte der Kaiser mehrfach zwischen den beiden Hauptkrisenherden hin und her, kämpfte erst am Rhein (253), dann an der Donau (254-256), danach wieder am Rhein (257-259). Wahrscheinlich formierte Gallienus bereits in dieser ersten Kriegsphase, um auf die Herausforderungen, insbesondere an die Mobilität des Heeres, zu reagieren, aus abgeordneten Legions- und Auxiliareinheiten, sogenannten Vexillationen, hochbewegliche Kavallerieverbände als schnelle Eingreiftruppen.

Ein dritter, gegenüber dem Rhein-Donau-Raum und dem Orient nachrangiger Kriegsschauplatz war Nordafrika, wo ebenfalls in Aufruhr geratene Stämme das Hinterland römischer Städte bedrohten. Die Kaiser begegneten der praktisch allgegenwärtigen Gefahr, der sie sich nicht überall persönlich stellen konnten, durch vermehrten Rückgriff auf provinzübergreifende Militärkommandos (*ducati*): Ingenuus erhielt ein Oberkommando in Pannonien; in *Numidia* und *Africa proconsularis* konnte der *dux* Marcus Cornelius Octavianus die Lage stabilisieren. Während Gallienus sich Mailand zur Residenz erwählte, das er zielstrebig zur neuen Schaltzentrale für die Koordinierung der Verteidigungslinien an Rhein und Donau ausbaute, ließ er an der Rheinfront seinen 258 zum Caesar erhobenen Sohn Saloninus unter Aufsicht des Prätorianerpräfekten Silvanus zurück (259). Die Delegierung wichtiger Kommandos an *duces* machte die Defensive in einem Allfrontenkrieg flexibler und erhöhte die Schlagkraft, barg aber auch erhebliche Risiken.

Die mühsam konsolidierten Reichsgrenzen waren bald wieder heftigen Angriffen von außen ausgesetzt. Die Hiobsbotschaften für die Augusti überschlugen sich und kamen aus allen Richtungen: Dura-Europos ging, während einer sonst nicht näher bekannten persischen Offensive, verloren und wurde verlassen (256). Fränkische Gruppen drängten gegen den niedergermanischen Limes, dessen strategisches Glacis, im Ruhr- und Sieggebiet, verloren ging. Köln und Mainz waren erste Ziele einfallender Franken, die bis nach Spanien vorstießen und Tarraco zerstörten (257 oder 258). Der ältere Sohn des Gallienus, der an der Donaugrenze eingesetzte Caesar Valerianus (junior) starb in Viminacium (258). Gotische Verbände landeten an der Schwarzmeerküste Kleinasiens (259). Juthungische Stammesangehörige drangen laut der Inschrift des Augsburger Siegesaltars bis nach Italien vor (259/260) und befanden sich, beladen mit reicher Beute, auf dem Rückzug, als sie im April 260 bei Augsburg durch den raetischen Statthalter Genialis gestellt und geschlagen wurden. Schließlich fiel Šapur, die letzte der drei in seinem„Tatenbericht" genannten Offensiven eröffnend, ins römische Mesopotamien ein (260).

Valerian, der ältere der beiden Augusti, stellte sich den Persern zwischen Carrhae und Edessa, nahe der alten osrhoenischen Hauptstadt, entgegen (Juni / Juli260). Die Niederlage, die er erlitt, war die symbolträchtigste, die bis dato ein römischer Kaiser hatte einstecken müssen.

Quelle

Valerians Niederlage aus persischer Sicht

(Sasanidische Staatsinschriften, S. 306–314)

Im dritten Konflikt überfiel uns, während wir gegen Edessa und Carrhae marschierten und die Städte belagerten, Valerianus Caesar. Er führte mit sich eine Streitmacht von 70000 Mann aus Germanien, Raetien, Noricum, Dacien, Pannonien, Moesien, Istrien, Hispanien, Mauretanien, Thrakien, Bithynien, Asien, Pamphylien, Isaurien, Lykaonien, Galatien, Lykien, Kilikien, Kappadokien, Phrygien, Syrien, Phönikien, Judaea, Arabien, Mauretanien, Germanien [sic], Lydien und Mesopotamien. Eine große Schlacht fand statt bei Carrhae und Edessa zwischen uns und Valerianus Caesar und wir nahmen ihn mit eigenen Händen gefangen, ebenso wie die übrigen Generale, den Prätorianerpräfekten, Senatoren und Würdenträger. Sie alle nahmen wir gefangen und deportierten sie in die Persis [Landschaft im Südwestiran, Stammland der Sasaniden]. Wir brandschatzten, verwüsteten und plünderten Syrien, Kilikien und Kappadokien. [...] Wir führten Männer aus dem Reich der Römer in Gefangenschaft, Nicht-Iraner, und siedelten sie im Reich der Iraner, in Persien, Parthien, Susiana und Assyrien und in jeder anderen Nation an, wo unsere eigenen, unserer Väter und Vorväter Städtegründungen lagen.

Quelle

Valerians Niederlage aus christlicher Sicht

(Orosius, *Adversus paganos* 7,22,3–4)

Denn Valerian, sobald er die Macht ergriffen hatte, ordnete an, dass die Christen mit Gewalt zum Götzendienst zu zwingen seien. Er war der achte Kaiser seit Nero, der dies tat. Als sie ablehnten, befahl er, sie zu töten, und das Blut der Heiligen wurde vergossen quer durch das ganze römische Imperium. Valerian, der Urheber des abscheulichen Erlasses, der Kaiser des römischen Volkes, wurde, nachdem er auf der Stelle von Šapur, dem König der Perser, gefangen genommen worden war, unter den Persern alt in höchst erniedrigender Knechtschaft, weil er zum Lakaiendienst gezwungen wurde, solange er lebte, namentlich, indem er stets niederkniete, um den König zu heben, wenn er sein Pferd bestieg – nicht mit seiner Hand, sondern mit seinem Rücken.

Quelle

Valerians Niederlage aus Sicht des 13. Sibyllinischen Orakels

(13. Sibyllinisches Orakel,155–164)

Wenn zwei kriegseilige herrschaftliche Männer die mächtigen Römer beherrschen werden, wird einer die Zahl siebzig zeigen [d.h. den griechischen Buchstaben Omikron, das Zahlzeichen für ‚70', entsprechend für Oualerianos, das griechische Äquivalent für ‚Valerianus'], der andere die dritte Zahl [Gamma für ‚3', also ‚Gallienus']. Und der hochnackige Stier, der mit seinen Hufen in der Erde gräbt und den Staub mit seinen doppelten Hörnern erhebt [Valerian], wird der dunkelfarbigen Schlange [Šapur] viel Leid zufügen, indem er eine Furche in ihre Schuppen schneidet. Dann wird er vernichtet werden. Nach ihm wird ein anderer kommen, ein wohlgehörnter hungriger Hirsch in den Bergen, der darauf brennt, seinen Bauch mit den Gift speienden Bestien zu füllen. Dann wird der sonnengesandte, schreckliche, Furcht einflößende Löwe erscheinen, der viel Feuer speit. Mit großem, waghalsigem Mut wird er den wohlgehörnten, eiligen Hirsch und die große, giftspeiende, Furcht einflößende Bestie, die viel Zischen ausstößt, und den bogenfüßigen Ziegenbock vernichten. Ruhm wird ihn erwarten. Vollendet, makellos und Ehrfurcht gebietend wird er über die Römer herrschen, und die Perser werden kraftlos sein.

Die Quellen betrachten dieses Geschehnis aus grundverschiedenen Perspektiven: Die persische Sicht von Šapurs „Tatenbericht" rückt das Singuläre des Sieges, vor allem die persönliche Leistung des Königs in den Mittelpunkt (s. Quelle). Šapur selbst sei es gewesen, der Valerian „mit eigener Hand" gefangen genommen habe. Eine persische Gemme, die zeigt, wie Šapur wirklich „Hand" an den römischen Kaiser legt, ist die unmittelbare bildliche Umsetzung dieser Erzählung. Der persische König stellt sich in eine mehrtausendjährige Tradition persönlicher Sieghaftigkeit von Herrschern, die ungebrochen von den frühen Reichen Mesopotamiens bis zu den Diktatoren unserer Gegenwart reicht. Der permanente Sieg, Kernbestandteil jedes herrscherlichen

Charismas, war maßgebliches Fundament königlicher Autorität auch in der sasanidischen Monarchie.

Probates Mittel, den Sieg groß aussehen zu lassen, womöglich größer, als er ohnehin schon war, ist der Verweis auf die Stärke des bezwungenen Feindes. Kein Wort davon, dass der Gegner ein schwächelndes Reich war, in dem allenthalben Krisenherde aufflammten. Viel Feind', viel Ehr': 70000 Mann will Šapur überwunden haben, und sie sollen, im wahrsten Sinn des Wortes, aus aller Herren Länder gekommen sein.

Einen anderen Akzent setzt mit Bedacht in seiner Kampfschrift der Christ Orosius (s. Quelle), dem Valerian, der die Christenverfolgungen des Decius wieder aufnahm (Sommer 257), nur einer in der langen Reihe der Verfolger ist. Er bettet das Geschehen von Edessa in einen größeren theologischen Zusammenhang ein: Valerian erleidet für seine Untaten die gerechte Strafe. Orosius schmückt deshalb besonders das Schicksal des Kaisers nach seiner Gefangennahme aus, seine „Lakaiendienste". Göttliche Gerechtigkeit macht aus dem Herrn der Welt einen verachteten Diener.

Wieder in ein anderes Licht taucht die Ereignisse das 13.Sibyllinische Orakel (s. Quelle). Die dunklen Gleichnisse bereiten das Erscheinen einer kommenden Lichtgestalt, des „sonnengesandten Löwen" (womit niemand anderer als Odaenathus von Palmyra gemeint ist) vor. Aus der zeitgenössischen Perspektive des Sibyllisten ist Valerians von den meisten Chronisten als elementare Zäsur empfundene Niederlage eher Randereignis, dem Bedeutung erst im Zusammenhang mit dem Aufstieg des Odaenathus zuwächst.

Die Deutung des sibyllinischen Orakels ist insofern schlüssig, als die direkten Auswirkungen der Niederlage auf den römischen Osten vergleichsweise gering blieben. Zwar öffnete sein Sieg Šapur abermals den Zugang nach Syrien und Kappadokien, vermutlich fiel ihm auch Antiochia wieder in die Hände (Synkellos 466,8-15), Šapur konnte aber, wie bereits bei seinem zweiten Einfall, den Sieg nicht strategisch nutzen. Die Gegenoffensive des Palmyreners Odaenathus stellte, anscheinend ohne viel Mühe, zunächst den Status quo ante wieder her, bevor sie schließlich das Sasanidenreich selbst in arge Bedrängnis brachte.

Gallienus

Mit der Gefangennahme Valerians war Gallienus alleiniger Augustus. Über das weitere Schicksal Valerians geben die Quellen widersprüchliche Informationen. Ob er, wie Šapurs „Tatenbericht" und Orosius nahelegen, wirklich am Leben gelassen wurde, und wenn ja, wie lange, wissen wir nicht. Für Gallienus lagen die Dinge so oder so ungünstig. Das Prestige der kaiserlichen Regierung erreichte mit der Gefangennahme Valerians einen neuen Tiefpunkt.

Was folgte, war eine bislang nie da gewesene Kette von Usurpationen. Als Erstes erhob sich der von Gallienus als *dux* in Pannonien und Moesien eingesetzte Ingenuus (260). Kaum war die Rebellion durch den Reiterführer Aureolus erstickt, griff an der oberen Donau, in Carnuntum, Regalianus nach dem

Abb. 4
Gallienus

Purpur (260). Hintergrund dieser Usurpation waren Einfälle der Roxolanen über die Donaugrenze. Der Usurpator scheint, wenn die knappe Regalianus-Vita der *Historia Augusta* den Sachverhalt korrekt wiedergibt, gegen die Invasoren erfolgreich vorgegangen, dann aber einer Verschwörung im eigenen Lager zum Opfer gefallen zu sein. Noch weiter westlich waren schon zuvor alamannische und suebische Gruppen ins Dekumatland eingedrungen, das wohl bereits, bis auf wenige Brückenköpfe, von römischen Truppen geräumt war (260). Mit knapper Not konnte Gallienus, der die Grenzen entblößt hatte, um gegen Ingenuus vorzugehen, ein Eindringen von Alamannen und Franken nach Italien verhindern: Bei Mailand schlug er die Germanen (260).

Postumus

Die Alamannen und Franken-Einbrüche schufen den Nährboden für eine weitere Usurpation, nun aber weit größeren Ausmaßes. Dem Statthalter von *Germania inferior*, Marcus Cassianus Latinius Postumus, gelang es, die Eindringlinge entscheidend zu schlagen und über den Rhein zurückzutreiben. Der Dank von Legionen und provinzialer Bevölkerung war ihm dafür gewiss, praktisch alternativlos seine Ausrufung zum Kaiser. Der Augsburger Siegesaltar erlaubt es, die Ursupation auf den Frühsommer 260 zu datieren. Sie schuf eine gänzlich neue Situation: Gallienus wie Postumus fehlten Kraft und Mittel, gegen den jeweils anderen vorzugehen, Postumus, weil er weiterhin mit der Abwehr wandernder Stämme alle Hände voll zu tun hatte, Gallienus, weil inzwischen andere Reichsteile seine Aufmerksamkeit verlangten. Postumus war der erste Usurpator, der keine Neigung zeigte, auf Rom zu marschieren. Stattdessen widmete er sich der Konsolidierung seiner eigenen Einflusszone - neben dem eigentlichen Gallien die germanischen Provinzen einschließlich Raetiens, Britanniens und Spaniens. So etablierte sich der von Postumus kontrollierte Machtbereich als quasi-souveräne Sphäre im Reich, freilich nicht eigentlich als „Sonderreich". Zwischen dem Kaiser in Rom und dem Usurpator in Gallien herrschte ein fragiles Gleichgewicht.

Macrianus

Unmittelbar nach der Niederlage Valerians erfasste die Dynamik vom Verfall der kaiserlichen Autorität und Usurpationen auch die östliche Reichshälfte. Titus (?) Fulvius Macrianus, der auf eine ritterliche Ämterlaufbahn zurückblicken konnte, hatte es unter Valerian bis zum, für die Militärkasse und die Organisation des Nachschubs zuständigen, *procurator arcae et praepositus annonae* gebracht, eine Position, die ihm das Schlagen von Münzen ermöglichte – ein unschätzbarer Vorteil, bedenkt man die Bedeutung der Münzstätten für die Soldzahlung. Macrianus' Prestige steigerte noch ein Sieg über das sasanidische Heer, den sein Verbündeter, der Prätorianerpräfekt Ballista, unmittelbar nach der Gefangennahme Valerians errang. Macrianus rief seine Söhne Macrianus (junior) und Quietus zu Kaisern aus. Die Autorität der Macriani erkannten alsbald alle Orientprovinzen einschließlich Ägyptens an.

Die Macriani schritten, anders als Postumus, ohne Zeit zu verlieren zur Konfrontation mit Gallienus. Während Quietus und Ballista im Osten zurückblieben, zogen Vater und Sohn Macrianus über Kleinasien und Thrakien ins Illyricum. Dort erlitten sie gegen Truppen, die Gallienus gegenüber loyal geblieben waren, eine Niederlage und wurden zu Opfern ihrer eigenen Soldaten (Herbst 261). Auch im Osten brach die Usurpation kurz darauf in sich zusammen: Quietus und Ballista zogen sich, von Odaenathus bedrängt, nach Emesa zurück, wo sie von der lokalen Bevölkerung ermordet wurden. Ein ferner Widerhall der Ereignisse findet sich in der Prophezeiung des 13. Sibyllinischen Orakels: Der „wohlgehörnte Hirsch“, den der „sonnengesandte Löwe“ (Odaenathus), gemeinsam mit der „Gift speienden Bestie“ (Šapur) und dem „bogenfüßigen Ziegenbock“ (Ballista) zur Strecke brachte, war kein anderer als Macrianus senior.

Zwei kleinere Usurpationen in Griechenland ereigneten sich als unmittelbare Folge der Macriani-Rebellion. Die *Historia Augusta* berichtet von einer Mission des Konsulars Piso, der im Auftrag der Macriani den Statthalter von Achaea, Valens, auf deren Seite ziehen sollte. Im Verlauf der Mission riefen die Heere unabhängig voneinander beide Männer zu Kaisern aus. Valens konnte die Usurpation Pisos unterdrücken, kam aber von der Hand seiner eigenen Soldaten um (wohl 261). Nachwehen der Revolte der Macriani waren auch die Erhebung des ägyptischen Präfekten Lucius Mussius Aemilianus, dem das dortige Heer auf die Nachricht vom Tod der Macriani akklamierte, und die unbedeutende Revolte eines Memor in Nordafrika. Beide Usurpationen unterdrückte auf Befehl des Gallienus der Admiral Aurelius Theodotus; er erhielt dafür die Präfektur Ägyptens.

Wo so viele Usurpationen einander ablösten und überkreuzten, war die Versuchung für antike Chronisten groß, das Bild einer Epoche chaotischer Instabilität in noch düstereren Farben zu zeichnen und weitere Prätendenten hinzuzuerfinden. Eine Auswahl fiktionaler Usurpatoren hält die *Historia Augusta* in ihrem – in haarsträubendem Analogieschluss zu den Dreißig Tyrannen, die in Athen nach dem Peloponnesischen Krieg die Macht ergriffen – *Tyranni triginta* betitelten Abschnitt bereit.

In Ost wie West herrschten nun etwa vergleichbare Bedingungen: Äußere Feinde, die die Grenzen überschritten hatten und tief ins Reich eingebrochen waren, konnten dank Reorganisation des vorhandenen Potenzials auf regionaler Ebene zurückgeschlagen und von weiteren Inkursionen abgehalten werden. Kleinere Usurpationen waren jeweils rasch unterdrückt worden. All das verdankte sich der überragenden persönlichen Autorität zweier Männer: Postumus im Westen, Odaenathus im Osten. Ihnen war durch militärischen Erfolg eine Autorität zugewachsen, die sich unmittelbar in politische Macht ummünzen ließ.

Odaenathus

Anders jedoch als Postumus, der selbstverständlich nach dem Augustus-Titel wie nach allen anderen kaiserlichen Insignien gegriffen hatte, ließ es Odaenathus nicht zum Bruch mit Gallienus kommen. Obwohl er faktisch im Osten über denselben Handlungsspielraum wie Postumus im Westen verfügte, gaben die Prägestätten in seinem Einflussbereich weiterhin Münzen für Gallienus heraus. Palmyra führte unverändert den Titel einer römischen *colonia.* Und Odaenathus machte keine Anstalten, nach dem Purpur zu greifen. Anscheinend führte er weiterhin die Amtsbezeichnung *hypatikos* - das griechische Äquivalent für das lateinische *consularis.* Odaenathus war also ein Funktionär konsularischen Ranges, am ehesten (seit 257/8) Statthalter der Provinz *Syria Phoenice.* Die ungebrochene Verbundenheit mit Rom und Gallienus dokumentiert sich in dem von Odaenathus nach seinem Sieg angenommenen Titel *dux Romanorum* (260). Möglicherweise führte er (seit 261) auch den, allerdings erst in einer postum aufgestellten Inschrift überlieferten und in seiner Bedeutung nicht ganz klaren, Titel *restitutor totius Orientis* („Erneuerer des gesamten Orients“).

Nachdem er die Reste der Macriani-Usurpation in Emesa unterdrückt hatte, eroberte Odaenathus die Städte Mesopotamiens, Edessa, Carrhae, Rešaina und Nisibis, zurück (262), warf die Sasaniden auf ihre Vorkriegsgrenzen zurück und stieß dann sogar weit auf persisches Gebiet vor, bis zur Hauptstadt Ktesiphon (262/3), deren Belagerung er abbrechen musste, weil abermals ostgermanische Stämme, Goten, Heruler und Borani, an der anatolischen Schwarzmeerküste gelandet waren (wohl bereits 262). Die Abwehr der Eindringlinge muss längere Zeit in Anspruch genommen haben, denn ermordet wurde Odaenathus, gemeinsam mit seinem Sohn Herodianus, im bithynischen Herakleia Pontike (267/8). Dass, wie verschiedene Autoren behaupten, Gallienus als Auftraggeber oder wenigstens Mitwisser in den Anschlag verstrickt war, um so die alleinige Kontrolle über den Osten zurückzuerlangen, ist wenigstens denkbar, schon weil die Ermordung des Odaenathus die Eliten Palmyras, besonders seine nächsten Verwandten, in ein Dilemma manövrierte: Die Position des Odaenathus, seine Vollmachten und Prärogative, beruhten, nach römischem Verständnis, auf Befugnissen und Ämtern, die der Kaiser ihm persönlich übertragen hatte. Sie waren außerdem aus der spezifischen Situation des Jahres 260 geboren und fielen deshalb, nach Roms Lesart, selbstverständlich nach dessen Tod auch an den Kaiser zurück.

Gallienus konnte schon deshalb aus der Position einer gewissen Stärke auftreten, weil sich die Lage im Westen seit den dramatischen Jahren 260 und 261 merklich beruhigt hatte. Der Kaiser konnte in Rom, als erster Herrscher seit Severus Alexander, den zehnten Jahrestag seines Regierungsantritts, seine Dezennalien, feiern (262). Eine Sklavenrevolte in Sizilien (262/3) konnte rasch eingedämmt werden. Weitere Usurpationen unterblieben; die Donaufront hatte sich, bis auf *Dacia inferior*, das faktisch verloren war, stabilisiert; die Rheingrenze, die ohnehin im Einflussbereich des Postumus lag, ebenfalls; Postumus machte keine Anstalten, Feindseligkeiten gegen Gallienus zu eröffnen. Das freilich tat Gallienus mit einem massiven Vorstoß nach Gallien (265), nachdem zuvor bereits die Alpenpässe, als ungefähre Grenzlinie zwischen den Territorien, hart umkämpft gewesen waren. Zwar konnte Gallienus Boden gegenüber Postumus gutmachen, sein eigentliches Ziel aber, Postumus auszuschalten und der Souveränität der Zentralregierung auch in Gallien, Britannien, Germanien und Spanien wieder überall zu Geltung zu verhelfen, verfehlte er. Er, der amtierende Kaiser, schloss deshalb mit Postumus, dem Usurpator, auf Basis des Status quo ante einen zwar fragilen, aber doch bemerkenswerten, weil präzedenzlosen, Frieden (265). Die Episode verdeutlicht, wie unklar in diesen konfusen Zeiten die Rollenverteilung zwischen vermeintlich „legitimen“ Kaisern und Usurpatoren war.

Neuerliche Einfälle von Herulern (267/8) und Goten (269/70), zu Land auf dem Balkan und über das Schwarze Meer nach Griechenland, wo sie Athen plünderten (und Dexippos bei ihrer Abwehr eine prominente Rolle spielte), und nach Nordkleinasien, verwickelten Gallienus in Abwehrkämpfe im Donauraum, konnten aber, gerade auch unter massiver Beteiligung der lokalen Bevölkerung, zurückgeschlagen werden. Gallienus siegte mit der von ihm selbst aufgestellten dalmatinischen Reiterei am Nestus in Thrakien nordwestlich von Thessalonike über die Heruler (268). Dennoch zogen sich die Kampfhandlungen bis 269 hin.

Während Gallienus mit Erfolg auf dem Balkan-Kriegsschauplatz operierte, fiel in Oberitalien Aureolus, der in der Krise 260/1 so viele Usurpationen gegen Gallienus niedergeschlagen hatte, zu Postumus ab. Sein Übertritt ins gegnerische Lager löste eine Kettenreaktion aus. Gallienus überließ den Goten- und Heruler-Krieg in Makedonien dem *dux* Marcianus und eilte zum italischen Krisenherd. Aureolus, von Gallienus bei Pontirolo in Norditalien geschlagen, zog sich nach Mailand zurück, wo ihn der Kaiser einschloss und belagerte. Doch aus der Mitte seines eigenen Heeres regte sich Widerstand: Gallienus wurde vor den Mauern Mailands von Offizieren ermordet (268).

4. Dritter Akt: Von Claudius II. Gothicus bis Carus (268–283)

Das letzte ungefähre Drittel der Soldatenkaiserzeit lässt bereits Grundzüge der tetrarchischen Ära ahnen. Die Wechselbeziehung zwischen innerer Zerrissenheit in sich überschlagenden Usurpationen und äußerem Druck verlor allmählich an Dynamik, die Reichseinheit konnte Aurelian wieder herstellen. Den Kaisern, ausnahmslos Karrieresoldaten und fast alle aus *Illyricum* stammend, blieb jedoch Stabilität ihrer Herrschaft versagt, obwohl sie durchweg in der Defensive Erfolge vorzuweisen hatten und, wie wiederum Aurelian mit der charismatischen Aufladung seiner Herrschaft und ihrer engen Bindung an den Sonnengott Sol Invictus, dem römischen Prinzipat den Weg zu einer neuen ideellen Grundlage wiesen.

In der vergleichsweise kurzen Phase zwischen Claudius II. Gothicus und der Dynastie des Carus erreichten Macht und Einfluss des Militärs ihren Kulminationspunkt. Der Senat, der als Entscheidungsgremium längst abgedankt hatte, verlor auch seine Funktion als die Instanz, welche die Erhebung von Kaisern wenigstens nachträglich noch zu ratifizieren hatte. Das Militär veränderte allmählich - bereits seit Gallienus, verstärkt seit Aurelian - seine Organisation und Struktur. Es brachte damit auch einen neuen Typus militärischen Führers hervor: Die Kaiser der Tetrarchie, allesamt jüngere Vertreter des Offizierskorps, lassen, obwohl auch sie illyrischer Herkunft waren, in ihrem Werdegang und ihrer Persönlichkeit einen deutlichen Wandel spüren gegenüber den etwa eine Generation älteren, ebenfalls in höchste militärische Chargen aufgerückten Kaisern Claudius, Aurelian und Probus. Prototyp des neuen Karrieresoldaten war Diokletian, dem sein Aufstieg in der elitären Rangklasse der *protectores* andere Einsichten und Erfahrungen vermittelte als zuvor ihre Laufbahn den älteren Offizieren. Der sukzessive Anpassungsprozess des römischen Militärs an neue Herausforderungen wirkte deshalb zurück auf die wichtigste Institution des Prinzipats: das Kaisertum.

Claudius II. Gothicus

Die Umstände von Gallienus' Tod sind mehr als verworren, verunklart von Claudius-freundlichen Quellen mit der durchsichtigen Tendenz, den nachmaligen Sieger über die Goten von jeder Schuld an der Ermordung seines Vorgängers reinzuwaschen. Die Gallienus-Vita der *Historia Augusta* lässt den Kaiser durch eine Verschwörung von Soldaten umkommen (*Gallieni duo* 14). Erst danach hätten sich die kommandierenden Offiziere auf Claudius als Nachfolger geeinigt. Aurelius Victor (33,7) hingegen, der die moralische Verkommenheit des Gallienus wie des gesamten Zeitalters herausstreicht, macht den Kaiser zum Opfer einer Intrige und zum Hauptverantwortlichen den in Mailand belagerten Aureolus. Noch auf dem Totenbett habe Gallienus Claudius zum Thronerben erklärt. Victor nutzt das Geschehen, um allgemeine Betrachtungen darüber anzustellen, wie weit es gekommen sei: „Zugegeben, die moralischen Maßstäbe sind in solcher Weise herabgesunken, dass die meisten

Menschen in ihrem eigenen Interesse, statt in dem des Staates, und aus Machtgier, statt mit Rücksicht auf ihren Ruf, handeln“ (33,22).

Dass der etwa 55-jährige, mithin ca. 213 geborene Claudius, ein weiterer Illyrer auf dem Kaiserthron, bei der Ermordung des Gallienus nicht seine Hände im Spiel gehabt, seine Erhebung nicht dem Verlaufsmuster einer typischen Usurpation entsprochen haben soll, ist indes völlig unplausibel. Die Belagerung des stark befestigten Mailand scheint die Truppen des Gallienus vor ernste Schwierigkeiten gestellt zu haben, ein direktes Eingreifen des Postumus auf diesem Kriegsschauplatz schien bevorzustehen und überhaupt steigerte jede Bürgerkriegssituation das Risiko von Usurpationen erheblich. Vermutlich also reagierte Claudius auf die bereits brodelnde Stimmung in der Truppe und machte sie sich zunutze. Die von Claudius veranlasste Divinisierung des Gallienus steht dazu nicht im Widerspruch. Wie andere Usurpatoren vor ihm – das beste Beispiel sind Septimius Severus und die Vergöttlichung des Commodus – versuchte er, das Usurpatorische seiner Herrschaft zu vernebeln und sich in die Kontinuität seiner Vorgänger zu stellen.

Claudius gehörte fraglos vor seiner Thronbesteigung zum engeren militärischen Führungszirkel des Gallienus. Überliefert ist seine Teilnahme an der Niederschlagung des Ingenuus-Aufstands sowie an den Kämpfen gegen Postumus (265). Er erreichte rasch die Kapitulation des Aureolus, dessen Soldaten zu ihm überliefen. Aureolus selbst fand den Tod. Von Mailand aus wandte Claudius sich, ohne Zeit zu verlieren, nach Raetien, wo Alamannen, den Hochrhein überschreitend, eingefallen waren. Stück für Stück entglitt so Raetien der Kontrolle der gallischen Kaiser und kehrte unter die Obhut Roms zurück. Claudius nahm den Ehrentitel *Germanicus Maximus* an. Gleichzeitig oder wenig später gelangten Spanien und Südgallien ebenfalls unter römische Kontrolle. Anscheinend sagten sie sich auf eigene Initiative von Postumus los und erkannten Claudius an (268).

Kurz darauf erhob sich in *Germania superior*, im Legionslager Mainz, vielleicht nach erfolgreicher Abwehr germanischer Invasoren der Statthalter Ulpius Cornelius Laelianus gegen Postumus (Anfang 269). Laelianus scheiterte mit seinem Versuch, den Aufstand auch nach *Germania inferior* zu tragen. Postumus konnte die Rebellion niederschlagen und Mainz erobern. Als er sich weigerte, die Stadt plündern zu lassen, erschlugen ihn die eigenen Soldaten.

Gallisches Vierkaiserjahr

Die Ereignisse des „gallischen Vierkaiserjahres“ 269 zeugen von wachsenden Schwierigkeiten, die Lage in Gallien und Germanien unter Kontrolle zu halten. Anscheinend hatte Postumus Mühe, seine Soldaten zu entlohnen; er prägte massenhaft Münzen mit abnehmendem Feingehalt, und der Aufstand der Soldaten angesichts der verweigerten Plünderung von Mainz nimmt sich wie eine Verzweiflungstat aus. Vielleicht geriet Postumus auch seiner Untätigkeit gegenüber seinen römischen Gegenspielern wegen in die Kritik. Sein „Reich“ war allerdings zu stabil, um mit dem Tod seines Gründers zu erlöschen. Es fiel stattdessen an Marcus Aurelius Marius, einen offenbar einfachen Soldaten, den die siegreichen Legionen noch in Mainz zum Kaiser ausriefen und der ihnen sofort die von Postumus untersagte Plünderung der Stadt am Rhein gestattete.

Marius hielt sich, wie zu erwarten, nicht lange. Bald machte er dem Mann Platz, den Postumus bereits frühzeitig zum Nachfolger aufgebaut hatte: Marcus Piavonius Victorinus entstammte einer wohlhabenden gallischen Grundbesitzerfamilie und hatte sich unter Postumus militärische Meriten erworben. Spanien, die *Narbonensis* und Raetien waren für Victorinus verloren; er wurde nur noch in Nordgallien, Germanien und Britannien anerkannt. Selbst in seinem Kernland Gallien hatte er sich mit der lokalen Rebellion der Haeduer auseinanderzusetzen, die sich, möglicherweise aufgrund römischer Agitation, für Claudius erklärt hatten. Victorinus belagerte acht Monate lang die Hauptstadt der Haeduer, Augustodunum Haeduorum (Autun), bevor er die Stadt zerstören und den Aufstand ersticken konnte (270).

Vaballathus

Der Westen war keineswegs der einzige Reichsteil, der Anlass zur Sorge gab. Während das Gallische Reich seinen Höhepunkt bereits überschritten hatte, entfaltete Palmyra erst nach der Ermordung des Odaenathus seine ganze expansive Dynamik. Dort dachte die führende Familie der Odaenathi nicht daran, die De-facto-Herrschaft über die orientalischen Provinzen, die Odaenathus als Persersieger errungen hatte, kampflos aufzugeben. Für Rom war die Verstetigung der an Odaenathus verliehenen Sondervollmachten zu einer dynastischen Herrschaft seiner Familie inakzeptabel. Nach kurzem Zögern schuf Zenobia, die neue Herrin im römischen Osten, in Vorwegnahme der unvermeidlichen Konfrontation mit Rom Fakten: Palmyra annektierte, teils gewaltsam, Provinzen, deren Statthalter Claudius gegenüber loyal waren. Die Zone, in der das Regiment Zenobias bzw. ihres Sohnes Vaballathus Anerkennung fand, reichte vom Schwarzen Meer bis Damaskus, vom Mittelmeer bis zum Tigris. In einem zweiten Schritt weiteten Mutter und Sohn ihre Einflusssphäre auf die Provinzen *Arabia* und *Aegyptus* aus, und Vaballathus nahm, ohne Absprache mit Rom, den Titel *vir clarissimus rex consul imperator dux Romanorum* an, mit dem er an die außerordentliche Machtstellung seines Vaters anknüpfte (*dux Romanorum*) und zugleich weit über sie hinausging (*imperator*) (270). Spätestens damit war in Analogie zum Gallischen Reich ein zweiter quasi-souveräner Machtbereich entstanden, obwohl das Tischtuch zwischen den Palmyrenern und der Zentralregierung noch nicht ganz zerschnitten war: Lediglich das Revers der in der von Palmyra kontrollierten Münze von Antiochia geschlagenen Nominale zierte das Porträt des Vaballathus; auf dem Avers prangte nach wie vor das Bild des Kaisers.

Der freilich hatte ganz andere Sorgen, als sich mit Gedankenspielen über Roms Souveränität in den Orientprovinzen abzugeben. Noch immer bedrohten Goten und Heruler, der Ausschaltung eines herulischen Angriffskeils durch Gallienus (268 am Nestus) zum Trotz, den Donau- und Balkanraum (269). Abermals brachen sie auf breiter Front in einer kombinierten Bewegung zu Wasser und zu Land in Moesien, Thrakien und Makedonien ein. Die in aller Eile befestigten Städte Tomi, Markianopolis, Byzanz und Kyzikos sowie später Thessalonike und Kassandreia widerstanden den von See herandrängenden Eroberern, die in Makedonien landeten und entlang des Flusses Margus (Morava) ins Hinterland vorrückten. Während Claudius selbst in Richtung Donau vorstieß, sicherte der Kommandeur der seit Gallienus von den Grenzlegionen gelösten Kavallerie, Aurelianus, das Hinterland vor dem Zugriff der Goten. Aurelian (bei Doberus und Pelagonia) wie Claudius (bei Naissus – Niš) blieben auf ihren Kriegsschauplätzen Sieger; die Goten erlitten eine vernichtende Niederlage. Mehr noch: Das Heer des Claudius schnitt den Überlebenden den Rückweg über die Donau ab, Aurelians Reiter vernichteten die in Moesien, Thrakien und Makedonien versprengten Reste. Die Donaugrenze, bis dahin stets offene Flanke des Imperiums, und der Balkanraum waren mit dem claudisch-aurelianischen Doppelsieg entscheidend sicherer geworden.

Claudius indes verfolgte noch viel weitergehende Pläne. Nach seinem Gotensieg, der ihm postum den Ehrennamen „Gothicus" einbrachte, begab sich der Kaiser nach Sirmium in Pannonien, um von dort Operationen zur Rückgewinnung des teilweise von Sarmaten besetzten Dakien vorzubereiten. Die Ausführung des Plans vereitelte der frühe Tod des Claudius: Er starb an einer im Legionslager von Sirmium wütenden Epidemie (Anfang 270).

Quintillus

Das Heer akklamierte unverzüglich dem jüngeren Bruder des Claudius, Quintillus, der sich in Aquileia aufhielt und dort ein Kommando zur Verteidigung Italiens führte. Abgesehen von Gallien und Britannien, wo noch immer Victorinus herrschte, scheint Quintillus bei der Truppe quer durch alle Provinzen rasch Anerkennung gefunden zu haben. Auch der Senat billigte ohne Zögern seine Erhebung zum Augustus. Die Unterstützung aus Militär und *ordo senatorius*, die Quintillus zunächst so problemlos erhielt, zerrann dem militärisch wie politisch ungeschickt agierenden Claudius-Bruder indes alsbald zwischen den Fingern.

Aurelian

Den nach Claudius größten Anteil an der Sicherung von Balkan- und Donauraum hatte der Präfekt der Reiterei, Lucius Domitius Aurelianus gehabt. Er kam aus einfachen Verhältnissen, war wie Claudius „Illyrer", entstammte also den Balkanprovinzen, und hatte sich im Militär hochgedient. Er spielte offenbar eine, nicht näher zu ermittelnde, Rolle bei der Erhebung des Claudius im Zusammenhang mit Gallienus' Ermordung (268). Obwohl ihm der etwa gleichaltrige Claudius vorgezogen worden war, gehörte auch Aurelian zum engeren Kreis hoher Offiziere um Gallienus und galt offenbar ebenfalls als aussichtsreicher Kandidat für den Purpur. Seiner Loyalität Claudius gegenüber tat das keinen Abbruch, und wirklich mochte der kinderlose Claudius ihn als Nachfolger designiert haben. Die erstmals im Zusammenhang mit Trajans Tod überlieferte Geschichte einer Nachfolgeregelung auf dem Totenbett, die Zonaras (12,26) kolportiert, ist freilich zu stereotyp, um wahr zu sein.

Gegenüber der militärischen Erfahrung und der Autorität des Gotensiegers Aurelian war Quintillus praktisch chancenlos. Aurelian führte, als Claudius starb, noch immer in Thrakien, Makedonien und Moesien das Kommando gegen die Goten. Ihm stand also automatisch ein beträchtliches Kontingent zur Verfügung. In den Augen der Truppenführer war Aurelian ohnehin, nach dem vorzeitigen Tod des Claudius, der 268 erste Wahl gewesen war, der Nächste in der Reihe präsentabler Kandidaten aus ihrem Kreis. Auf die Nachricht von Quintillus' Erhebung, die ihn vermutlich rasch erreichte, rückte Aurelian gegen Aquileia vor. Ob Quintillus selbst seine Sache verloren gab und Selbstmord verübte (wie Zosimos und Zonaras glauben machen wollen) oder die eigenen Truppen gegen ihn rebellierten und ihn töteten (so übereinstimmend Claudius- und Aurelian-Vita der *Historia Augusta* sowie die lateinischen Breviarien): Aurelian setzte sich kampflos gegen seinen Rivalen durch. Er zog in Aquileia ein und erhielt unverzüglich die Anerkennung des Senats, der dem neuen Herrscher eine Delegation nach Ravenna entgegensandte (November 270).

Der Tod des Claudius und die Rivalität um die Nachfolge hatten die Donaugrenze teilweise entblößt zurückgelassen und vandalische Gruppen die Situation zu einem Einfall in Pannonien genutzt. Aurelian kehrte deshalb, ohne Rom zu besuchen, um seinen ersten eponymen Konsulat anzutreten (1.1.271), unverzüglich Italien den Rücken und wandte sich dem pannonischen Kriegsschauplatz zu. Er ordnete an, das Vieh sowie alle Nahrungsmittel in befestigte Städte zu schaffen, und stellte sich, so den Gegner systematisch aushungernd, dem Guerillakrieg. In einer zermürbenden Winterkampagne schlug er die Vandalen über die Donau zurück und schloss mit ihnen einen für Rom günstigen Frieden (271).

Unruhig blieb auch Raetien. Der Feldzug des Claudius hatte nur einen Teil der Provinz befrieden können. Besonders im der Rheingrenze zugewandten Nordteil hatten sich alamannische Gruppen halten können und schwere Verwüstungen angerichtet. Gravierender noch waren neue Einfälle von Juthungen und Markomannen in der gleichen Provinz. Die Invasoren überschritten die Alpenpässe und standen damit vor Mailand. Aurelian brachte seine Truppen in Eilmärschen über die Dolomiten aus Pannonien heran. Er nahm die Verfolgung auf, konnte aber die Einnahme und Plünderung von Placentia (Piacenza) durch die Juthungen nicht verhindern. Schlimmer noch: Er selbst geriet mit seinem Heer in der Poebene vor Placentia in einen Hinterhalt und erlitt eine demütigende Niederlage auf italischem Boden. Mit knapper Not entkommen, konnte er, nachdem er Ordnung in die eigenen Reihen gebracht hatte, die Verfolgung wieder aufnehmen. Die Juthungen folgten inzwischen beutebeladen der Via Flaminia nach Mittelitalien. Rom selbst war, erstmals seit Hannibal, unmittelbar bedroht. Bei Fanum Fortunae am Fluss Metaurus konnte Aurelian die Juthungen schlagen, sie verweigerten aber bei Friedensverhandlungen trotz aussichtsloser Lage die Kapitulation und versuchten, sich nordwärts aus Italien zurückzuziehen. In einer zweiten, diesmal entscheidenden, Schlacht bei Ticinum in der heutigen Lombardei bezwang Aurelian die Juthungen endgültig (Sommer 271).

Aurelianische Mauer

Der Bau der noch heute in weiten Abschnitten das Stadtzentrum Roms umgebenden Aurelianischen Mauer (ab 271) dürfte maßgeblich auf das Konto der mit den Juthungen gesammelten Erfahrungen gehen. Da Italien nicht ständig von starken Truppen geschützt werden konnte, führte an der Befestigung auf Dauer kein Weg vorbei. Sie wurde zum Modell für die forcierte Ummauerung von Städten in anderen Reichsteilen. Aurelian vertraute aber auch auf den Symbolwert der Mauern: Sie unterstrichen die Uneinnehmbarkeit Roms und zugleich die Fürsorge, die der Kaiser der Stadt angedeihen ließ, die trotz allem immer noch Hauptstadt und Keimzelle des Imperiums war. Dieses Imperium wandelte jetzt immer mehr, für alle sichtbar, auch äußerlich sein Gesicht: Die offene, sich frei ins Umland ausdehnende Stadt wich allenthalben wehrhaften Festungen, Fluchtburgen auch für die in ihrem Schatten lebende Landbevölkerung.

Kaum war die Lage in Italien stabilisiert, widmete sich Aurelian den im Donauraum verbliebenen Goten, deren Bekämpfung er wegen der Auseinandersetzung mit Quintillus hatte abbrechen müssen (Herbst 271). Er verfolgte die Goten über die Donau und brachte ihnen eine vernichtende Niederlage bei, die ihren König Cannabaudes das Leben kostete. In der Erkenntnis, dass die jenseits der Donau liegenden, einst von Trajan eroberten Provinzen *Dacia inferior* und *Dacia superior* so exponiert lagen, dass sie entweder auf Dauer starke römische Verbände binden oder unrettbar verloren sein würden, entschloss er sich zum Rückzug. Einen Teil der römischen bzw. romanisierten Bevölkerung, vornehmlich Spezialisten und Angehörige der römischen Verwaltung, ließ er auf die römische Seite der Donau evakuieren. Die Aufgabe Dakiens bedeutete eine strategische Richtungsentscheidung, eine aus militärischen Gründen sicher gebotene Frontbegradigung, unweigerlich aber auch Prestigeverlust, den Aurelian durch Umbenennung eines Teils der moesischen Provinzen in *Dacia ripensis*, das nun zwischen beiden Moesien lag, zu kaschieren suchte (Ende 271).

Zwei Usurpationen und eine Revolte in Rom, alle chronologisch schwer zuzuordnen (aber wohl 270/1), konnten Aurelian, obwohl er pausenlos in Kämpfe verstrickt war, nicht ernsthaft gefährlich werden. Die Usurpationen eines (sonst nicht näher bekannten) Septiminus, vielleicht des Statthalters von *Dalmatia*, und des Domitianus, eines Offiziers, der bereits unter dem Kommando des Aureolus an der Niederschlagung der Macriani-Usurpation beteiligt gewesen war, brachen bereits nach kurzer Zeit in sich zusammen. Potenziell gefährlicher war die Rebellion des kaiserlichen Fiskusverwalters (*a rationibus*) Felicissimus, der offensichtlich in eine Unterschlagungsaffäre in der kaiserlichen Münzstätte verwickelt war. Um einer Anklage zuvorzukommen, stachelte er die Münzarbeiter zum Aufstand an, dem sich auch einige Senatoren, wohl Anhänger des Quintillus, anschlossen. Den Aufstand erstickten die Stadtkohorten, verstärkt um reguläre Einheiten, in einem Blutbad auf dem Caelius.

Wiedervereinigung des Reiches

Aurelian hatte, nachdem er von Byzanz aus die Neugliederung des Balkanraums koordiniert hatte (Ende 271), die Hände frei für die gewaltsame „Wiedervereinigung" des Reiches unter der Ägide der römischen Zentralregierung. Es galt, die Teilreiche unter Victorinus einerseits, Zenobia und Vaballathus andererseits, zu beseitigen. Zuvor war Gallienus an diesem Ziel gescheitert, Claudius Gothicus durch den Krieg an der Donaufront so in Anspruch genommen, dass an ein Vorgehen gegen die Rivalen nicht einmal zu denken war. Aurelian wandte sich zuerst nach Osten, wohl weil das expandierende Palmyra das dynamischere und mithin in seinen Augen das gefährlichere der beiden „Sonderreiche" war. Besonders die gewaltsame Besetzung Ägyptens durch die Palmyrener in zwei Anläufen (Sommer / Herbst 270) war aus römischer Sicht beunruhigend. Sie schnitt die Hauptstadt von der unentbehrlichen Getreidezufuhr aus der Nilprovinz ab - und die Tage eines Kaisers, der die Getreideversorgung der hauptstädtischen Bevölkerung nicht auf Dauer gewährleisten konnte, waren praktisch gezählt. Anfang 272 verließ daher Aurelian mit einer ansehnlichen Streitmacht sein Winterquartier in Byzanz Richtung Osten. Bereits in Kleinasien stieß er auf erheblichen Widerstand. Die Stadt Tyana in Kappadokien musste er belagern; einnehmen konnte er sie erst durch Verrat. Ostentativ übte er *clementia*, um so allen, die gegenüber den Palmyrenern noch loyal waren, goldene Brücken zu bauen. Die Rechnung ging auf: Das übrige Kappadokien und Kilikien fielen nahezu kampflos in Aurelians Hände (Frühjahr 272).

Der zügige Vormarsch Aurelians brachte Zenobia und den noch minderjährigen Vaballathus in Zugzwang. Ihre Politik, den Osten ohne Anspruch auf die Kaiserwürde in Rom als quasi-souveränes Herrschaftsgebiet im losen Verbund mit dem römischen Imperium zu etablieren (s. S. 126), war erkennbar nicht mehr aufrechtzuhalten. Die Alternative lautete nunmehr: Kapitulation oder Griff nach dem römischen Purpur. Am ehesten im Frühjahr 272, während Aurelian Kleinasien durcheilte, wurde Vaballathus zum Augustus, Zenobia zur Augusta proklamiert. So wurden sie zu Usurpatoren, als die sie Aurelian ohnehin längst betrachtete. Aus der Sicht Palmyras und der Orientprovinzen wurde die Auseinandersetzung mit Aurelian zu einem Konflikt Gleichrangiger.

Die neuen Augusti Zenobia und Vaballathus erwarteten Aurelian, der mit seiner Armee über die Syrische Pforte den Amanus überquerte, mit dem Hauptkontingent ihrer Truppen, namentlich der palmyrenischen Reiterei, vor

Antiochia am Orontes. Kommandierender Offizier auf palmyrenischer Seite war Septimius Zabdas, der bereits die Operationen in Arabien und Ägypten geleitet hatte. Den Ausgang der Schlacht entschied die leichtere und wendigere dalmatinische und maurische Kavallerie Aurelians, die bei extremen Temperaturen und in offenem Gelände die schwer gepanzerte palmyrenische Reiterei ausmanövrierte. Zabdas gelang dennoch mit den Resten des palmyrenischen Heeres der geordnete Rückzug nach Antiochia und von dort weiter nach Süden. Das palmyrenische Regime brach in Antiochia sang- und klanglos zusammen, Aurelian setzte unverzüglich eine ihm loyale Provinzverwaltung ein.

Unterdessen fiel auch Ägypten, unter ungeklärten Umständen, von den Palmyrenern ab (Juni 272). Die Münzstätte in Alexandria prägte seitdem wieder für die römische Zentralregierung und stellte ihre Emissionen für Vaballathus und Zenobia ein. Ausschlaggebend war womöglich die palmyrenische Niederlage von Antiochia, die den Statthalter von Ägypten zum Seitenwechsel veranlasst haben könnte. Die Provinz *Mesopotamia* schließlich konnte der neu ernannte *praefectus Mesopotamiae*, Aurelius Marcellinus, anscheinend ohne größere Schwierigkeiten der Kontrolle Aurelians unterwerfen.

Sieg über Palmyra

Aurelian rückte, nach der Einnahme Antiochias, wo er ebenfalls *clementia* walten ließ, und der Vertreibung einer den Weg nach Süden versperrenden palmyrenischen Garnison aus dem antiochenischen Vorort Daphne gegen Emesa vor, wo Zenobia ihre Truppen zusammengezogen hatte. Die Städte Apameia, Larissa und Arethusa öffneten dem Kaiser ihre Tore. Aurelian ergänzte sein Heer um Truppenaushebungen im Osten (unter anderem in Kleinasien, Syrien und Mesopotamien). Bei Emesa errang der Kaiser mit seiner überlegenen Infanterie den entscheidenden Sieg über die Palmyrener; Zabdas und Zenobia zogen sich mit dem Heer hinter die Mauern von Emesa, von dort nach Palmyra zurück (Juni / Juli 272).

Palmyra war zwar nicht durch Stadtmauern, dafür aber durch seine Lage inmitten der von verbündeten Stämmen bevölkerten syrischen Steppe geschützt. Aurelian, der die Wüstenoffensive scheute, unterbreitete den Palmyrenern ein Friedensangebot auf der Basis von *clementia*, das diese jedoch schroff zurückwiesen. Nun also doch gezwungen, die Steppe zu durchqueren, nahm das kaiserliche Heer, praktisch kampflos, die Oasenmetropole ein. Zenobia, die versuchte, sich ihrer Ergreifung durch Flucht auf sasanidisches Territorium zu entziehen, wurde eingeholt und geriet in Gefangenschaft. Mit ihrem Sohn und anderen Elitenangehörigen wurde sie nach Emesa gebracht, wo man ihr den Prozess machte. Aurelian ließ sie am Leben. Über ihr weiteres Schicksal indes ergehen sich die Quellen in fantasievollen, einander widersprechenden Spekulationen.

Palmyra als Zentrum eines mit der römischen Zentralregierung rivalisierenden Teilreichs, das seine Existenz den spezifischen Bedingungen an Roms Ostgrenze nach der Niederlage Valerians verdankte, war damit zerschlagen. Aurelian überließ die Konsolidierung der wiedergewonnenen Ostprovinzen dem zum *rector Orientis* ernannten Marcellinus, setzte den Konsular Virius Lupus als Richter mit Sondervollmachten ein, um die zivilrechtlichen Folgelasten der unruhigen Jahre seit 260 zu beheben, und verließ den Schauplatz Richtung Europa. Doch ließen die unvermeidlichen Nachwehen der Zenobia-Revolte nicht lange auf sich warten: Bereits Ende des Jahres 272 gärte ein Umsturz in der Oasenstadt. Nachdem Marcellinus den ihm angetragenen Purpur zurückgewiesen hatte, proklamierten die Palmyrener Zenobias Vater Antiochos zum Kaiser. In Eilmärschen begab sich Aurelian in den Osten zurück, wo der Aufstand unmittelbar nach seiner Ankunft in sich zusammenbrach. Diesmal entging Palmyra der Rache des Kaisers nicht: Er ließ die Oasenstadt plündern, aber nicht zerstören (Sommer 273). Auch einen vielleicht pro-palmyrenisch motivierten Aufstand in Alexandria konnte Aurelian leicht niederwerfen (273). Das mächtige Palmyra bewahrte sich eine gewisse Bedeutung im lokalen und wohl auch im Fernhandel, spielte aber politisch fortan keine aktive Rolle mehr. Sein kurzes Gastspiel auf der Bühne der Großen Politik war Episode geblieben.

Tetricus

Mit seinem in kaum zweijährigem Kampf errungenen Erfolg im Osten hatte Aurelian den Spielraum erstritten, den er benötigte, um sich seines Rivalen im Westen, des mittlerweile in Gallien herrschenden Tetricus, zu entledigen. Das gallische „Sonderreich“ war in der Zwischenzeit Schauplatz größerer Umwälzungen gewesen. Victorinus war, nach seinem Sieg über die Haeduer und der Einnahme von Autun, an den Rhein zurückgekehrt und feierte in Köln einen Triumph. Dort fiel er wenig später einer Palastverschwörung zum Opfer (Anfang 271). Das Machtvakuum im Westen füllte, wie im Osten, eine Frau: Victoria, die Mutter des Victorinus, die über beträchtliche Geldmittel verfügte, soll großzügig ein Donativ an die Soldaten verteilt haben und so dem von ihr ausersehenen Nachfolger, dem Statthalter von *Aquitania*, Gaius Pius Esuvius Tetricus, den Weg geebnet haben.

Der neue Herrscher war sogleich mit über die Rheingrenze einfallenden Germanen konfrontiert. Erst Ende 271 konnte er seine Residenz in Trier aufschlagen und trat am 1. Januar 272 seinen ersten ordentlichen Konsulat an. Die Destabilisierung des „Sonderreichs“ scheint seitdem rapide vorangeschritten zu sein. Tetricus hatte offenbar mit erheblichem Geldmangel zu kämpfen, denn die Qualität seiner Prägungen verfiel rapide. Als Aurelian sich im Sommer 273 nach Westen wandte, war der Herrschaftsbereich des gallischen Kaisers in seinen Grundfesten erschüttert. Aurelian, der zuvor einfallende Alamannen zurückgeschlagen hatte, drang, ohne auf nennenswerten Widerstand zu treffen, bis Nordgallien vor. Der um die Loyalität seiner Soldaten fürchtende und um sein Leben bangende Tetricus wandte sich, als die Heere bei Châlons-sur-Marne aufeinandertrafen, auf dem Höhepunkt der Schlacht, Schutz suchend an Aurelian. Das von seinem Kaiser verlassene Heer kämpfte in aussichtsloser Lage dennoch weiter. Aurelian schonte Tetricus sowie seinen Sohn und beließ beiden, nachdem er sie im Triumphzug mitgeführt hatte, ihren senatorischen Rang.

Überhaupt hielt sich Aurelian mit Eingriffen in die innere Struktur des wiedergewonnenen Westens auffallend zurück. Der Kaiser verhängte keine Gedächtnissanktionen gegen die gallischen Herrscher, deren Gesetze so ihre Gültigkeit behielten. Er beließ die von Postumus, Victorinus und Tetricus bestellten Funktionäre in ihren Positionen, verlegte aber die Münzprägestätte vom Rhein (aus Trier und Köln, wo die gallischen Kaiser geprägt hatten) nach Lugdunum (Lyon) zurück, wohl um sie so dem Zugriff der Rheinarmee zu entziehen. Aurelian konnte sich als Sieger auf ganzer Linie sehen. Er hatte, mit seinen Siegen in Ost und West, dem Prinzip einer einheitlichen Reichsspitze im Imperium wieder Geltung verschafft und zugleich, vielleicht mit einer weiteren Kampagne gegen Ende seiner Herrschaft (275), die bedrohte Donaugrenze langfristig gesichert. Die nach seinen Siegen über Zenobia und Tetricus geprägten Münzen tragen griffige, die Wiederherstellung der Reichseinheit auf eine prägnante Formel bringende Legenden wie PACATOR oder RESTITVTOR ORBIS („Bezwinger" bzw. „Erneuerer des Erdkreises").

Ermordung Aurelians

Aurelian, der seine Herrschaft in ihrer zweiten Hälfte herrschaftstheologisch mit Sol Invictus, dem „unbesiegbaren Sonnengott" verband (s. S. 150), hielt sich im Frühherbst 275 noch immer auf dem Balkan auf, in Thrakien. Dort ereilte ihn sein Schicksal. Laut der *Historia Augusta* (*Divus Aurelianus* 36) fiel der Kaiser der Intrige eines seiner Sekretäre zum Opfer: Durch gefälschte Papiere soll ein gewisser Mnestheus Offiziere dazu gebracht haben, den Kaiser in Caenophrurium unweit Byzanz zu erdolchen. Dass Aurelian wirklich das Opfer einer Palastintrige mit völlig unpolitischem Hintergrund wurde, darf man getrost bezweifeln. Dass es eine senatorische Opposition gegen den bei Heer und *plebs urbana* außerordentlich beliebten Kaiser gab, ist kaum anzunehmen. Jedenfalls ist die Ermordung des Kaisers - scheinbar aus heiterem Himmel - Indiz dafür, dass die vermeintlich wieder gefundene Stabilität noch nicht in die Tiefe reichte.

Dennoch trug die Ermordung Aurelians erkennbar nicht den Charakter einer gewöhnlichen Usurpation. Dem Mord war keine Kaiserakklamation vorausgegangen. Auch erhob sich, als sich die Nachricht vom Tod des Kaisers im Reich verbreitete, nirgends ein Prätendent. Selbst aus dem Kreis der thrakischen Armee, deren Offizierskorps - wenn die Informationen der *Historia Augusta* zutreffen - die Mörder angehörten, regte sich kein Usurpator. Ein sechsmonatiges Interregnum, wie es Eutropius (36: „Schließlich erhob, etwa sechs Monate nach dem Tod Aurelians, der Senat den Konsular Tacitus zum Kaiser.") suggeriert, hat in der spezifischen Struktur der römischen Monarchie keinen Platz. Auch dass der Senat bei der Ernennung des Nachfolgers eine bedeutende Rolle gespielt haben soll, dürfte eher dem Wunschdenken des notorisch senatsfreundlichen Autors zuzuschreiben sein.

Severina

Bei der Rekonstruktion des Ereignisablaufs lassen uns die literarischen Quellen ein weiteres Mal vollständig im Stich. Den Ausweg weisen diesmal Münzen, die auf eine wichtige, über den Tod Aurelians hinaus wirksame Rolle seiner Witwe Ulpia Severina deuten. Severina firmierte auf den Münzlegenden Aurelians bereits seit dem ersten Sieg über Palmyra (272) als AVGVSTA. Eine auch politische Bedeutung der Kaiserin, die weit über das bisher gekannte Maß, selbst in der severischen Periode, hinausging, evozieren Münzen mit der Legende CONCORDIA AVG(ustorum) („Eintracht der Augusti"), geprägt seit 272. Da Aurelian weder einen Sohn hatte, den er zum Mitkaiser hätte erheben können, noch der „gallische" Augustus Tetricus gemeint sein wird, kann sich die Legende nur auf die Eintracht des Kaiserpaares beziehen. Diese massive Selbstdarstellung eines Kaiserpaars, an sich schon ungewöhnlich, wird noch verstärkt dadurch, dass seit Aurelians Münzreform (s. S. 116) die Augusta auf allen Nominalen präsent war.

Auf welch exzeptionelle Weise Severina an Prestige und Autorität ihres Gatten partizipierte, zeigte sich nach dessen Ermordung. Überall im Reich (in den Münzstätten Rom, Ticinum und Antiochia, vermutlich auch in Kyzikos, Serdica, Siscia und Lugdunum) erschienen weiterhin Münzen im Namen der Kaiserin, und zwar Antoniniane mit der Legende CONCORDIAE MILITVM („der Eintracht der Soldaten"). Das ist ein starkes Indiz dafür, dass Severina die Münzen für die Auszahlung eines Donativs prägen ließ. Hypothetisch lässt sich daran folgende Rekonstruktion anschließen: Nach der Ermordung Aurelians war die Autorität der in Rom weilenden Augusta im Heer und wohl auch bei der *plebs urbana* und im Senat unumstritten. Severina bestimmte einen Nachfolgekandidaten, dem sie, indem sie ihn in die Kontinuität Aurelians treten ließ und für ihn ein Donativ auszahlte, die Akzeptanz der Truppe sicherte. Die Hypothese ist plausibel, weil dieser Nachfolger später, wie um sich zu revanchieren, Münzen mit der ungewöhnlichen Legende P(ia) F(elix) AVGVSTA („die pflichtbewusste und glückliche Augusta") auf der Vorderseite prägen ließ.

Tacitus

Wenn hinter seiner Erhebung wirklich die Augusta Severina stand, dann erfolgte die Akklamation des Marcus Claudius Tacitus nicht zufällig in Italien. Der bereits 75-Jährige, über dessen vorherige Karriere wir nichts an gesicherten Informationen haben, wurde von einem Truppenteil in Campanien ausgerufen (November 275). Dass Tacitus mit einem gleichnamigen *consul ordinarius* des Jahres 273 identisch ist, ist angesichts seines fortgeschrittenen Alters unwahrscheinlich. Eher war Tacitus, wie vor ihm Claudius Gothicus und Aurelian, Karrieresoldat illyrischer Herkunft. Tacitus ließ seinen Vorgänger, an dessen Sieghaftigkeit er teilzuhaben hoffte, unverzüglich divinisieren.

Er sah sich sofort neuen, vermutlich durch die Ermordung Aurelians provozierten Einfällen auf Reichsgebiet gegenüber. Diesmal drangen die Heruler über das Schwarze Meer nach Bithynien vor und überrannten innerhalb kurzer Zeit ganz Kleinasien. Tacitus begab sich auf der Stelle nach Thrakien, wo er das von Aurelian hinterlassene Heer übernahm und einige der Verschwörer, wenngleich halbherzig, bestrafen ließ (Anfang 276). Er setzte nach Kleinasien über, schlug die Heruler in Kilikien und überließ das Kommando im Osten seinem Prätorianerpräfekten Marcus Annius Florianus. Der Kaiser selbst plante offenbar, an der Rheingrenze persönlich das Kommando zu führen, über die erneut Stämme nach Gallien eingebrochen waren.

Dazu kam es nicht mehr: Tacitus wurde, wie vor ihm Aurelian, Opfer eines Mordanschlags. Noch in Kleinasien erlag er einem Komplott, an dem vielleicht auch die Verfolgung fürchtenden Urheber des Anschlags gegen Aurelian beteiligt waren. Die Armee in Kleinasien akklamierte im kilikischen Tarsus unverzüglich Florianus, dem Prätorianerpräfekten. Gleichzeitig rief die Armee in den Orientprovinzen Probus zum Kaiser aus und damit einen weiteren Angehörigen der illyrischen Militärelite. Florianus, der über das stärkere Heer verfügte und im Westen des Reichs, einschließlich Roms, Anerkennung fand, verspielte viel Kredit, weil er gegen die auch nach Tacitus' Sieg noch plündernd durch Kleinasien ziehenden Heruler nicht sogleich die Initiative ergriff. Unterdessen zog Probus heran und belagerte Florianus in Tarsus. Als dieser einen Ausbruch unternahm, entflammte ein kurzes Gefecht, das indes keine Entscheidung brachte. Florianus, der bei seinen eigenen Soldaten immer mehr an Rückhalt verlor, wurde schließlich auch von ihnen ermordet, wohl nachdem sie von Probus dazu ermuntert worden waren (August 276).

Probus

Marcus Aurelius Probus, geboren in Sirmium (um 232), war damit ein weiterer Illyrer, der vom Soldaten zum römischen Kaiser aufstieg. Seine Herrschaft gehört zu den am schlechtesten dokumentierten selbst einer insgesamt so dunklen Periode wie der Soldatenkaiserzeit. Viel mehr als eine umrisshafte Rekonstruktion der militärischen Ereignisse an Rhein und Donau sowie Versuche zur chronologischen Bestimmung der gegen ihn gerichteten Usurpationen gibt das Material nicht her.

Als erste Amtshandlung holte Probus das nach, was Tacitus versäumt hatte: Er bestrafte die Mörder Aurelians. Der neue Kaiser begab sich über Thrakien zunächst an die Donau und operierte dort gegen noch immer durch Reichsgebiet ziehende Goten. 277 nahm er den Titel *Gothicus* an.

Als bei weitem drängendster Krisenherd aber erwies sich rasch die Rheingrenze, die schon nach dem Tod des Postumus (269), erst recht seit dem Ende des Gallischen Reichs (274), wieder sich häufenden Einfällen germanischer Stammesverbände ausgesetzt war. Franken, Alamannen und Longionen hatten ungefähr gleichzeitig die Rheingrenze überschritten und waren in Gallien eingefallen. Probus warf Alamannen und Longionen hinter den Neckar zurück, nahm den Heerkönig der Longionen gefangen und handelte die Rückgabe von Beute und Kriegsgefangenen aus (277). Während Probus' Generale noch die Franken zurückschlugen, kämpfte der Kaiser selbst (wohl am Lech oder Main) schon gegen Burgunder und Vandalen. Von Raetien bis Thrakien widmete sich Probus, kaum waren diese Stämme abgewehrt, der langen Donaugrenze.

Zosimos (1,69f.) berichtet ferner von Unruhen im südlichen Kleinasien (Lykien), wo ein gewisser Lydios, Oberhaupt einer Gruppe isaurischer Briganten, sein Unwesen getrieben habe. Probus ließ den Aufstand niederschlagen (278). Lokale Auseinandersetzungen zwischen Städten in Oberägypten, in welche die außerhalb der Reichsgrenzen siedelnden Blemmyer hineingezogen wurden, bleiben weitgehend im Dunkeln. Falls die Nachricht aus der *Historia Augusta* stimmt, scheinen die nilabwärts ziehenden Blemmyer geschlagen worden zu sein (279).

Wie groß die Bedrohung wirklich war und wie eindrucksvoll sich die Siege des Probus ausnahmen, ist schwer zu ermessen. Erkennbar war die Rheingrenze nun, da das Gallische Reich Geschichte war, nach längerer Pause erstmals wieder anstürmenden Germanen in größerer Zahl ausgesetzt. Die Zentralregierung tat sich also mit der Sicherung der Grenzen immer noch schwer. Immerhin konnte der Kaiser sich persönlich einem Krisenherd nach dem anderen widmen, konnte auch manche Stämme bereits im Vorfeld des römischen Limes abfangen. Probus' militärisches Vorgehen scheint von reger diplomatischer Aktivität begleitet gewesen zu sein, um der Grenzsicherheit mehr Dauerhaftigkeit zu verleihen. Gezielt siedelte Probus Stammesgruppen von außerhalb des Imperiums auf Reichsboden an, um Gebiete, die nach jahrzehntelangen Kriegen so gut wie entvölkert waren, wieder zu besiedeln.

Probus wollte vermutlich im Osten gegen die Sasaniden vorgehen, als er von diesem Vorhaben durch eine ganze Serie von Usurpationen abgebracht wurde. Vielleicht hatte Probus auch mit einer Erhebung in Köln zu kämpfen (280/1). Eine weitere Usurpation (wohl 281) eines gewissen Iulius Saturninus, wohl des Statthalters von Syria Coele, brach bereits in ihren Anfängen in sich zusammen: Die Soldaten der syrischen Legionen entledigten sich ihres chancenlosen Prätendenten selbst.

Abb. 5 Probus

Über das Ende des Probus überliefern die Quellen zwei Versionen. Nach der *Historia Augusta*, Aurelius Victor, Eutrop und der *Epitome de Caesaribus* (bzw. der allen Werken gemeinsamen Quelle) ermordeten Soldaten seines Heeres (aus Unmut über ihnen zugemutete zivile Arbeiten, wie die *Historia Augusta* behauptet) den Kaiser, worauf in Rom der Prätorianerpräfekt Carus zum Kaiser ausgerufen wurde. Nach der wahrscheinlicheren, von Zonaras und Johannes von Antiochia übermittelten Variante war Carus ein Usurpator: Probus wurde erst von seinen Soldaten ermordet, nachdem Carus in Rom nach dem Purpur gegriffen und das von Probus zu seiner Bekämpfung abgeordnete Heer zu ihm abgefallen war (Spätsommer 282).

Die Kette der Usurpationen gegen Probus ist schwer zu vereinbaren mit dem - durchweg positiven - Probus-Bild in den Quellen. Anscheinend grassierte unter den Soldaten Unzufriedenheit mit seinem Regiment, und zwar gleich in verschiedenen Reichsteilen. Der rasche Abfall der Truppen von Probus zu seinem Herausforderer ist ebenfalls Beleg für einen fortgeschrittenen Autoritätsverlust des Herrschers wenigstens im Heer.

Carus

Marcus Aurelius Carus unterschied zwar die Herkunft (er stammte aus Narbo in Südgallien), nicht aber der militärische Werdegang von seinen Vorgängern. Wie vor ihm schon Philippus Arabs und Florianus war er zum Zeitpunkt der Thronbesteigung Prätorianerpräfekt. Seinen Sohn Carinus, den „kleinen Carus", erhob er unverzüglich zum Caesar, mit weitreichenden, faktisch an die eines Augustus heranreichenden Vollmachten für den Westen. Gleichsam auf der Durchreise zum östlichen Kriegsschauplatz, wo er den von Probus vorbereiteten Perserfeldzug zur Ausführung bringen wollte, errang der Kaiser am niederpannonischen Limes einen Sieg über die Sarmaten. Zugleich mit dem Aufbruch in den Orient erhob Carus seinen Sohn Carinus zum Augustus, den jüngeren Sohn Numerianus zum Caesar (Anfang 283).

Carus versuchte offenbar, woran seit Macrinus bereits unzählige Soldatenkaiser vor ihm gescheitert waren: Er traf Vorsorge für die Nachfolge und versuchte, seine Söhne zu Thronerben aufzubauen. Der dynastische Gedanke war im Prinzipat immer vergleichsweise schwach entwickelt gewesen: Nur vier Kaisersöhnen gelang, lässt man Adoptivsöhne und bloße Mitkaiser außer Acht, bis 284 die Nachfolge: Titus, Commodus, Caracalla, Gallienus. Das dynastische Prinzip war aber keineswegs tot, sondern lediglich durch die wachsende Rolle des Militärs noch weiter in den Hintergrund gedrängt worden. Keinem Soldatenkaiser, nicht einmal äußerlich so erfolgreichen wie Aurelian und Probus, war die Gründung einer Dynastie geglückt.

Auch Carus scheiterte mit seinem Versuch, die Herrschaft in die nächste Generation weiterzugeben, obwohl er aus dem Schicksal seiner Vorgänger durchaus die richtigen Schlüsse gezogen hatte. Er setzte nicht allein auf seine Söhne, auf Vermehrung der Kaiserpräsenz und die Möglichkeit für die designierten Nachfolger, durch Teilhabe an der Herrschaft eigenes politisches Rennommee zu erwerben. Er integrierte auch potenzielle Konkurrenten in das System: Den Statthalter Pannoniens, Lucius Flavius Aper, Kommandeur mehrerer Legionen bereits unter Gallienus, bestellte er zum Prätorianerpräfekten und verheiratete dessen Tochter mit seinem Sohn

Numerianus. Die Maßnahme, prinzipiell wegweisend für das System der Tetrarchie, verpuffte wirkungslos, weil Aper entweder selbst nach der Alleinherrschaft griff (wie die Quellen überliefern) oder (was plausibler ist) zwar loyal blieb, aber nach Numerians Tod von Diokletian zum Sündenbock erklärt und getötet wurde.

Der Perserfeldzug des Carus begann vielversprechend. Der Zeitpunkt war günstig gewählt, das Sasanidenreich in dynastische Wirren verstrickt, sein König Vahram II. mit innerer Opposition konfrontiert. Die römischen Legionen drangen in Armenien ein und stießen von der Provinz *Mesopotamia* aus südlich an Euphrat und Tigris entlang vor. Sie erreichten Ktesiphon und drangen sogar über die persische Kapitale hinaus vor, als Carus unerwartet starb (Ende Juli / Anfang August 283). Dass er einem Blitzschlag zum Opfer gefallen sein soll, dürfte Erfindung der durchweg gegen Carus eingenommenen Quellen sein. Die wirklichen Todesumstände liegen völlig im Dunkeln. Vielleicht fiel Carus einer Meuterei des - eventuell von ihm überforderten - Heeres zum Opfer. Möglicherweise starb er auch an einer Krankheit, wofür spräche, dass die Herrschaft im Osten zunächst bruchlos auf Numerian überging, mit Aper als grauer Eminenz.

Tod des Carus

Gleichwohl: Mit Carus' Tod standen nicht nur die Erfolge seines Perserfeldzugs, sondern auch die Herrschaft seiner Söhne infrage. Numerian behielt, unter der Aufsicht Apers, im Osten zunächst die Kontrolle über die Truppe; er zog das Heer allmählich aus Mesopotamien zurück, um die Soldaten zu ihren Heimatgarnisonen im Balkanraum zu überführen. In Kleinasien starb Numerianus (November 284). Die *Historia Augusta* gibt als Todesursache eine Augenkrankheit an. Aper habe den Tod des jungen Kaisers so lange wie möglich vor der Truppe verheimlicht. Als er schließlich kurz vor dem Ziel, in Nikomedeia in Kleinasien, doch bekannt geworden sei, habe Diokles (der nachmalige Diokletian), Befehlshaber der *protectores*, den Prätorianerpräfekten Aper auf ein Podest gezerrt und ihn, mit der Bemerkung, er selbst, Diokles, sei unschuldig am Tod des Kaisers, erdolcht. Daraufhin proklamierten die versammelten Soldaten Diokles zum Kaiser (*Carinus* 12,1 ff.).

Die Geschichte kann ihren offiziellen, im Sinne Diokletians apologetischen Charakter nur mühsam verbergen. Weder passt es ins Bild, dass Aper, auf den als ranghöchsten Offizier die Kommandogewalt übergegangen wäre, den vermeintlich natürlichen Tod des Kaisers vertuscht haben soll, noch kommt Aper (aus den gleichen Gründen) als Rädelsführer hinter einer Ermordung Numerians infrage. Eher schon musste Aper als Sündenbock für eine von Diokletian angezettelte Verschwörung gegen Numerianus büßen.

Unterdessen amtierte der 283 von Carus im Westen zurückgelassene ältere Sohn Carinus als Augustus unverändert weiter. Er führte offenbar die Operationen seines Vaters im Donauraum erfolgreich fort. Im Jahr 285 amtierten Carinus und Diokletian unabhängig voneinander als ordentliche Konsuln. Die

Usurpation eines Marcus Aurelius Julianus, die in Pannonien ihren Ursprung hatte, kämpfte Carinus in einer Schlacht (bei Verona) nieder. Nach der Machtergreifung Diokletians bei Nikomedeia zog Carinus dem Usurpator entgegen. Vielleicht erlitt er in Moesien, wo die Heere aufeinanderprallten, eine Niederlage, vielleicht fiel er aber auch einer Verschwörung im eigenen Lager zum Opfer (wofür die großzügig von Diokletian gewährte *clementia* spräche): Mit Carinus erlosch die kurzlebige Herrschaft des Carus und seiner Söhne, der letzten Soldatenkaiser im eigentlichen Sinn (Frühsommer 285).

5. Nachspiel: Diokletian und die Tetrarchie (284–305)

Am Tag von Nikomedeia deutete nichts darauf hin, dass Diokletians Herrschaft einen anderen Lauf nehmen würde als jene der kaum noch zu zählenden Kaiser und Usurpatoren der vergangenen fünfzig Jahre. Weder seiner Machtergreifung noch der folgenden Auseinandersetzung mit dem amtierenden Augustus Carinus haftete irgendetwas Spektakuläres an. Mit seiner Herkunft - er stammte aus Dalmatien - setzte er, nach dem narbonensischen Gallier Carus, die Tradition der illyrischen Kaiser fort. Wie viele andere vor ihm hatte er sich aus vergleichsweise bescheidenen Anfängen in der Armee hochgedient, war schließlich Angehöriger der *protectores* geworden, deren kommandierender Offizier er vor seiner Thronbesteigung war. Der bei Amtsantritt gerade 36-Jährige war von Herkommen und Persönlichkeit ein Soldatenkaiser, wie er im Buche stand.

Dennoch: Nikomedeia markiert eine entscheidende Wende des römischen Kaisertums, ganz ohne Frage. Seit der Machtergreifung des Gaius Valerius Diokles, der sich nun Marcus Aurelius Gaius Valerius Diocletianus nannte, wurde, wenn nicht alles, so doch so vieles anders, dass der Epochenwandel wenigstens aus der Ex-post-Perspektive des modernen Historikers unübersehbar ist. Allein die schiere Dauer von Diokletians Herrschaft - 21 Jahre, kein Kaiser seit Antoninus Pius hatte so lange regiert - versinnbildlicht die (wenn auch nur vorübergehend) wiedergefundene politische Stabilität. Auch das Ende dieser Herrschaft, selbst bestimmt durch freiwillige Abdankung (305), unterstreicht ihren exzeptionellen Charakter. Dazu die zahlreichen, ob zu Recht oder zu Unrecht, mit Diokletians Namen verbundenen „Reformen“, von der administrativen Neugliederung des Reiches und seiner Provinzen bis zum Höchstpreisedikt: Diokletians Herrschaft steht inmitten der Kaisergeschichte als erratischer Block da, wie geschaffen zur Zäsur zwischen den Epochen, gleichsam als Ouvertüre zur Spätantike.

Diokletian und Maximian

Nach dem Ende des Bürgerkriegs loderten, wie so oft bei Herrscherwechseln des 3. Jahrhunderts, Brandherde an mehreren Stellen zugleich auf: Markomannen und Quaden fielen wieder einmal über die Donau ein, Alamannen über den Rhein, Franken und Sachsen drangen bis weit nach Nordgallien ein. In Gallien entbrannte ein erbitterter Kleinkrieg zwischen der römischen Ordnungsmacht und revoltierenden Hirten und Bauern, den sogenannten Bagauden (285). Mit dem Pannonier Valerius Maximianus, geboren um 250 in Sirmium, erhob Diokletian nicht nur einen weiteren, ihm nahestehenden Karriereoffizier zum Caesar, der die Befähigung mitbrachte, siegreich auf den Kriegsschauplätzen im Westen zu operieren und Kaisernähe zu zeigen; er band auch, was vielleicht noch wichtiger war, einen potenziellen Rivalen in das System seiner Herrschaft ein und beugte so möglichen Usurpationen gleich doppelt vor.

Maximian, der den Bagaudenaufstand niederschlug und die Germanen hinter den Rhein zurückwarf, erhielt nicht nur den Ehrentitel *Germanicus maximus*, er stieg auch zügig zum zweiten Augustus neben Diokletian auf. Obwohl prinzipiell gleichrangig, rangierte Maximian doch faktisch hinter Diokletian, der als *senior Augustus* das höhere Prestige und die größere Autorität genoss. Diokletians unangefochtene Stellung als Erster unter den Augusti schlug sich in scheinbaren Nebensächlichkeiten von freilich großer Symbolkraft nieder: Diokletian führte in seiner Titulatur stets eine tribunizische Gewalt mehr als Maximian; er identifizierte seine Herrschaft (seit 287) mit dem höchsten Gott des römischen Pantheon, Jupiter (als dessen Sohn und Repräsentanten auf Erden er sich verstand), und nannte sich *Iovius*, während Maximians Nachrangigkeit in seinem Beinamen *Herculius* (nach dem unter die Götter erhobenen Heroen Hercules) mitschwang.

Dyarchie

Die oft als Doppelherrschaft, Dyarchie, bezeichnete Konstellation konnte auf Vorbilder, gerade in der Soldatenkaiserzeit, aufbauen. Auch zwischen den Augusti Valerian und Gallienus bzw. Carus und Carinus war die Autorität, trotz formeller Gleichrangigkeit, ungleich verteilt. Neu war allerdings, dass Diokletian kein Familienmitglied berief, sondern auf einen Offizierskollegen zurückgriff, mit dem ihn immerhin die Herkunft aus ähnlichen Verhältnissen und das Nahverhältnis der *amicitia* (Freundschaft) verbanden.

Auch das Hofzeremoniell, mit kostbarem Ornat für die Augusti und Proskynese, mit dem die herausgehobene Position der jetzt offiziell als *domini* („Herren“) firmierenden Kaiser für jeden sichtbar gemacht wurde, war zwar neu in seiner massiven Ausgestaltung und mit der quasi-religiösen Weihe, die die Herrscher jetzt umgab, knüpfte aber doch an Traditionen aus der Soldatenkaiserzeit an. Schon Gallienus und Aurelian hatten nicht einmal die Fiktion einer Standesgenossenschaft der Senatoren mit dem Kaiser aufrechterhalten.

Grund für die ausufernde Selbstdarstellung der Augusti, die sie immer mehr in eine Sphäre herrscherlicher Unnahbarkeit rückte, mag auch eine Usurpation gewesen sein, deren Gefährlichkeit für das diokletianische System kaum richtig abzuschätzen ist, die aber, nachdem sie sich aus kleinen Anfängen rasch verbreitete, zu einer Neuauflage des Gallischen Reichs, diesmal mit Zentrum in Britannien, zu eskalieren drohte. Der Flottenbefehlshaber Marcus Aurelius Carausius, der unter Maximians Kommando erfolgreich von Bononia (Boulogne) zur See gegen die Bagauden vorgegangen war, flüchtete sich, von seinem Befehlshaber der Unterschlagung bezichtigt, in eine Usurpation (286), die rasch auf Britannien übergriff und in die Etablierung eines quasi-souveränen Machtbereichs des Carausius auf der britischen Hauptinsel mündete, mit Brückenkopf in Bononia. Maximians Versuch, mit einer hastig aus dem Boden gestampften Flotte der Situation Herr zu werden, scheiterte kläglich in einem Sturm (289).

Die Rebellion des Carausius und die nicht enden wollenden Einfälle im Rhein- und Donauraum überzeugten Diokletian davon, dass seine und Maximians Herrschaft noch immer prekär war. Zwar war Roms mächtiger Gegner im Osten, das Perserreich der Sasaniden, nach wie vor mit sich selbst beschäftigt; auch hatten Rhein- und Donaugrenze befriedet werden können. Doch zeigte der Erfolg des Carausius in Britannien, wie oberflächlich die scheinbar wiedergewonnene Stabilität war. Statt den Usurpator im Nachhinein zu legitimieren und an der Herrschaft zu beteiligen, berief der *senior Augustus* zwei weitere Illyrer, die überdies derselben Generation wie Diokletian und Maximian angehörten, in die Reichsspitze, die so zur Tetrarchie (Viererherrschaft) wuchs.

Tetrarchie

Am 1. März 293 proklamierten die Heere im kleinasiatischen Nikomedeia und im italischen Mediolanum (Mailand) zeitgleich den Daker Gaius Galerius Valerius (für den Osten) und den wohl aus Dardanien (dem heutigen Kosovo) stammenden Flavius Valerius Constantius (für den Westen) zu *nobilissimi Caesares*. Sie waren damit, wie zuvor oft Kaisersöhne, zugleich nachrangige Mitherrscher und präsumtive Nachfolger der Augusti. Der Tetrarchie wohnte, wie zuvor schon der Dyarchie, eine doppelte Dialektik inne: Obwohl jeder der beiden Caesares einem Augustus gleichsam unterstellt war, war er doch souveräner Herrscher aus eigenem Recht, mit eigener Jurisdiktion, eigenem Kaiserhof und eigenem Herrschaftsgebiet. Die vier Einflusszonen wurden dennoch niemals autonome „Teilreiche"; die Herrschaft jedes Kaisers, ob Caesar oder Augustus, blieb stets der Idee nach universal, auf das ganze Reich bezogen. Zusammengehalten durch die mit Adoption und Verschwägerung quasi-dynastisch untermauerte *concordia* (Eintracht) und legitimiert durch die Gottessohnschaft der Kaiser, stand die Tetrarchie rechtlich und ideell auf einem solideren Fundament als jede Herrschaft eines römischen Kaisers seit Augustus.

Der Erfolg, im Innern wie nach außen, gab Diokletian und den übrigen Tetrarchen recht: Sie überwanden, nach längeren Kämpfen, die Sonderherrschaft des Carausius und seines Nachfolgers, des Usurpators Allectus (296/7). Diokletian kämpfte abermals gegen die Markomannen an der Donau (296).

Galerius erlitt zwar zwischen Carrhae und Callinicium im römischen Mesopotamien eine Niederlage gegen die Perser unter deren König Narseh (296/7), konnte aber, nachdem er mit Unterstützung Diokletians, der zuvor den Usurpator Domitius Domitianus in Ägypten bezwungen hatte, tief auf persisches Territorium vorgestoßen war, den Sasaniden einen für Rom günstigen Frieden diktieren (298). Dreißig Jahre schwiegen danach im Nahen Osten die Waffen.

Am Tage von Diokletians Vicennalien, der Feier zu Beginn des zwanzigsten Jahres seiner Herrschaft (303), hielten Diokletian und Maximian einen Triumph ab. Diokletian nutzte den Tag, um den Rücktritt der Augusti für den 1. März 305 anzukündigen. Er beabsichtigte die Erneuerung der Tetrarchie durch Verjüngung: Beide Caesares rückten zu Augusti auf, beide adoptierten je einen neuen Caesar. Damit schien die Mechanik der Tetrarchie ihrer Vollendung entgegenzustreben. Gelöst von den Zwängen des dynastischen Prinzips sollte sich das Kaiserhaus, die *domus divina*, immer wieder durch Selbstergänzung erneuern.

Ende der Tetrarchie

Diokletian hatte freilich die Rechnung ohne den Wirt gemacht, in diesem Fall die Ambitionen der um ihre Nachfolge gebrachten Herrschersöhne. Das System, zusammengehalten durch die überragende Autorität des *senior Augustus*, kollabierte bereits ein gutes Jahr nach dessen Abdankung: Die zweite Tetrarchie, mit Constantius und Galerius als Augusti und den von ihnen eingesetzten Caesares Maximinus Daia und Severus, brach über den Tod des Constantius (Juli 306) zusammen. Das Heer in Britannien erhob dessen Sohn Konstantin zum Augustus und schuf damit Tatsachen, die den Nachfolgemechanismus der Tetrarchie außer Kraft setzten. Trotz ihrer ausgeklügelten Systematik war die Tetrarchie letztlich gescheitert, obwohl die rivalisierenden Protagonisten unter Diokletians Vorsitz in Carnuntum 308 noch einmal über die Restauration der Viererherrschaft debattierten. ■

Auf einen Blick

Nicht weniger als 21 Kaiser regierten die römische Welt in den 49 Jahren zwischen dem Sturz des Severus Alexander (235 n. Chr.) und dem Herrschaftsantritt Diokletians (284 n. Chr.), dazu griffen ungezählte Usurpatoren nach der Macht. Das halbe Jahrhundert war eine Epoche beispielloser politischer Instabilität: mit regelmäßig das Reich erschütternden Usurpationen, daraus erwachsenden Bürgerkriegen und in rascher Folge sich ablösenden Kaisern, von denen lediglich Valerian und Gallienus ihrer Herrschaft eine gewisse Dauer verleihen konnten. Militärische Katastrophen wie die Niederlage Gordians III. gegen die Perser (244 n. Chr.), diejenige des Decius gegen die Goten (251 n. Chr.) und vor allem das Fiasko Valerians in der Schlacht bei Edessa gegen die Perser (260 n. Chr.) pflasterten den mühsamen Weg aus der politisch-militärischen Krise. Die militärische Konsolidierung leitete Aurelian mit seinen Siegen über Goten, Juthungen, Markomannen und Vandalen ein, bevor Diokletian das Reich auch politisch in ruhigeres Fahrwasser steuern konnte.

Literaturhinweise

Ando, C.: Imperial Rome. AD 193 to 284. The critical century, Edinburgh 2012. Vorzügliche Gesamtdarstellung auf dem neuesten Stand der Forschung.

Christol, M.: L'empire romain du IIIe siècle. Histoire politique (de 192, mort de Commode, à 325, concile de Nicée), Paris ^{2}1997. Knappes Porträt der Epoche.

Hekster, O.: Rome and its Empire. AD 193–284, Edinburgh 2008. Knapper Überblick mit nützlichem Quellenanhang.

Potter, D.S.: The Roman Empire at bay. AD 180–395, London 2004. Vorzügliche Überblicksdarstellung mit Berücksichtigung von Prozessen der langen Dauer.

Strobel, K.: Das Imperium Romanum im 3. Jh. Modell einer historischen Krise? Zur Frage mentaler Strukturen breiterer Bevölkerungsschichten in der Zeit von Marc Aurel bis zum Ausgang des 3. Jh. n. Chr., Stuttgart 1993. Mentalitätsgeschichtliche Studie mit guten Argumenten gegen Alföldys These vom „Krisenbewusstsein".

IV. Herausforderungen: Die alte Ordnung in der Krise

Überblick

Neue Gegner in West (die germanischen Stämme) wie Ost (die Perser) manövrierten das römische Imperium in eine Spirale der Instabilität: Die militärischen Herausforderungen erzwangen eine Vergrößerung des militärischen Apparats, der auch dadurch immer teurer wurde, dass die Kaiser ihre Soldaten besser bezahlen mussten, um ihre Loyalität noch einigermaßen sicherstellen zu können. Die militärische bedingte deshalb die finanzielle Überforderung des Imperiums, das auch politisch in immer größere Schieflage geriet. Die verschiedenen Krisensymptome verdichteten sich aber nicht zu einer allgemeinen Reichs- und schon gar nicht zu einer Weltkrise, weil die Regionen des römischen Imperiums unterschiedlich stark von ihnen betroffen waren. Während grenznahe Provinzen unter Barbareneinfällen und persischen Raubzügen litten, während in Gallien und Italien die Urbanisierung anscheinend ihren Zenit überschritten und der Nordwesten des Reiches mit Rezession zu kämpfen hatten, nahm der Wohlstand vor allem der orientalischen Provinzen noch einmal deutlich zu. Tatsächlich brach aber gegen Ende der Soldatenkaiserzeit das auf Silber fußende Währungssystem unter dem Druck der Geldentwertung vollständig zusammen: Breite Bevölkerungsschichten kehrten gezwungenermaßen zur Naturalwirtschaft zurück.

1. Jh. v. Chr.	beginnende Umgruppierung keltischer und germanischer Stämme zu Stammeskonföderationen
169	Markomannen / Quaden überschreiten die Donau
224	Sieg Ardaširs über Artabanos: Sasanidenreich (bis 632)
ca. 250	Kniva gotischer Heerkönig (bis ca. 271): Invasionen im Donau- und Schwarzmeerraum
251	Decius fällt gegen die Goten
257/259	Franken dringen bis Tarraco vor
260	Niederlage Roms bei Edessa: Valerian in sasanidischer Gefangenschaft
274	Münzreform durch Aurelian
453	Tod Attilas

1. Die Grenzen im Westen: Rhein und Donau

Das römische Imperium mit seinem Binnenmeer, dem Mittelmeer, im Zentrum verfügte, rechnet man den kurzen, aber durchaus exponierten britannischen Limes nicht mit, praktisch nur über drei Außengrenzen: Die lange Südgrenze in Afrika blieb die meiste Zeit seines Bestehens über relativ ruhig. Zwar gab es Konflikte mit nomadischen Berbern aus der Sahara, und auch Ägypten war zeitweise Ziel von Nubien her vordringender Stämme; zu einem regelrechten militärischen Brennpunkt aber wurde der afrikanische Limes nie. Angriffsflächen, und zwar in nicht nachlassender Intensität, waren das ganze 3. Jahrhundert über die beiden anderen, nicht minder langen Grenzen im Osten (s. S. 99) und Norden.

Die Nordgrenze reichte von der Rhein-Schelde-Mündung in den heutigen Niederlanden bis zur Donaumündung. An ihr aufgereiht lagen die Provinzen *Germania inferior* und *Germania superior*, Raetien (in etwa die heutige Schweiz), Noricum (Österreich), Pannonien (Ungarn), Dakien (Rumänien) und Moesien (Bulgarien). Das Projekt, das jenseits von Rhein und Donau liegende Barbaricum zu erobern, das Land jenseits der Oikumene, der griechisch-römischen Zivilisationsgemeinschaft, hatten die Römer mit der Niederlage des Varus (9 n. Chr.) beileibe nicht aufgegeben. Es gelangte indes nur bruchstückhaft zur Ausführung, mit der Eroberung Südwestdeutschlands (des „Dekumatlands“) durch Vespasian und Trajans Dakerkriege (101-102; 105-107), die Rom einen ehemaligen Klientelstaat einverleibten. Ehrgeiziger waren Domitians Pläne zu groß angelegten Eroberungen im böhmischen Raum. Sie aber blieben unausgeführt.

Limes

Roms Grenze, der Limes, war alles andere als ein hermetischer Eiserner Vorhang. Er war die meiste Zeit eher eine Membran, über die osmotischer Austausch von hüben nach drüben die Regel war. Römer reisten ins Barbaricum, trieben Handel und waren in diplomatischen Missionen unterwegs. Germanen kamen ins Reich, keineswegs nur als Sklaven und Geiseln, die Stämme bei Friedensschlüssen zu stellen hatten. Mit dem Kontakt, dem Austausch und Fernhandel kam eine dynamische Komponente ins Spiel; sie mischte die Karten völlig neu im gesamten Raum nördlich der Alpen.

Handel und Krieg wirkten direkt auf das innere Gefüge der germanischen Stämme. Die Germanen gliederten sich, als Caesar zum ersten Mal eine Brücke über den Rhein schlagen ließ und später Varus im Teutoburger Wald fiel, in meist überschaubare, ortsfeste Personenverbände mit einem Stammeskönig (*thiudans*) an der Spitze, die sich in einer, in der Regel fiktionalen, Abstammungsgemeinschaft mit gemeinsamem Urahn verbunden wussten. Doch schon der Suebenkönig Ariovist, ein Zeitgenosse Caesars, war ein Germanenherrscher völlig neuen Zuschnitts, nicht mehr traditionaler Stammes-, sondern charismatischer Heerkönig, um den sich der Stamm als Gefolgschaftsverband scharte. Die „gallisch-westgermanische Revolution" (*Reinhard Wenskus*) schuf einen neuen Typus von Stamm, von Stammesoligarchie und von Herrschaft im Raum zwischen Atlantik und Elbe.

Der neue Stamm, eigentlich eine Stammeskonföderation, war weitaus größer, mobiler und flexibler als die alte Abstammungsgemeinschaft. Er fand sich ad hoc zusammen, wenn die Umstände es erlaubten oder erforderten und sich eine Führungspersönlichkeit fand, ein *kuning* (bei den Westgermanen) oder *reiks* (bei den Goten). Die Stammeskonföderation neuen Typs war faktisch ein unentwegt wanderndes Heer, ein Volk in Waffen, das einem Führer folgte, dessen Legitimation wesentlich militärischer Erfolg war. Blieb er aus, waren seine Tage an der Spitze des Stammes gezählt, nicht selten zerfiel mit dem Ende seiner Herrschaft auch die Stammeskonföderation. Die Großverbände, die seit dem 1. Jahrhundert v. Chr. im Raum nördlich der Alpen die traditionellen Stämme ablösten, waren mithin zuerst und hauptsächlich Schicksalsgemeinschaften, keine ethnischen Gruppen.

gentes

Sie konnten sich aber, in oft langen Prozessen der Ethnogenese, zu regelrechten „Völkern" (in der spätantiken lateinischen Literatur: *gentes*) verfestigen. Oft gelang es Heerkönigen, ihre Herrschaft und ihr Charisma auf einen ihrer Söhne zu vererben. So entstanden Dynastien, die auch über lange Perioden der Wanderschaft identitätsstiftender Kern des Stammes blieben. Großgruppe und Herrscherfamilie wurden wenigstens insoweit gegen militärische Rückschläge immunisiert, dass sie nicht gleich bei der ersten Niederlage zerfielen. Stets verknüpfte sich Ethnogenese mit einer Gründungslegende (*origo gentis*), in deren Mittelpunkt ein Heros göttlicher Abkunft stand.

Die wandernden *gentes* blieben, einer gewissen Institutionalisierung im Zuge der Ethnogenese zum Trotz, stets offen, assimilationsfähig und anfällig für inneren Zerfall. Instruktives Beispiel sind die Hunnen im 5. Jahrhundert n. Chr.: Auf dem Höhepunkt der hunnischen Erfolgsgeschichte, als Attila, ohne auf nennenswerten Widerstand zu stoßen, bis vor die Tore Roms zog, wanderten mit den Hunnen zahllose Germanen, vor allem Ostgoten, die sich rasch an hunnische Sitten, an ihre Tracht und Sprache assimilierten. Nach Attilas Niederlage auf den Katalaunischen Feldern (451) und seinem Tod (453) zerfiel die gesamte Stammeskonföderation praktisch rückstandslos.

Die Konstituierung von Stammeskonföderationen neuen Typs und die sie begleitenden ethnogenetischen Prozesse, die sich schließlich gegen Rom selbst richteten, waren mittelbare Folge des säkularen Kulturkontakts der Germanen mit dem Imperium. Roms Kaufleute versorgten die aufstrebenden oligarchischen Machteliten, um die sich die neuen Stämme scharten, mit allem, was die germanische Oberschicht zur Selbstdarstellung und zur Artikulierung ihres Selbstverständnisses benötigte, namentlich Waffen und Prestigegüter. Roms Offiziere drillten Germanen im Dienst des Reiches, darunter, wie Arminius, Geiseln, die im römischen Heer dienten, danach in ihre Heimat zurückkehrten und strategisches und taktisches Know-how der römischen Legionen mitbrachten. Roms Feldherren und Diplomaten zerschlugen, im Bestreben, Zwietracht unter den Germanen zu säen, die traditionellen Stammesstrukturen und leisteten so der Formierung von Heerkönigtümern und Gefolgschaftsverbänden Vorschub.

In Rom erkannte man diese Vorgänge nicht. Keine römische Quelle, auch nicht die sonst so genau (wiewohl einseitig) beobachtende *Germania* des Tacitus, beschreibt den revolutionären Wandel der germanischen Gesellschaft. Wir sind auf das, was an mündlich überliefertem Wissen in Sagen und Mythen in spätere schriftliche Berichte eingangen ist, vor allem aber auf das Zeugnis der Archäologie angewiesen. Die Gräber der germanischen Eliten mit ihren reichen, dem Fernhandel mit Rom verdankten Beigaben dokumentieren über einen langen Zeitraum die soziale Transformation, die der Raum jenseits des römischen Limes durchlebte.

Da in Rom niemand die schleichenden Veränderungen im Vorhof des Imperiums bemerkte, war es unmöglich, gegen das, was bevorstand, eine wirkungsvolle Strategie zu entwickeln. Selbst wenn das Gefahrenpotenzial den Verantwortlichen bewusst gewesen wäre, hätten Rom vermutlich die Mittel gefehlt, in den Lauf der Dinge einzugreifen. Als Erste kamen Markomannen und Quaden (Anfang 169): Sie überschritten die Donaugrenze und drangen bis Aquileia vor, das sie belagerten. Die folgenden elf Kriegsjahre waren nur ein Vorgeschmack auf die Abwehrschlachten des 3. Jahrhunderts. Strukturell zeigten sie aber bereits alle Merkmale der späteren Konflikte. Auch Roms Reaktion, hin- und hergerissen zwischen offensiver Vorneverteidigung und defensiver Grenzbefestigung, nahm bereits die Optionen der Soldatenkaiserzeit vorweg. Während Marcus Aurelius, wie einst schon Domitian, die dauerhafte Eroberung Böhmens und Mährens (als neue Provinzen *Marcomannia* und *Sarmatia*) zur Schaffung eines strategischen Glacis gegen Invasionen vorschwebte, beschränkte sich sein Sohn Commodus, wohl in richtiger Erkenntnis der realpolitischen Sachzwänge, auf Ausbau der Fortifikationen und vermehrte Anlage von Garnisonen an der oberen Donau.

Goten

Drei Stammesgruppen setzten der römischen Rhein- und Donaugrenze im 3. Jahrhundert in besonderer Weise zu: Goten, Alamannen und Franken. Sie alle tauchten, an je unterschiedlichen Grenzabschnitten, für die Römer unvermittelt auf, zuerst die Goten, von den Römern noch für „Skythen" gehalten, im Raum zwischen Donau und Donmündung (237/8). Im letzten Jahr des Maximinus Thrax überschritten Goten, im Verband mit Karpen, die untere Donau, fielen plündernd und brandschatzend in Thrakien ein und zogen sich, so rasch wie sie gekommen waren, mit ihrer Beute hinter die Donaulinie zurück. Für die Römer kamen die Goten, die, wie sie schmerzhaft begreifen mussten, mit dem längst ausgestorbenen Steppenvolk der Skythen nichts zu tun hatten, scheinbar aus dem Nichts.

Woher kamen sie wirklich? Archäologische Daten und die mythisch verklärten Informationsfragmente zur *origo* („Ursprung“) der Goten im Werk des spätantiken gotischen Historiografen Jordanes verhelfen zu einer Rekonstruktion wenigstens in Umrissen: Die Goten, so berichtet Jordanes, hätten ihre Wohnsitze in Gothiscandza unter dem Druck von Überbevölkerung verlassen, sich aufgemacht nach „Skythien“. Die Goten in „Gothiscandza“ sind, wenn nicht alles täuscht, wenigstens im Kern identisch mit den Gutonen, von denen antike Ethnografen seit dem späten 1. Jahrhundert v. Chr. berichten, dass sie im heutigen Nordpolen siedelten. Man hat sich die „Wanderung“ der Goten bzw. Gutonen in den Schwarzmeerraum kaum als Migration einer geschlossenen Ethnie vorzustellen. Eher hielt sich über die verschiedenen Stationen ein „Traditionskern“ (*Herwig Wolfram*), vielleicht in Form einer Heerkönigssippe, um den sich immer wieder neue Individuen und Gruppen scharten, die so zu „Goten“ wurden.

Damit war der ethnogenetische Prozess der Goten indes keineswegs abgeschlossen. In der Frühphase ihrer Vorstöße in die römischen Donauprovinzen erscheinen die Goten als bloßes Anhängsel einer anderen Stammesgruppe, der Karpen. Während Rom im von den Sasaniden bedrohten Orient alle Hände voll zu tun hatte und in den Bürgerkriegen des Sechskaiserjahrs (238) mit sich selbst beschäftigt war, verwandelte sich der Balkanraum in ein Machtvakuum, das erst die Defensivarbeit des Menophilus, *dux* des Gallienus, für kurze Zeit wieder füllte. Interessant ist die Gewichtsverlagerung von Karpen zu Goten: Waren die Karpen zunächst die treibende Kraft der Invasionen, so traten sie nach einiger Zeit in den Hintergrund, um den Goten die Bühne zu überlassen.

Gotenkönig Kniva

Mit dem gotischen Heerkönig Kniva begann die zweite Phase germanischer Einfälle an der Donaugrenze (250–271). Mit Kniva tritt uns zum ersten Mal ein für die Goten typischer Vertreter des charismatischen Heerkönigtums bereits fortgeschrittener Institutionalisierung entgegen, dessen Macht unter den Auspizien militärischen Erfolgs rapide anwuchs, gelegentliche Rückschläge problemlos verkraftete, aber nach dem Tod des Herrschers geradezu implosionsartig in sich zusammenbrach. Die Operationen konzentrierten sich nun nicht mehr allein auf die untere Donau, sondern erfassten auf breiter Front praktisch die gesamte Balkangrenze, mit Schwerpunkten in Dakien und Untermoesien. Kniva stand an der Spitze einer Gruppe aus mehreren Stammeskonföderationen, mit den Goten als Kern sowie Karpen, Vandalen und anderen als Mitläufern. Sein fraglos größter Erfolg und eine strategische Glanzleistung war die Vernichtung des römischen Heeres unter Decius mitsamt dem Kaiser (251).

Zum Krieg gegen Rom motivierte die „Barbaren“ die unermessliche, in Städten wie Heiligtümern lockende Beute. Dem Ziel ordneten sie Strategie und Kriegführung unter. Zu Lande einfallende Gruppen versorgten sich „aus dem Land“: Sie plünderten Gehöfte und Dörfer, Schneisen der „verbrannten Erde“ hinterlassend. Drohende Versorgungsengpässe in bereits heimgesuchten

Regionen veranlassten die Stämme, sich stets neue Ziele zu suchen. Größeren Überraschungseffekt und leichteren Zugang zu Ressourcen versprachen Vorstöße zur See, die Goten und Karpen gleichfalls in großem Stil bis an die kleinasiatische Schwarzmeerküste, in die Propontis (Marmarameer) und den Ägäisraum vorantrieben (seit 255).

Der Verlust durch Plünderung und Brandschatzung, auch durch das Wegführen menschlicher Beute, den Roms Donauprovinzen (und zunehmend auch Kleinasien) durch die Goten erlitten, war gewiss beträchtlich. Vielleicht noch schwerer wogen der moralische Verlust, die grassierende Unsicherheit und Verängstigung breiter Bevölkerungsschichten, das sich bei Soldaten und Zivilbevölkerung einschleichende Gefühl, von der Zentralregierung im Stich gelassen zu sein. Der immer häufiger unerfüllte Wunsch nach Kaisernähe entlud sich öfter und öfter in Usurpation und Rebellion. Die Goteneinfälle trugen so erheblich zur politischen Destabilisierung Roms bei.

Sie blieben aber, aller scheinbaren Wucht zum Trotz, punktuell, die Schäden lokal begrenzt. Die zu Lande auf massiven Widerstand treffenden und zur See unerfahrenen Germanen erlitten auf ihren Vormärschen immer wieder

Abb. 6
Barbareneinfälle im 3. Jahrhundert

horrende Verluste. Die römische Provinzadministration funktionierte, auch in den am stärksten exponierten Provinzen, weiter, selbst in Dakien bis zur endgültigen, strategisch motivierten Aufgabe des Landes nördlich der Donau. Die Grenzen hielten den meisten Einfällen stand und waren allenfalls in Ausnahmefällen militärisch entblößt. Vielfach gelang es den Legionen, beutebeladenen Eindringlingen den Fluchtweg abzuschneiden und ihnen das Raubgut wieder abzunehmen. Befestigte Städte widerstanden fast immer der Einnahme. Die Plünderung Athens, das unbefestigt war, und vielleicht auch anderer griechischer Städte (Argos, Sparta, Korinth) durch die Heruler (268) war ein Fanal, aber keineswegs der Regelfall.

Heruler

Mit den Herulern trat auf dem Balkan, in der Ägäis und im nördlichen Kleinasien ein neues, zuerst von dem Athener Historiker Publius Herennius Dexippos wahrgenommenes und beschriebenes Element auf den Plan. Mit den Goten durchbrachen sie, vom Nordufer des Asowschen Meeres kommend, erstmals die Meerengen und erreichten Griechenland (267). Sie waren, so scheint es, Mitläufer und Konkurrenten der Goten in einem vermutlich abtrünnige Teile der Stammeskonföderation, die selbst in einen Prozess der Ethnogenese eintraten. Die Heruler hielten sich als autonome ostgermanische Gruppe, mit einer allerdings prekären ethnischen Identität und schwachem Königtum.

Mit dem großen Einfall des Jahres 267, der in Griechenland den lokalen Widerstand mobilisierte, dem auch ein Dexippos angehörte (der aber möglicherweise nicht mit dem Historiker identisch ist), und in Kleinasien Odaenathus zum Abbruch seines ambitionierten Perserkriegs zwang (s. S. 130), war indes der Höhepunkt der gotisch-herulischen Invasionsbewegung bereits erreicht. Gallienus schlug mit der neuen, hoch mobilen römischen Kavallerie die Heruler bei Thessalonike (268), ein Jahr später siegten Claudius II. bei Naissus und Aurelian in Makedonien über Goten und Heruler. Wenig später verfolgte Aurelian die Goten bis hinter die Donaulinie und fügte ihnen eine vernichtende Niederlage zu; ihr König Cannabaudes fiel. Der Sieg hatte den Charakter eines Befreiungsschlags. Zwar blieben die nun versprengten und in kleine, mobile Räuberbanden aufgesplitterten Reste der Stammesverbände noch geraume Zeit eine Gefahr für den Balkan; doch war die große Wucht des Angriffs dahin.

Die meisten Germanen blieben auf Reichsboden: als Kolonen, die verwaiste Landstriche der Region wieder bevölkerten, und als Soldaten. Andere Goten nahmen nach deren Aufgabe durch Aurelian Roms dakische Provinzen in Besitz. Niederlage und Tod des Cannabaudes erschütterten auf lange Sicht die Autorität der tribalen Elite. Verbündete Stämme, wie Bastarnen, Karpen und Vandalen, fielen von der gotischen Stammeskonföderation ab und wurden zu Konkurrenten. Die gotische *gens* zerfiel in ihren westlichen (in und um Dakien) und östlichen (südrussischen) Zweig. Die dakischen Goten konstituierten sich erst allmählich in einer neuen Ethnogenese als Kerngruppe einer eigenen Stammeskonföderation (seit 291), der Terwingen. Auch die in Südrussland verbliebenen Goten verkrafteten den Aderlass so bald nicht. Für ein Jahrhundert waren die Goten, ob in West oder Ost, keine ernsthafte Bedrohung für Roms Außengrenzen mehr.

Alamannen

Die Etymologie des Namens der Alamannen war bereits dem byzantinischen Historiografen Agathias (6. Jahrhundert) bekannt: Sie ist Hinweis genug auf den ethnisch heterogenen Usprung der Stammeskonföderation. Die Kerngruppe der späteren Alamannen war, gemeinsam mit Juthungen, vermutlich aus dem Elberaum in die an den obergermanisch-raetischen Limes angrenzende Region eingewandert, hatte die dort ansässige Bevölkerung assimiliert und verschmolz mit ihr sowie (später) den mitgewanderten Juthungen zu einem lockeren Stammesverband neuen Typs, ohne starken Traditionskern und ohne verbindendes, einheitliches Königtum, wie es die Goten bis zu ihrer Niederlage gegen Aurelian besessen hatten.

Franken

Hingegen entstanden die Franken anscheinend aus dem Substrat der rechtsrheinischen, im Vorfeld des niedergermanischen Limes siedelnden Stämme der Chamaven, Brukterer, Ampsivarier, Chattuarier und Chatten, als Vereinigung der „freien" (so vermutlich die Etymologie) Stämme Germaniens (ca. 200 n. Chr.). Sie entwickelten rasch erhebliche Integrationskraft und absorbierten weitere umwohnende Stämme. Identitätsstiftendes Moment und ausschlaggebend für die Konstituierung des fränkischen Heerkönigtums wurden Übergriffe auf römisches Territorium.

Bereits ihr erster Einfall ins Imperium führte fränkische Gruppen bis zum spanischen Tarraco, das sie zerstörten. Immer wieder richteten sich ihre Angriffe gegen Köln, Mainz und Trier. Der von den Franken verbreitete Terror war, gemeinsam mit der Niederlage Valerians, entscheidender Faktor für die Etablierung des Gallischen Reichs in den römischen Nordwestprovinzen (260). Nach dessen Ende, unter Probus, lebten die Kämpfe an der Rheingrenze wieder auf und erreichten bald auch Britannien, das Franken und Sachsen zur See überfielen. Ein lateinischer Panegyricus berichtet von der missglückten Deportation fränkischer Kriegsgefangener ins Schwarzmeergebiet (s. Quelle). Er erzählt von einer nautischen Glanzleistung, die man den Franken kaum zutrauen möchte.

Quelle

Die Flucht fränkischer Gefangener in die Heimat

(*Panegyrici latini*, Panegyricus für Constantius 18,3)

In der Tat erinnert man sich der unglaublichen Kühnheit und des unverdienten Glücks einiger weniger fränkischer Kriegsgefangener in der Zeit des vergöttlichten Probus, die sich, nachdem sie einige Schiffe an sich gebracht hatten, plündernd ihren Weg vom Schwarzen Meer bis nach Griechenland und *Asia* bahnten und, nicht ohne weiten Teilen der lydischen Küste erheblichen Schaden zuzufügen, schließlich sogar Syrakus einnahmen, das einst berühmt war für seine Seesiege, und, nachdem sie einen immensen Weg zurückgelegt hatten, dort den Ozean erreichten, wo er ins Land eindringt [Straße von Gibraltar], und so mit dem Erfolg ihrer Kühnheit bewiesen, dass nichts einem verzweifelten Piraten verschlossen ist, wenn es nur einen Seeweg gibt.

Das Hinterland des obergermanisch-raetischen Limes, das Gallienus noch kurz zuvor befestigt und von (vielleicht 257/8) eingefallenen Alamannen gesäubert hatte, verwandelte sich im Epochenjahr 260 in ein Machtvakuum, das für Rom nicht zu halten war. Alamannische Verbände besiedelten das „Dekumatland" nach und nach. Sie setzten ihre Inkursionen auf römisches Gebiet, vor allem Raetien, unvermindert fort. Ihr lockerer Zusammenhalt und das Fehlen einer einheitlichen monarchischen Struktur machte sie für Rom umso gefährlicher: Der Einfall der Juthungen bis fast vor die Tore Roms, Anlass für Aurelians Mauerbau, war nur der spektakulärste in einer langen Serie von Vorstößen.

2. Ein neuer Nachbar im Osten: Die Sasaniden

Anfänge des Sasanidenreichs

Der 28. April 224 markiert für Persien und den Vorderen Orient, letztlich aber die gesamte Alte Welt vom Atlantik bis zum Indus, eine Zeitenwende. An einem unbekannten Ort unterlag Artabanos, König des Partherreichs, Ardašir, einem Dynasten aus der Persis (Fars) und fiel. Ardašir war im Grunde genommen ein Parvenü, entstammte einer Familie von allenfalls lokaler Bedeutung. Mit Ardašir aber änderten sich die Machtverhältnisse im Rom benachbarten Orient so fundamental, dass sich ohne Übertreibung von einem historischen Wendepunkt sprechen lässt, wenn auch viele der Auswirkungen des Umsturzes erst auf lange Sicht spürbar wurden.

Das Partherreich war, von Beginn an, kaum mehr als eine Föderation kleiner Königreiche mit weitreichender, wenn auch von Fall zu Fall unterschiedlich ausgeprägter Autonomie. Wie Rom war es ein typisches antikes Großreich, allerdings in seiner Struktur erheblich dezentraler: Den hohen Stellenwert indirekter Herrschaft reflektierte die Titulatur des parthischen Königs – „König der Könige". Einen kleinen Kern direkter Herrschaft (im Wesentlichen Babylonien mit der Hauptstadt Ktesiphon), die Satrapien, umgaben autonome *regna* („Königreiche") unter einheimischen Dynasten. In Regionen von eminenter strategischer Bedeutung hatte die parthische Dynastie der Arsakiden, um Loyalität zu sichern, Sekundogenituren etabliert, gleichsam als verwandtschaftliche Ableger des Herrscherhauses. Die Stellung vieler *regna* in der Autonomieskala war nicht klar definiert, von Zeit zu Zeit erheblichen Schwankungen unterworfen und häufig Gegenstand von Konflikten zwischen Zentrale und Peripherie.

Der parthische König, ohnehin kaum mehr als Primus inter pares, war in Zeiten von Krieg und innerer Unruhe zu erheblichen Zugeständnissen an die

„Teilkönige" gezwungen. Äußere Niederlagen waren immer zugleich auch Legitimitätskrisen des amtierenden Herrschers und beschworen Revolten, Thronwirren und Absetzbewegungen in den Gliedstaaten mit tödlicher Sicherheit herauf. In eine kritische Situation manövrierte schon der Partherkrieg von Marcus Aurelius und Lucius Verus das Arsakidenreich (163-166), umso mehr die beiden Orientfeldzüge des Septimius Severus (193-198) und die Invasion Caracallas (216). Als dialektische Langzeitwirkung ihrer Siege über den parthischen Erbfeind betrieben Roms Kaiser, ohne es zu ahnen, die Sache des künftigen Gegners, der die Parther an expansiver Energie bei Weitem in den Schatten stellen sollte.

Das Drama, das die Arsakidenherrschaft in die Agonie stürzte, entrollte sich nach der zwingenden Logik eines Drehbuchs, mit äußerer Krise, dynastischen Wirren und innerer Rebellion als Höhepunkten des Handlungsstrangs. Die Erhebung Artabanos' IV. (213) gegen seinen seit 207 regierenden Bruder Vologaises VI. war faktisch noch eine Folgekrise des Schmachfriedens von 198. Artabanos entriss seinem Bruder den größten Teil des Reiches; Vologaises konnte sich aber in und um Seleukeia am Tigris halten. Die Rivalität der Brüder untergrub das Prestige der Arsakidendynastie noch weiter und zehrte die Zentralmacht von innen her aus. Zentrifugale Bewegungen im Kordon der *regna* waren die unausweichliche Folge.

Als Unruheherd erwies sich die Persis, Ardaširs Heimatprovinz, wo es bereits seit Längerem gärte. Wohl schon Ardaširs Vater Papak hatte hier angrenzende *regna* annektiert und so seinen Machtbereich beständig erweitert (seit ca. 205). Ardašir gab sich mit regionaler Herrschaft im Arsakidenreich nicht zufrieden: Er rebellierte offen gegen die rivalisierenden Partherkönige Artabanos und Vologaises. Die parthische Herrschaft hielt sich regional noch einige Jahre nach Artabanos' Niederlage, Vologaises fand stellenweise noch Anerkennung (bis 227); Herr des Großreichs im Osten aber war seit 224 Ardašir, der sich sogleich eine halb reale, halb mythische Ahnengalerie zulegte und sich auf einen Sasan als Dynastiegründer berief: Die Sasaniden wurden für die nächsten 400 Jahre Roms Rivalen um die Hegemonie im Orient.

Ardašir

Sicher kannte Ardašir, der Dynast aus der Persis, die Ruinen von Persepolis und die Königsgräber der Achaimeniden, Zeugen der großen Vergangenheit seiner Heimat. Welchen Platz die Achaimeniden und ihr Reich, das erstmals den gesamten Vorderen Orient in einer einzigen imperialen Struktur vereinigt hatte, im historischen Gedächtnis der Zeitgenossen Ardaširs einnahmen, lässt sich nicht ermessen. Dass Ardašir und sein Nachfolger Šapur ideologisch bewusst an das Erbe der Achaimeniden anknüpften, gar sich für ihre Expansionspolitik auf die Grenzen des alten Perserreichs beriefen, ist oft behauptet worden, aber letztlich unwahrscheinlich. Die Kontinuitäten gegenüber dem Partherreich überwogen, jedenfalls vorerst, bei weitem die Diskontinuitäten.

Die expansive Energie, die sich fast unmittelbar, nachdem der letzte arsakidische Widerstand gebrochen war, gegen Rom wandte, leitete lediglich den inneren Konflikt nach außen ab. Der neue Herrscher brauchte das Charisma des Siegers, er musste Erfolge vorweisen. Im Übrigen blieb vieles beim Alten. Die neuen Herren knüpften zunächst durchaus an die dezentrale Struktur des Partherreichs an und beließen viele, nicht alle, „Teilkönige" in ihren Funktionen. Noch Ardaširs Sohn Šapur war ein „König der Könige" im Wortsinn. Die Balance zwischen Zentrum und Peripherie veränderte sich aber über die Jahre. In der Zentrale formierte sich sukzessive eine Bürokratie; die Autonomie der *regna* wurde beschnitten, einige (wie der südmesopotamische Gliedstaat Charakene) verschwanden ganz von der Bildfläche; das Königtum legitimierte sich mehr und mehr sakral, durch Bezug auf - die alten iranischen - Gottheiten.

Mit geradezu atemberaubender Geschwindigkeit griff die reichsinterne Expansion der Sasaniden noch vor der Eroberung Ktesiphons (226) nach außen über. Expansionsrichtungen der ersten Welle waren der Osten, Norden und Nordwesten, Rom war also zunächst nicht, jedenfalls nicht direkt, betroffen. Späte arabische Quellen berichten, dass Ardašir sich das Kušan-Reich im Hindukusch tributpflichtig machte; vermutlich aber fand der Sasanidenkönig mit den Herrschern des östlichen Nachbarreichs nur zu einem Auskommen auf Basis gegenseitiger Anerkennung. Im Norden stieß Ardašir bis in den Kaukasus vor und annektierte das heutige Aserbaidschan. Im Nordwesten richteten sich sasanidische Vorstöße bald gegen die mesopotamische Wüstenstadt Hatra, die sich - wahrscheinlich mit dem Ende der Arsakiden - vom östlichen Großreich losgesagt hatte und nun in einem riskanten Renversement des Alliances eine römische Garnison beherbergte. Der Konflikt um Hatra geriet zum ersten Kräftemessen zwischen Rom und dem sasanidischen Persien. Hatra mit seiner strategischen, die Durchmarschrouten zwischen dem mesopotamischen Norden und Süden beherrschenden Lage war ein Jahrzehnt Brennpunkt der Kampfhandlungen. Ardašir scheiterte einmal (230) vor der Stadt, die römische Kaiser so oft vergeblich belagert hatten, nahm aber schließlich im letzten Jahr seiner Herrschaft (240) die Wüstenstadt ein, als Rom an der Donaufront alle Hände voll zu tun hatte.

Šapur

Kurz nach der Einnahme Hatras starb Ardašir und machte seinem Sohn Šapur Platz, dessen lange Herrschaft (241- ca. 270) zur ersten Phase äußerer Machtentfaltung des Sasanidenreichs wurde. Mit der Eroberung und Zerstörung Hatras war der Weg in die römischen Orientprovinzen frei. Die Städte der römischen Provinz *Mesopotamia*, Edessa, Carrhae und Nisibis, wurden zur leichten Beute der Perser. Drei Kriege, auf beiden Seiten mit äußerster Härte geführt, entbrannten zwischen Šapurs Sasanidenreich und seinem westlichen Rivalen.

Der erste (242-244) wurde Šapur aufgezwungen. Gordian III. rüstete, nachdem die Donaugrenze beruhigt schien, zum Perserkrieg. Die von Gordians

Prätorianerpräfekt Timesitheus befehligten Legionen schlugen Šapurs Heer bei Rešaina, eroberten *Mesopotamia* zurück und drangen weit nach Babylonien vor. Dort erlitten sie, bei Mesikhe (Peroz-Šapur), eine Niederlage, Gordian III. kam ums Leben und Philipp musste – einen unter den gegebenen Umständen für die Römer noch günstigen – Frieden mit Šapur schließen (244).

Den zweiten Romkrieg (252 – ca. 256) führte Šapur im Windschatten der neuerlichen Krise an Roms Donaugrenze. Šapur fiel im mit Rom verbündeten Armenien ein und annektierte das Königreich (252). Sodann drang er, unter Umgehung der römischen Euphratfestungen, bis Syrien vor (253), schlug bei Barbalissos in Nordsyrien ein römisches Heer, „eroberte" nach den eigenen Angaben seines „Tatenberichts" zahlreiche Städte, darunter die Metropole Antiochia, bevor er, beutebeladen und ebenso rasch, wie er gekommen war, die Provinz wieder räumte (253). Valerians Erscheinen auf dem Kriegsschauplatz (254) mündete nicht in eine große Entscheidungsschlacht, sondern in einen zähen Kleinkrieg, in dessen Verlauf Šapur seine Überfallaktionen fortsetzte, wobei er unter anderem Dura-Europos am mittleren Euphrat einnahm und endgültig zerstörte (256).

Die dritte Kampagne eröffnete wiederum Šapur mit einem erneuten Vorstoß ins römische Mesopotamien, wo er Carrhae und Edessa belagerte. Der zum Entsatz der Städte sich ihm entgegenstellende Valerian wurde geschlagen und gefangen genommen (260). Šapur, der Valerian die bis dahin schmählichste Niederlage eines römischen Kaisers beigebracht hatte, konnte seinen Sieg kaum effektiv nutzen. Nachdem er zu erneuten Raubzügen nach Syrien eingefallen war, schlugen ihn die palmyrenischen Milizen im Verbund mit den Resten römischer Legionen. Den drohenden Kollaps des Sasanidenreichs verhinderte, purer Zufall, ein Heruler-Einfall an der kleinasiatischen Schwarzmeerküste (262), der den einige Jahre später ermordeten Odaenathus vom persischen Kriegsschauplatz abberief.

In der Schlussphase von Šapurs rund dreißigjähriger Herrschaft stand das Großreich im Osten kaum stärker und gefestigter da als unter den späten Arsakiden. Keiner der vielen persischen Siege, so demütigend sie für die Römer waren, ließ sich in dauerhaften territorialen oder politischen Geländegewinn ummünzen. Im Gegenteil: Die Niederlage gegen Odaenathus stürzte nun Persien in eine tiefe innere wie äußere Krise. Šapur hinterließ mit seinem Tod (ca. 270) ein Machtvakuum, in dem sich seine Nachfolger jeweils nur kurz behaupteten und dynastische Konflikte grassierten. In die Thronwirren griffen regionale Gruppen sowie Persiens Nachbarn im Osten, die Saken und das Kušan-Reich ein, sodass die Sasaniden zeitweise einen Zweifrontenkrieg zu führen hatten. Zugleich breitete sich im Reich der Manichäismus als konkurrierende Glaubensrichtung auf Kosten der zoroastrischen Staatsreligion aus. Die Ermordung des Religionsstifters **Mani** (276/77) heizte den inneren Konflikt nur weiter an.

Stichwort

Manichäismus

Mani (216–276/77), der in einem judenchristlichen Umfeld im Perserreich aufwuchs, verschmolz in der von ihm gestifteten Religion Elemente des Zoroastrismus, des Christen- und Judentums. Der Manichäismus, dessen Organisationsstruktur der Kirche ähnelte, dessen dualistisches Weltbild ihn aber mit der christlichen Lehre in Konflikt brachte, breitete sich im 3. und 4. Jahrhundert erst in Persien, dann auch in Rom durch Mission zügig aus, wurde wiederholt verfolgt, hielt sich aber im Westen bis ins 5., in China sogar bis ins 14. Jahrhundert.

Motive der Sasanidenherrscher

Šapurs grandioses Scheitern mit weitreichenden Folgen für Roms schließlich erfolgreiche Konsolidierungsversuche in Ost wie West wirft die Frage nach Motiv und Charakter der Feldzüge im Vorderen Orient auf, die Ardašir mit seinem Vormarsch auf Hatra (230) eröffnete. Strebten die Sasanidenherrscher die Beherrschung ganz Vorderasiens an, vielleicht gar in ideologischem Rückgriff auf die Grenzen des Achaimenidenreichs bis zu den Meerengen? Ging es also um die Hegemonie zwischen Mittelmeer und Hindukusch, eine Art antikes *great game* der Supermächte? Hatten die Sasanidenherrscher eine realistische Chance, Rom aus Syrien und Mesopotamien zu vertreiben? Folgten schließlich Šapur und Ardašir einem langfristigen strategischen Kalkül?

Die klirrende Rhetorik der Šapur-Inschrift aus Naqš-i Rustam, seiner *Res gestae*, scheint dies zu suggerieren. Von „Eroberungen" ist immer wieder die Rede, von „Tributpflicht" römischer Kaiser dem Sasanidenkönig gegenüber. Der König rühmte sich, die Bevölkerung ganzer syrischer und mesopotamischer Städte in seine persischen Kernlande deportiert zu haben. Und mutete nicht die Errettung der römischen Ostprovinzen durch den Palmyrener Odaenathus angesichts der vollständigen Niederlage Valerians wie ein Wunder an?

Die Wirklichkeit war, wie so oft, banaler. Šapurs drei Romkriege und ihr Vorspiel lieferten in letzter Konsequenz den Beweis dafür, dass Roms Verteidigungssystem im Osten insgesamt funktionstüchtig, die Kräfte des Sasanidenreichs nicht ausreichend waren, um sich in Syrien und Obermesopotamien dauerhaft festzusetzen. Die persischen Truppen operierten immer dann erfolgreich, wenn die im Osten stationierten römischen Legionen auf anderen Kriegsschauplätzen, meist an der Donaufront, gebunden waren: Als Ardaširs Soldaten Hatra eroberten (240), erholte sich Rom gerade erst von den Folgen des Sechskaiserjahrs (238) und hatte mit massiven Einfällen in Moesien zu kämpfen, Šapurs zweiter und dritter Romkrieg waren ebenfalls begleitet von heftigen Kämpfen an Rhein und Donau. Dennoch war Šapur gezwungen, starke römische Bastionen wie Singara, Callinicum und Circesium zu umgehen. Eine dauerhafte Besetzung der Provinzen hatte er also kaum im Sinn.

Šapurs Feldzüge entpuppen sich in diesem Licht eher als taktische, die Situation in der römischen Grenzverteidigung ausnutzende, primär auf Beute gerichtete Kommandounternehmungen in offensichtlich begrenzter Stärke, denn als einem großen strategischen Plan dienende Annexions- oder gar Vernichtungskriege. Die persischen Verbände fächerten sich auf römischem Boden auf, um möglichst viele Ziele angreifen zu können. Die einzelnen Überfallkommandos waren so schwach, dass – wie das Beispiel Emesa zeigt – koordinierter lokaler Widerstand ausreichte, um sie zurückzuschlagen. Offenen Feldschlachten scheinen die Perser ausgewichen zu sein: Zwischen Valerians Eintreffen im Osten (254) und seiner Niederlage bei Carrhae (260) erfahren wir von keiner einzigen größeren Begegnung.

Die Perser fanden vielleicht bei ihren Beutezügen durch Syrien ein gewisses Maß an Kollaborationsbereitschaft vor. Wenn Antiochia ihnen aus freien Stücken die Tore öffnete, dann aber wohl in der Hoffnung, so der Plünderung zu entgehen. Gleichgültigkeit der lokalen Bevölkerung, vielleicht aufgrund der subjektiv empfundenen Vernachlässigung der Orientprovinzen durch die Kaiser, mag die schwerste Hypothek der Römer in der Auseinandersetzung mit Šapur gewesen sein. Dieses Problem war allerdings mit dem Aufstieg Odaenaths behoben. Die Palmyrener schweißten offensichtlich die Bewohner Syriens und

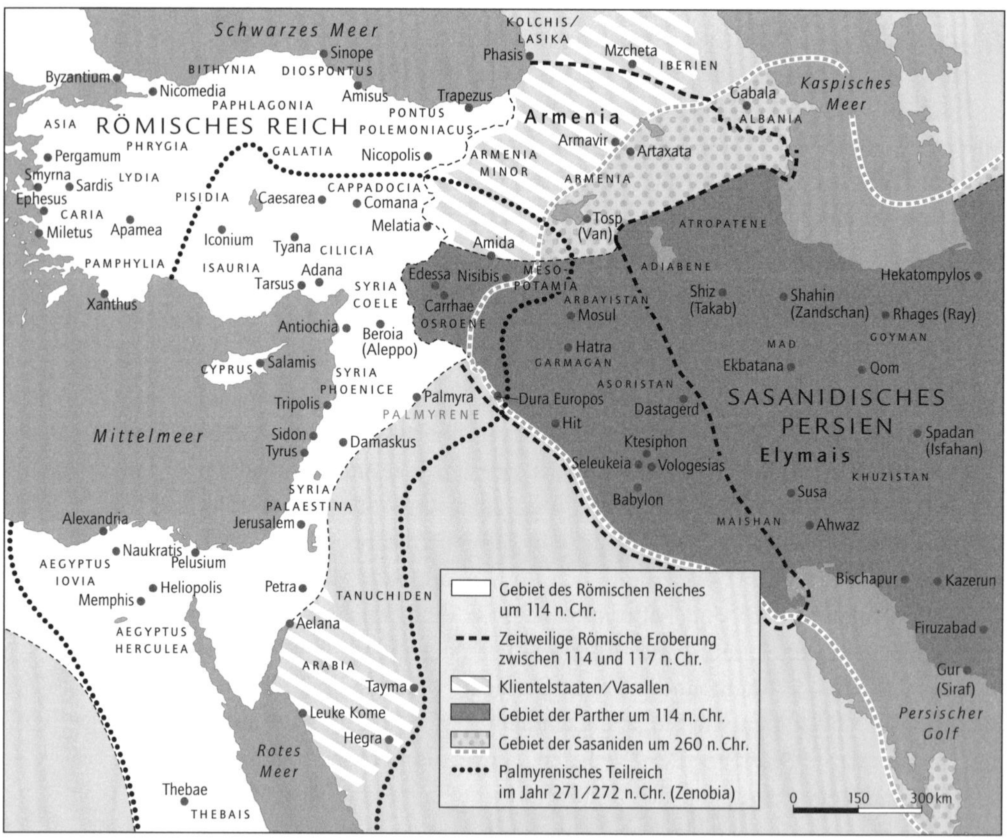

Abb. 7
Der Osten des Reichs und die Sasaniden um 250 n. Chr.

Mesopotamiens zu einer Schicksals- und Interessengemeinschaft zusammen – und zwar, zumindest vorläufig, unter dem römischen Adler (s. S. 130).

Selbst wenn Šapur es gewollt hätte, hätte er die Römer kaum aus ihren orientalischen Provinzen vertreiben können. Die dauerhafte Revision der Grenzen lag ebenso außerhalb seiner Möglichkeiten wie die nachhaltige Schwächung des westlichen Rivalen. Viel spricht aber dafür, dass Šapur gar keinem langfristigen Strategem folgte, sondern mehrfach schlicht die Gunst der Stunde – und das hieß stets: Herausforderungen, denen sich Rom an seinen westlichen Grenzen zu stellen hatte – nutzte. Mit seinen Kriegszügen und ihrer rhetorischen Ausschlachtung stand er in ungebrochener Tradition altorientalischer Großreiche: Schon die Könige der Akkader, Assyrer und Babylonier deuteten Raub- und Plünderungszüge in ihren Königsinschriften zu Expansionskriegen um, brüsteten sich, weite Landstriche unterjocht und ihre Bevölkerung tributpflichtig gemacht zu haben. Sie mehrten so ihr Prestige und strichen ihre unentwegte Sieghaftigkeit heraus, wie wenig beständig und real die Erfolge faktisch auch sein mochten.

Niederlage und Gefangennahme Valerians waren, in ihrer präzedenzlosen Einzigartigkeit, gewiss ein Fanal und wurden von den Zeitgenossen auch so empfunden. Die römische Herrschaft über das westliche Vorderasien stellten sie kaum ernsthaft infrage. Umso größer waren ihre Rückwirkungen auf die politische Kohäsion des römischen Imperiums, dessen übrige Grenzen und seine künftige Struktur. Direkt provozierten sie, wiederum in gegenseitiger Wechselwirkung, Usurpationen gegen das angeschlagene Regime von Valerians Sohn Gallienus und neue Einfälle germanischer Stämme an Rhein und Donau. Indirekt erzwangen sie, im Verbund mit den übrigen Krisenherden, den nachhaltigen Strukturwandel auf militärischem und politischem Gebiet, der seit 260 mehr und mehr Gestalt annahm, mit neuen mobilen Eingreifverbänden (s. S. 121) und „Sonderreichen“ als Vorstufe zur Regionalisierung von Herrschaft und militärischer Verantwortung (s. S. 125).

3. Usurpation

Begriff des Usurpators

Als Usurpator bezeichnet man landläufig einen Herrscher, der sich ohne klassische Legitimitätsgründe, wie sie rechtliche Nachfolgebestimmungen, Investitur oder Salbung darstellen, gewaltsam den Weg an die Macht gebahnt hat. In Rom spielten solche Legitimitätsgründe von vornherein kaum eine Rolle (s. S. 12). Entscheidend war, wie Augustus in seinem Tatenbericht dargelegt hatte, die Autorität des individuellen Princeps. Wenn die Herrschaft römischer Kaiser mit der Akzeptanz ihrer Autorität stand und fiel, wenn also ein Herausforderer im Prinzip, wie schon *Mommsen* wusste, genauso legitim oder illegitim war wie der Amtsinhaber, was war dann ein Usurpator? Als einziges sinnvolles Kriterium drängt sich mangels besserer Alternativen die offene Herausforderung selbst auf. Die Usurpation ist damit eine spezifische Variante des blutigen Herrschaftswechsels. Dazu gehören ein amtierender Herrscher, ein Heer oder Heeresteil, bei dem der Amtsinhaber seine Autorität bereits so weit eingebüßt hat, dass die Soldaten nach einer Alternative Ausschau halten, und ein Prätendent, der das Format hat, um sich als diese Alternative anzubieten.

Die Usurpation unterscheidet sich grundlegend vom Staatsstreich, bei dem der amtierende Herrscher erst beseitigt, der neue alsdann inthronisiert wird. Bei der Usurpation ist es umgekehrt: Zuerst wird der Herausforderer im Akt der Akklamation benannt, dann erst fällt die Entscheidung zwischen Amtsinhaber und Prätendent. Die Usurpationen der römischen Kaiserzeit liefen daher fast immer auf mehr oder weniger lange, mehr oder weniger heftige Bürgerkriege hinaus. Einzig die Ermordung des Kaisers oder Prätendenten durch das eigene Heer konnte den Waffengang verhindern oder wenigstens abkürzen. Jede Usurpation setzte einen von den Akteuren nicht mehr zu beherrschenden Prozess in Gang. Versöhnung der rivalisierenden Protagonisten war unter den Gegebenheiten des Systems ausgeschlossen, die Rücknahme der Herausforderung unmöglich. Jede Usurpation lief unweigerlich auf die physische Vernichtung entweder des Amtsinhabers oder seines Herausforderers hinaus. Einzige signifikante Ausnahme bildete – unter außerordentlichen Bedingungen und nur auf kurze Sicht – die regional begrenzte Usurpation der gallischen Kaiser.

Das römische Akzeptanzsystem bedingte ein eindeutiges Vorherrschen der Usurpation vor dem – in ökonomischen Kategorien gesprochen – wesentlich sparsameren Instrument des Staatsstreichs. In den ersten drei Jahrhunderten der römischen Kaisergeschichte stürzten nur Caligula, Claudius und Domitian – alle im 1. Jahrhundert – über Palastverschwörungen, während deutlich mehr Kaiser durch Usurpationen zu Fall kamen, mit steigender Tendenz: Im 3. Jahrhundert wurde die Usurpation zum gängigen Muster nicht nur des blutigen Herrscherwechsels, sondern des Herrscherwechsels überhaupt.

Reziprozitätsprinzip

Geradezu den Rang von klassischen Usurpationen können die Umstürze des ersten Vierkaiserjahres (69) beanspruchen. Lehrbuchartig illustrieren sie die Eigendynamik von Akzeptanzverlust des Amtsinhabers, Akklamation und Bürgerkrieg, bereichert um das Moment geringfügig zeitversetzt einander überlagernder Usurpationen in verschiedenen Reichsteilen. Das Scheitern der Prätendenten lag auch in ihren Fehlleistungen in der Kommunikation mit den relevanten gesellschaftlichen Gruppen begründet, wie Egon Flaig gezeigt hat. Galbas berühmter Ausspruch, er kaufe seine Soldaten nicht, er hebe sie aus, offenbart sein völliges Unverständnis gegenüber einem von den Soldaten nur als billig empfundenen Anspruch: Als die Gruppe, die bei der Durchsetzung seiner Herrschaft den Ausschlag gegeben hatte, erwarteten sie für ihre Loyalität eine Gegenleistung in klingender Münze, das Donativ. Fiel es zu niedrig aus, waren die Kaiser säumig oder verweigerten gar, wie Galba, ostentativ die

Zahlung, so bedeutete das zugleich die Nichtanerkennung der Beziehung reziproker Solidarität, welche die Soldaten als Bindeglied zwischen sich und dem Kaiser betrachteten.

Kommunikative Fehlgriffe der Herrscher spielten immer wieder auch bei Usurpationen der Soldatenkaiserzeit eine Rolle. Die „Senatskaiser" Balbinus und Pupienus versäumten es, den Soldaten und der *plebs urbana* gegenüber mit einer Stimme zu sprechen. Die zerstrittenen Kollegen im Purpur ließen von der *concordia*, die man von ihnen erwartete, nichts erkennen. Immer wieder warf die Verfolgung von Straftaten und Verschwörungen Probleme auf. Mehrfach flüchteten sich militärische Führer, Sanktionen fürchtend, in Usurpationen, meist auf ein bloßes Gerücht hin. Dass Tacitus die Mörder Aurelians nur halbherzig verfolgte und die Affäre so in der Schwebe hielt, wurde ihm zum Verhängnis. Als Verstoß gegen das Reziprozitätsprinzip galt auch die Überforderung bzw. nicht sachgerechte Inanspruchnahme des - grundsätzlich sehr wohl zu außerordentlichen Leistungen bereiten Heeres. Kampagnen unter Extrembedingungen, wie die Orientfeldzüge Gordians III. und des Carus bzw. Numerians, aber auch die Zumutung ziviler Wiederaufbauarbeiten durch Probus konnten einen Kaiser im Handumdrehen Amt und Leben kosten.

Sieghaftigkeit des Kaisers

Am wichtigsten war für die Soldaten, dass der Kaiser siegreich war und sie seine Nähe spüren ließ, zumal in Kriegszeiten. Ließ der Herrscher beides vermissen, waren seine Tage fast immer gezählt. Drastisches Beispiel verlorener Sieghaftigkeit ist die in seiner Gefangennahme gipfelnde Niederlage Valerians (260). Damit war auch sein Sohn Gallienus angeschlagen, Autoritätsverlust die unabwendbare Folge: In allen Reichsteilen riefen Heere neue Kaiser aus, die Herrschaft des Gallienus drohte zu kollabieren. Den Kaiser rettete seine umtriebige Aktivität gegen die Usurpatoren und zum Grenzschutz an der Donau. Ihn rettete auch die nicht von ihm verantwortete, unverzügliche Auffüllung der Machtvakuen in Ost, durch Palmyra und Odaenathus, wie West, durch Postumus (s. S. 132). Gallienus' Regierung drohte unwiderruflich der Bankrott, weil es aber an Kaisernähe (bzw. der Präsenz einer kaiserähnlichen Gestalt wie des „sonnengesandten Löwen" Odaenathus) nicht mangelte, erhielt er die Gelegenheit zur Bewährung.

Anderen blieben solche Chancen versagt: Gordian III. fiel der sich nach einer einzigen verlorenen Schlacht ankündigenden Niederlage im Orient zum Opfer; die Herrschaft seines Nachfolgers Philippus Arabs war bereits seit seinem als schmählich empfundenen Perserfrieden mit einer schweren Hypothek belastet. Wieder andere bekamen keine Chance, weil ihren Rivalen ein schier übermächtiger Nimbus der Sieghaftigkeit vorauseilte: Quintillus, Bruder und Nachfolger des Claudius Gothicus, hatte dem militärisch erfahrenen und auf dem Balkan höchst erfolgreich operierenden Reitergeneral Aurelian nichts entgegenzusetzen; kaum anders erging es dem im Konflikt mit Probus zögernd agierenden Florianus.

Sich aufs Siegen zu verstehen und militärische Expertise zu beweisen, gepaart mit Einsatzbereitschaft und dem Vermögen, Kaisernähe dort zu demonstrieren, wo sie nachgefragt wurde - das waren die Minimalerwartungen der Soldaten an ihren Kaiser. Sie zu erfüllen, kam unter den in der Soldatenkaiserzeit herrschenden Bedingungen immer wieder der Quadratur des Kreises nahe. Gleichwohl ist es voreilig, von sich überstürzenden Usurpationen auf eine umfassende Systemkrise schließen zu wollen. Denn in Usurpationen artikulierte sich der Wille nur einer Kerngruppe des Imperiums, des Militärs, und auch immer nur von Teilen dieser Gruppe. Die Usurpationen sind Symptom dafür, dass die Kaiser Probleme hatten, ihr Verhältnis zum Militär unter dem Vorzeichen gewandelter äußerer Bedrohung zu definieren.

Die äußere Bedrohung wuchs sich deshalb zur politischen Krise des Prinzipats aus. Die Usurpationen zeigen aber, auch dann, wenn sie sich häuften, nicht unbedingt eine generelle Krise an. Aus ihnen lässt sich nicht zwingend auf einen sozialen und ökonomischen Notstand im ganzen Reich schließen. Erst recht waren Usurpationen kein Mittel des Klassenkampfes: Mit den Soldaten kämpfte keine gesellschaftlich homogene Gruppe gegen eine andere; Soldaten unterschiedlichsten Ranges und sehr verschiedener sozialer Herkunft akklamierten ihrem Kandidaten und begründeten so, typisch römisch, ein persönliches Verhältnis gegenseitiger Solidarität. In den Bürgerkriegen kämpfte keine verarmte Soldateska gegen die grundbesitzende Senatsaristokratie, auch dann nicht, wenn - wie bei der Usurpation gegen Maximinus Thrax - scheinbar ökonomische Faktoren den Ausschlag gaben.

Rolle der Zivilbevölkerung

Nur vereinzelt erfahren wir, dass außer Soldaten auch die Zivilbevölkerung nennenswerten Anteil an Usurpationen hatte. Gordian III. war, als die „Senatskaiser“ zu versagen schienen, offenbar der Kandidat nicht nur der Soldaten und Prätorianer, sondern auch und gerade der stadtrömischen Plebs. Wie groß der Anteil der örtlichen Zivilbevölkerung bei der Aufrichtung des „Sonderreichs“ des Postumus war, ist unbekannt. Sicher ist, dass lokale Elitennetzwerke, vielleicht auch breitere Bevölkerungsmassen bei der Festigung der palmyrenischen Machtposition in den Orientprovinzen unter Zenobia und Vaballathus eine gewisse Rolle spielten. Weitaus eindeutiger war die Beteiligung der Zivilbevölkerung an der kurzzeitigen Machtergreifung des Priesters Uranius Antoninus in der Krise von Šapurs zweitem Römerkrieg (253/4). Bevölkerung und Garnison von Emesa organisierten gemeinsam die Selbstverteidigung gegen die quer durch das entblößte Syrien ziehenden sasanidischen Truppen. Die Orientprovinzen waren praktisch zum Machtvakuum geworden, die rasch wechselnden und miteinander rivalisierenden Kaiser mit sich selbst beschäftigt und mit den Brennpunkten an Rhein und Donau überfordert. Die Bewohner des Ostens, sich selbst überlassen, öffneten entweder Šapur die Tore (wie die Antiochener) oder sie griffen zur Selbstverteidigung und riefen, der Herrschernähe und des errungenen Siegs wegen, ihren Kaiser gleich selbst aus.

Ebenfalls in Emesa war, auf Betreiben der severischen Frauen, 35 Jahre zuvor Elagabal zum Kaiser gemacht worden - wiederum vermutlich unter Beteiligung der Zivilbevölkerung. Die Klientel-, vielleicht auch Stammesstrukturen der Stadt, die bei Herodian (5,3,12) anklingen und in die auch Soldaten der Garnison eingeflochten waren, bildeten offenbar das Milieu, in dem Usurpationen dieser spezifisch nahöstlichen Variante gediehen.

Wenn nämlich irgendwo lokale Unterstützergruppen bei Usurpationen Bedeutung erlangten, dann immer wieder im Osten, namentlich in Syrien. In Syrien waren, so viel scheint festzustehen, Traditionen lebendig, die weit hinter die Eroberung der Region durch Alexander den Großen zurückreichen. Stammesidentitäten und die eminente Bedeutung verwandtschaftlicher Bindungen heben sich vielerorts deutlich im Befund ab, keineswegs nur in Palmyra, wo die Bedeutung der lokalen Stämme zwar immer noch Gegenstand einer lebhaften Debatte ist. Sie liefern möglicherweise den Erklärungsrahmen für die augenfälligen Besonderheiten der emesenischen und palmyrenischen Kaisererhebungen.

4. Zwischen Kontinuität und Rezession: Die Wirtschaft

Ökonomische Fragen fanden nur selten das Interesse antiker Autoren. Zu den wenigen Ausnahmen zählen die Poroi des Xenophon, das erste Buch der *Politik* des Aristoteles und die Werke der römischen Agrarschriftsteller. Die antike Wirtschaftsgeschichte bleibt deshalb von Texten so gut wie unbeleuchtet. Das gilt zumal für die ohnehin quellenarme Periode des 3. Jahrhunderts. Wie Leuchttürme in einem Ozean des Dunkels scheinen deshalb Berichte christlicher Autoren aufzuragen, die vom bevorstehenden wirtschaftlichen Zusammenbruch künden.

Quelle

Cyprianus von Karthago über Symptome der Wirtschaftskrise

(Cyprianus, Ad Demetrianum 3)

Im Winter gibt es keinen Überfluss an Regen mehr für die Aussaat, im Sommer nicht mehr die übliche Wärme, damit sie reifen kann, und weder ist das Frühjahr heiter, noch reich an Ernte der Herbst. Erlahmt ist in den erschöpften Minen die Förderung von Silber und Gold und erlahmt die Produktion von Marmor. Ausgebeutet liefern die Adern von Tag zu Tag weniger. Es fehlt der Bauer auf den Feldern, der Seemann auf den Meeren, der Soldat in den Kasernen, auf dem Forum die Ehrlichkeit, vor Gericht die Gerechtigkeit, in der Freundschaft die Solidarität, in den Künsten die Erfahrung, in der Kleidung die Disziplin.

Ein um die Mitte des 3. Jahrhunderts entstandener Brief Cyprians (s. Quelle) liest sich, scheinbar, als Klage über eine alle Lebensbereiche erfassende, wesentlich ökonomisch bedingte Krise: Bevölkerungsmangel hemmt Handel und Landwirtschaft, es herrschen Not und Hunger, die Produktion von Edelmetallen, wesentlicher Quell des Reichtums einer monetaristischen Geldwirtschaft, stockt. Was vermeintlich das noch immer vorherrschende Bild einer umfassenden, eben auch die Wirtschaft erfassenden „Weltkrise" des 3. Jahrhunderts stützt, wirft bei näherer Betrachtung viele Fragen auf. Die wichtigste ist die nach der Glaubwürdigkeit einer christlichen Quelle, die in einem Milieu entstand, in dem man mit dem Weltenende, verklärt zum Jüngsten Tag, in nächster Zukunft rechnete, auf das baldige Erscheinen des Messias wartete und nur allzu interessiert war an der Diffamierung eines als moralisch verkommen, in seinem tiefsten Inneren als morbide empfundenen Reiches.

Münzverschlechterung

Wenn man den zeitgenössischen Quellen nur bedingt Glauben schenken kann, so ist zu fragen, welche positiven Indikatoren einer ökonomischen Krise denn überhaupt vorliegen. Der wichtigste, nicht zu bezweifelnde Tatbestand ist der praktisch kontinuierliche Qualitätsverlust der Münznominale. Unter Caracalla wies der Denar, das Hauptzahlungsmittel, einen so geringen Silberfeingehalt auf, dass sich der Kaiser zur Emission einer neuen Münze im Wert eines Doppeldenars, des Antoninianus, veranlasst sah.

Obwohl die Münzverschlechterung den Zeitgenossen bewusst gewesen sein muss, scheint sie das Vertrauen in die Währung zunächst nicht erschüttert zu haben. Die jetzt massenhafte Verbreitung von „Silber"geld ließ sogar ökonomisch marginale Regionen im Nordwesten erst Anschluss an die Geldwirtschaft finden. Dennoch ist die stetige Reduzierung des Feingehalts Symptom für eine wenigstens latente Finanzkrise der kaiserlichen Zentrale: Der enorm anschwellende Geldbedarf ließ sich immer weniger mit Münzen in gewohnter Qualität decken.

Die Solidität eines öffentlichen Haushalts bemisst sich nach Einnahmen und Ausgaben. Der in Yale lehrende, aus Russland stammende Althistoriker *Michail Rostovtzeff* hat, in einem epochemachenden Rekonstruktionsversuch der römischen Krise im 3. Jahrhundert, besonderes Gewicht auf die Einnahmenseite des kaiserlichen Haushalts gelegt. Seiner Meinung nach hatte die römische Wirtschaft, die er zutreffend im Wesentlichen als Summe von Stadtwirtschaften begriff, bereits im 2. Jahrhundert ein fortgeschrittenes Stadium der Zerrüttung erreicht. Die ursprüngliche, für die antike Ökonomie konstitutive Einheit von Stadt und Land, verkörpert in der griechischen Polis und ihrem westlichen Pendent, der römischen *civitas*, sei seit der frühen Kaiserzeit zerbrochen, die agrarische Bevölkerung zusehends verarmt und in Abhängigkeit von Großgrundbesitzern geraten. Die finanzielle Leistungsfähigkeit des Staates habe so stetig ab-, das soziale Konfliktpotenzial zugenommen. Die verarmte und proletarisierte Landbevölkerung sei schließlich, seit Septimius Severus, zur Reservearmee rivalisierender militärischer Führer geworden, der Prinzipat erst zur „Militärmonarchie" (bis 235), schließlich zur „Militäranarchie" (ab 235) verkommen. Im Klassenkampf zwischen agrarischen Massen und städtischer Oberschicht sei die politische Ordnung zerfallen, das staatstragende „Bürgertum" der munizipalen Eliten förmlich zerrieben worden.

Antiker Klassenkampf?

Die Vorgänge im Zusammenhang mit der gegen Maximinus Thrax gerichteten Thronerhebung der Gordiane in Thysdrus in *Africa Proconsularis* (238), so wie unsere Hauptquelle Herodian sie überliefert, scheinen das Modell vordergründig zu bestätigen (s. Quelle).

Quelle

Herodian über die Usurpation der Gordiane in Thysdrus

(Herodian 7,4)

Prokurator im karthagischen Land [also ritterlicher Finanzprokurator der kaiserlichen Domäne *regio Hadrumetina* bei Karthago] war ein Mann von sehr brutaler Härte; er verurteilte mit aller Grausamkeit und führte Geldeintrebungen durch, weil er bei Maximinus einen guten Namen bekommen wollte; und Maximinus zog ja nur solche an sich, von denen er wusste, dass sie mit seinen Grundsätzen übereinstimmten. Wenngleich unter den kaiserlichen Prokuratoren damals auch selten einmal anständige Männer vorkamen, ahmten diese, da ihnen die eigene Gefährdung vor Augen stand und sie ja seine Geldgier kannten, die anderen hierin doch nach, wenngleich mitunter ungern. Der Prokurator über Libyen nun ging auch ganz allgemein gegen andere gewaltsam vor, hatte aber im Besonderen einige junge Leute der dort Adligen und Reichen mit Verurteilungen überzogen und ging daran, das Geld sofort einzutreiben und ihnen so ihr von Eltern und Vorfahren her zustehendes Erbe zu rauben. Hierüber tief gekränkt und erbittert, versprachen die jungen Männer wohl, ihm das Geld abzuliefern, baten jedoch um einen Aufschub von drei Tagen. Sie zettelten indessen eine Verschwörung an und überredeten dazu alle, von denen sie wussten, dass sie schon Schlimmes erlitten hatten oder zu erleiden befürchteten; sie ließen ihre Sklaven vom Lande bei Nacht herkommen und Holzknüppel und Äxte mitbringen. Diese folgten den Anweisungen ihrer Herren und kamen vor Tagesanbruch zur Stadt und verbargen ihre improvisierten Kriegswaffen unter den Kleidern. Es sammelte sich eine große Menge an; denn an sich schon ist Libyen volkreich und hat einen zahlreichen Bauernstand. Als sie mit der Dämmerung eingetroffen waren, traten auch die jungen Herren aus ihren Häusern und hießen die Menge der Knechte sich anschließen, als ob sie ein Teil der übrigen Bevölkerung wären; sie hatten sie angewiesen, die mitgebrachten Waffen noch verborgen zu halten und erst dann tapfer dreinzuschlagen, wenn sie von Soldaten oder anderen Bürgern, die keinen Anteil an dem Vorgang hätten, angegriffen würden. Sie selbst aber hatten Dolche in den Gewändern versteckt und begaben sich zum Prokurator, als ob sie mit ihm über die Zahlung der Geldstrafen sprechen wollten; plötzlich und für diesen ganz unerwartet fielen sie ihn an, stachen ihn nieder und brachten ihn so zu Tode. Als die Soldaten in seiner Nähe ihre Schwerter zogen, um den Mord zu rächen, warfen sich die, welche vom Land hereingekommen waren, dazwischen mit ihren Knüppeln und Äxten, indem sie für ihre Herren fochten, und sie jagten ihre Gegner rasch zur Flucht.

Nach der Ermordung des kaiserlichen Finanzprokurators müssen die Anstifter Strafverfolgung fürchten. Um ihr zu entgehen, überreden sie den Prokonsul der Provinz *Africa Proconsularis* zur Machtergreifung, die, wie wir wissen (s. S. 44), wirklich in Niederlage und Tod des Maximinus Thrax endete.

Die dramatische Zuspitzung scheint vordergründig tatsächlich Züge eines Klassenkampfs zu tragen: Der von einer aus dem vermeintlich verarmten Bauernstand rekrutierten Soldateska proklamierte Kaiser Maximinus Thrax, selbst Exponent der unterprivilegierten Schichten vom halbbarbarischen Rand des Imperiums, dreht an der Steuerschraube und presst so die Großpächter (*conductores*) kaiserlichen Landes aus, die städtischen munizipalen Eliten. Deren Angehörige, die „jungen Männer" Herodians, greifen zur Ultima Ratio gewaltsamen Widerstands und ermorden den lokalen Vertreter des kaiserlichen Steuersystems, den Domänenprokurator der *regio Hadrumetina*. Sie gehen sogar noch einen historisch entscheidenden Schritt weiter und fordern mit einem eigenen Prätendenten, dem Prokonsul Gordian, den Kaiser heraus.

Die Interpretation des Geschehens als klassenkämpferischer Konflikt, hinter dem bei *Rostoftzeff* unschwer die Verwerfungen der russischen Oktoberrevolution auszumachen sind, greift allerdings viel zu kurz. Die von Herodian geschilderten Ereignisse lassen, im Gegenteil, gerade auf eine Solidarisierung zweier in ihrer ökonomischen Verankerung sehr unterschiedlich gestrickter sozialer Gruppen schließen: Unter dem wachsenden Steuerdruck gelingt es den lokalen Eliten, den stadtsässigen Großpächtern der kaiserlichen Domäne, anscheinend mühelos, die kleinbäuerliche Bevölkerung zur Umsetzung ihres Plans, der Ermordung des kaiserlichen Finanzprokurators, zu mobilisieren. Der Mob lässt sich mitnichten vor den Karren einer angeblich gegen das städtische „Bürgertum" gerichteten Politik der kaiserlichen Zentrale spannen, sondern begehrt gemeinsam mit den munizipalen Eliten gegen den Steuerdruck auf.

Ursache des Konflikts waren, laut Herodian, „Geldeintreibungen", die der Prokurator vornahm, vermutlich weil Getreidelieferungen, die zur Versorgung der Hauptstadt Rom, für die **annona**, bestimmt waren, ausgeblieben waren. Wachsender Abgabendruck aus Rom musste unweigerlich das System belasten und in Spannungen zwischen seinen Hierarchieebenen münden: Der Prokurator musste den Druck nach unten, an seine Großpächter, weitergeben; die wiederum reichten ihn an die von ihnen abhängigen Kleinpächter (*coloni*) und Sklaven durch.

Stichwort

annona

Die *annona*, die Lebensmittelversorgung der Hauptstadt Rom (seit 330 auch Konstantinopels) mit – hauptsächlich aus Ägypten und Nordafrika importiertem – Getreide gehörte zum Kernbereich kaiserlicher Aufgaben. Augustus unterstellte die Organisation einem ritterlichen *praefectus annonae*, der den Markt und den Warenumschlag über den römischen Hafen Ostia zu überwachen hatte. Die *annona militaris* war seit dem Kollaps des auf Geld beruhenden Steuersystems im 3. Jahrhundert die für die Unterhaltung der Armee zu entrichtende Naturalsteuer.

Der Landbevölkerung ebenso wie den munizipalen Eliten fehlten alle Merkmale einer sozialen Klasse. Entsprechend handelten auch die in ihrer Mehrheit aus der Landbevölkerung rekrutierten Legionen nicht als Klasse, die die Auseinandersetzung mit den Grundherren der senatorischen und lokalen Eliten suchte. Das Verhalten der Soldaten bestimmte sich, unabhängig von ihrer sozialen Herkunft, maßgeblich aus ihrem militärischen Status: Die Bürgerkriege der Soldatenkaiserzeit waren kein „Klassenkampf", sondern folgten durchweg der Logik des blutigen politischen Umsturzes in seiner römischen Variante, der Usurpation (s. S. 105).

Rostovtzeffs Deutung der Krise ist auch noch aus anderem Grund unhaltbar. Weder die von ihr vorausgesetzte Verarmung des Bauernstandes noch die Vernichtung der städtisch-provinzialen Eliten lässt sich für die römische Welt als Ganze nachweisen. Die Regionen und Städte des Reiches, die schon in der frühen Kaiserzeit ein breites Spektrum heterogener ökonomischer Traditionen reflektiert hatten, entwickelten sich auch im 3. Jahrhundert in durchaus unterschiedliche Richtungen: Das „Jahrhundert der Krise" war vielerorts, besonders im römischen Nordafrika, aber auch in Palästina, Syrien, Mesopotamien und Kleinasien, aller äußeren Gefährdung zum Trotz, eine Zeit stetigen Aufschwungs, ja teilweise eines regelrechten ökonomischen und demografischen Aufschwungs.

Zahl und Größe ländlicher Siedlungen erreichten in den östlichen und südlichen Provinzen des Imperiums im 3. Jahrhundert ihren Höhepunkt, während der urbane Charakter des Siedlungsbildes überall erhalten blieb. Binnenkolonisation erschloss im Orient und in Afrika weiterhin Neuland für die agrarische Produktion. Amphorenfunde aus Ostia lassen vermuten, dass Italiens Fernhandel mit den orientalischen und afrikanischen Provinzen keineswegs zum Erliegen kam, sondern nach 200 sogar noch reger wurde. Soweit erkennbar, lösten Ägäis, Levante und Nordafrika, als Zentren einer intensivierten Überschussproduktion, frühere Exportregionen wie Gallien, Spanien und Italien ab.

Archäologischer Befund

Der archäologische Befund für die europäischen Provinzen, basierend auf Ausgrabungen und Oberflächenerkundungen (Surveys), vermittelt ebenfalls ein differenziertes Bild. Einige Gebiete, namentlich Italien sowie die von Germaneneinfällen besonders schwer getroffenen Landstriche Nordgalliens und der *Belgica*, scheinen seit dem 3. Jahrhundert von Bevölkerungsschwund und einem Rückgang der agrarischen Produktion betroffen gewesen zu sein, während sich in Nordspanien und Britannien die Siedlungsdichte der frühen Kaiserzeit praktisch nicht veränderte. Für Sizilien, Südspanien, Südgallien und den Donauraum brach im 3. Jahrhundert sogar eine Periode der Prosperität an, der etliche neue Siedlungen auf dem Land ihre Existenz verdankten.

In der Summe allerdings zeichnete sich, anders als im Orient und in Nordafrika, in den europäischen Provinzen durchweg ein Trend zur Deurbanisierung ab. Bereits im 3. Jahrhundert litten viele Städte in Gallien, Italien, im Donauraum und selbst in Spanien unter Bevölkerungsschwund bzw. wurden ganz aufgegeben. Der Befund insgesamt deutet weniger auf einen allgemeinen ökonomischen Niedergang als vielmehr auf eine Umschichtung hin: Einige Städte büßten ihre zentralörtliche Stellung gegenüber dem Umland ein, die sie ihren lokalen Märkten und gewerblicher Aktivität verdankten, in geringerem Umfang auch dem Fernhandel. Im Gegenzug erlebte die Welt der Dörfer einen Aufschwung, sodass der Eindruck einer gewissen Nivellierung der Siedlungshierarchie entsteht.

Das Bild verkomplizieren im Detail noch unzählige lokale und regionale Sonderentwicklungen, doch sind zwei Tendenzen unverkennbar: Erstens driftete der zuvor ökonomisch zwar differenzierte, aber sich doch ähnlich entwickelnde Raum des Imperiums auseinander, die Schere zwischen prosperierenden Provinzen und zunehmend abgehängten Landstrichen öffnete sich. Zweitens verlagerte sich der Schwerpunkt wirtschaftlicher Aktivität zumindest in den europäischen Provinzen von der Stadt zunehmend aufs Land, ein Trend, der in der Spätantike noch einmal deutlich an Fahrt gewinnen sollte.

Überblickt man indes die von der Archäologie gelieferten Daten, so kann von einer ökonomischen Leistungsschwäche des Reiches insgesamt keine Rede sein. Das von einigen Quellen, darunter Cyprian, suggerierte Bild eines wirtschaftlichen und demografischen Notstands mit einbrechender Produktivität ist in seiner Pauschalität korrekturbedürftig. Namentlich die Ackerbautätigkeit scheint in vielen Reichsteilen, darunter gerade in besonders exponierten Randprovinzen (Pannonien, Syrien) auf ein bis dato unerreichtes Niveau angestiegen zu sein.

Gerade die Konzentration von Legionen in bestimmten Reichsteilen (Donauraum, Orient) scheint diesen Regionen mehr, nicht weniger Wohlstand beschert zu haben. Besonders in hochgradig militarisierten Provinzen war die Nachfrage nach Nahrungsmitteln, aber auch nach gewerblichen Erzeugnissen enorm hoch. In jedem Fall ist das einseitige Bild des Militärs als eines Kostgängers der Zivilbevölkerung, der ganze Landstriche mit Dienst- und Einquartierungspflichten, Requirierungen sowie höheren Abgaben belastete, zu einseitig.

Deurbanisierung

Die Armee könnte ferner im Westen vielerorts Städte als lokale Absatzmärkte für Agrarerzeugnisse geradezu abgelöst haben. So könnte sich der beginnende Trend zur Deurbanisierung bei gleichzeitig ungebrochener ländlicher Siedlungsaktivität erklären. Wo die Armee für Konsumenten in Hülle und Fülle sorgte, waren städtische Märkte schlicht überflüssig geworden. Parallel dazu entstanden, ohne das freie Kleinbauerntum zu verdrängen, immer mehr agrarische Großbetriebe auf Basis von Kleinpacht, die mit ihrer weitreichenden Spezialisierung und quasi-autarken Struktur dem städtischen Gewerbe allmählich den Boden entzogen (s. S. 139).

Die strukturell bereits grundverschiedenen Reichsteile drifteten so, ohne dass sich von einer allgemeinen ökonomischen Krise sprechen ließe, weiter auseinander: Die Lebensbedingungen unterschieden sich immer stärker voneinander, die Wirtschaftskreisläufe unterlagen, ähnlich wie die Organisation der Reichsverteidigung, einem Trend zur Regionalisierung, der kleinere Einheiten schuf und die Bindungen zwischen den Regionen des Imperiums lockerte.

Finanzkrise

Den Kaisern, die ja die Versorgung der großstädtischen Bevölkerung sicherzustellen, Armee und Verwaltung des Imperiums zu finanzieren und – im Fall von Regierungswechseln – Geldspenden in Form von Donativen und *congiaria* auszuschütten hatten, bürdete der wirtschaftliche Wandel neue Lasten auf. Mit der Bereitschaft der Untertanen, Abgaben an einen Staat zu leisten, von dem sie selbst immer weniger zu erwarten hatten, stand es nicht zum Besten. Die Thysdrus-Episode illustriert an einem Einzelfall die Schwierigkeiten der kaiserlichen Finanzverwaltung, die für die *annona* erforderlichen Abgaben zu erzwingen.

Auf der Sollseite der Bilanz standen erheblich höhere Kosten, die der kaiserliche Haushalt zu schultern hatte. Hauptfaktor war wiederum das Militär, die erheblich erhöhte Zahl seiner Legionen und Hilfstruppen und die gestiegenen Aufwendungen, um die Loyalität der Soldaten sicherzustellen. Die verlorene politische Stabilität nach außen wie innen wurde zum Kostenproblem, das den *fiscus* (Staatskasse) vor immer größere Herausforderungen stellte und den kaiserlichen Prokuratoren immer mehr Erfindungsreichtum bei der Erschließung neuer Geldquellen abverlangte.

Der Militärhaushalt war angesichts der Situation, mit der sich die Kaiser an den Grenzen herumzuschlagen hatten, keine variable Größe, die sie nach Belieben beeinflussen konnten. Wenn Cassius Dio seinen Caracalla maliziös anmerken lässt, keiner außer ihm brauche Geld zu besitzen, „und ich brauche es, um es an die Soldaten zu verschenken“ (Cassius Dio 77, 10,4), dann ist das blanke Polemik in der Tradition der Tyrannentopik senatorischer Geschichtsschreibung, derzufolge übergroße Freigebigkeit gegenüber den Soldaten typischerweise den „schlechten“ Kaiser auszeichnete. Weder Caracalla noch irgendeinem seiner Nachfolger stellte sich eine Alternative. Sie mussten das wachsende Heer schlicht besser bezahlen, wollten sie die Gefahr von Usurpationen bannen.

Wie rasch die Möglichkeiten der Reichszentrale, mit ihren begrenzten administrativen Mitteln die Staatseinnahmen aufzubessern, an Grenzen stießen, offenbart eindringlich die Episode um die Ermordung des Finanzprokurators von Thysdrus. Als wenig überzeugende Alternative erwies sich der von den Severern eingeschlagene Weg, außerordentliche Einkünfte zu erhöhen wie das bei Herrschaftsantritt von Städten als pseudofreiwillige Abgabe aufzubringende Krongold (*aurum coronarium*), das einen Teil der für Donative und *congiaria* erforderlichen Aufwendungen ausglich. Das *aurum coronarium* war eine außerordentlich unpopuläre Abgabe: Cassius Dio und die *Historia Augus-*

ta heben ausdrücklich die Verringerung des Krongolds durch Severus Alexander lobend hervor.

Die Finanzkrise des 3. Jahrhunderts ist, mit vielfältigen Wechselwirkungen gleich auf mehreren Ebenen, nicht zu trennen von der politischen Krise der Soldatenkaiserzeit. Konkret: Die Kaiser, welche die Loyalität ihrer immer zahlreicheren Heere in immer stärkerem Maß erkaufen mussten, hatten die Loyalität der Zivilbevölkerung, die angesichts der wachsenden Bedrohungen immer weniger selbstverständlich war, immer öfter zu erzwingen. Die permanente Überforderung ließ den in der Fiskalkrise gefangenen Kaisern, in Ermangelung effektiver Möglichkeiten der Haushaltssanierung durch Einsparungen und Verbesserung der Einnahmen, nur einen, freilich trügerischen, Ausweg: die sukzessive Verschlechterung der Münzen durch Reduzierung ihres Feingehalts an Edelmetall.

Wertverfall der Münzen

Der Autoritätsverfall der Kaiser, ihr immer verzweifelter werdender Kampf um die Loyalität von Legionen und Untertanen und damit schließlich die politische Geschichte ganz allgemein schlugen direkt auf den Wertverfall der kaiserlichen Münzprägung durch, die so gleichsam zum Gradmesser der Systemkrise des Prinzipats alter Prägung wurde. Bereits Caracalla ergänzte den zu seiner Zeit stark verfallenen silbernen Denar um den neuen Standard des Antoninianus im nominellen Wert eines Doppeldenars, der aber faktisch nur gut das Anderthalbfache (8/5) eines Denars wog und denselben Feingehalt (ca. 40 Prozent) hatte (215). Im selben Zug reduzierte er den Feingehalt des Aureus, der Goldmünze, um 10 Prozent. Der Antoninianus, dessen Prägung Macrinus und Elagabal fortsetzten, Severus Alexander und Maximinus Thrax aber unterbrachen, ersetzte unter Gordian III. ganz den alten Münzfuß des Denars und wurde römisches Standardnominal bis zu seiner Reformierung durch Aurelian (ca. 274).

Gewicht und Feingehalt des Antoninianus sanken bis Gallienus in mehreren Schüben markant ab. Im ersten Jahr Gordians III. (238) verringerte sich das Gewicht des Nominals um 13,4 Prozent. Unter Valerian (258) erreichte die Münze das Gewicht eines Denars von 215 und hatte somit in den gut vierzig Jahren seit ihrer Einführung annähernd 40 Prozent ihres Gewichts verloren. Während sich im restlichen Reich das Münzgewicht auf diesem niedrigen Niveau einpendelte, nahm die Qualität der in Köln, im „Sonderreich“ des Postumus und seiner Nachfolger, geprägten Antoniniane noch weiter ab (268). Dramatischer noch liest sich der Verlust an Feingehalt: Von einer Silbermünze mit 40 Prozent Edelmetallanteil (215) verkam der Antoninianus im Lauf der Zeit faktisch zur reinen Kupfermünze mit gerade noch 2 Prozent Silberanteil (260). Immer mehr Münzstätten, deren Einrichtung in allen Reichsteilen besonders Gallienus aus strategischen Erwägungen forcierte, prägten immer mehr Münzen, die in ihren Standards zunehmend voneinander abwichen. Dennoch scheint der Geldwert zunächst stabil geblieben zu sein. Ausgerechnet die Ausgabe des sogenannten Reformantoninians durch Aurelian 274, die eigentlich der Silberwährung wieder Solidität verleihen sollte, ließ das Vertrauen in das Geld der Kaiser erosionsartig zusammenbrechen. Für die unter Gallienus, Claudius Gothicus und den gallischen Kaisern geprägten Nominale wurde ein Umtauschkurs von 1:20 vorgeschrieben, der faktisch Besitzer von Silbermünzen um 95 Prozent ihrer Ersparnisse erleichterte. So erst wurde der Wertverfall der Silbernominale offenbar, die Kaufkraft fiel ins Bodenlose.

Folgen der Inflation

Die Folgen konnten nicht ausbleiben: Ältere Münzen von entsprechend besserer Qualität wurden thesauriert und so dauerhaft dem Geldkreislauf entzogen; die Zirkulation von Geld und Waren erlahmte; das Vertrauen in die Nominale wurde nachhaltig erschüttert; die Währung verlor sukzessive ihre Bedeutung als reichsweit geltender Standard; ganze Regionen und nicht zuletzt das römische Militär (das seinen Sold mehr und mehr in Naturalien erhielt) kehrten praktisch zur Tauschwirtschaft zurück, mit tief greifenden Auswirkungen auf den Fernhandel und die ökonomische Einheit des Imperiums. Auch jenseits der politischen Fragmentierung zerfiel das Reich in mehrere, zunehmend autarke Wirtschaftsräume. Der Trend zur Regionalisierung, auf der politischen und militärischen Ebene längst unübersehbar, setzte sich auch auf ökonomischem Gebiet fort.

Die Restaurierung des Geldwesens konnte mit der politischen Stabilisierung seit Aurelian zunächst nicht Schritt halten. Das Preisedikt der Tetrarchen (301) ist Beweis genug dafür, dass zur Jahrhundertwende das Vertrauen in die Währung noch nicht wiederhergestellt war. Da die kaiserliche Zentrale Edelmetalle benötigte, um solide Nominale ausmünzen zu können, war ohne echte Haushaltskonsolidierung eine Währung, der die Menschen wieder Vertrauen schenkten, schlechterdings nicht zu haben. Da die wesentlichen Ausgabenposten des Fiskus nicht zur Disposition standen, lief alles auf eine Stärkung der Einnahmenseite hinaus, auf Effizienzsteigerung und Rationalisierung im Steuersystem (s. S. 138). ■

Auf einen Blick

Militärische, fiskalische und politische Krisenfaktoren bedingten einander gegenseitig, wobei den Anstoß zur Zuspitzung im 3. Jahrhundert wohl die geänderte Bedrohungslage gegeben hatte. Die Kaiser reagierten auf die Herausforderung durch germanische Stämme und Perser, indem sie das Heer vergrößerten und seine Kampfkraft steigerten. Das kostete Geld, viel Geld, das beschafft wurde, indem man den Silberanteil des Hauptnominals, des Denars, kontinuierlich absenkte. Als Konsequenz brach das Vertrauen in die Silberwährung unter Aurelian vollständig zusammen. Die militärische Krise befeuerte aber auch die Usurpationsneigung lokaler Befehlshaber, die sich im Kampf gegen Reichsfeinde bewährt hatten. Ihren Tiefpunkt erreichte die Autorität des Kaisers nach der Niederlage Valerians bei Edessa (260 n. Chr.), nach der ganze Reichsteile von Rom abfielen und überall im Imperium Usurpatoren nach der Macht griffen.

Literaturhinweise

De Blois, L.: Image and reality of Roman imperial power in the third century AD. The impact of war, London 2019.

Hartmann, F.: Herrscherwechsel und Reichskrise. Untersuchungen zu den Ursachen und Konsequenzen der Herrscherwechsel im Imperium Romanum der Soldatenkaiserzeit, Frankfurt a.M. / Bern 1982. Entwirft eine Typologie des Herrscherwechsels. Nimmt die „Reichskrise" als gegebenen Tatbestand hin.

Lewit, T.: Agricultural production in the Roman economy. A.D. 200–400, Oxford 1991. Führt anhand von Surveybefunden überzeugend den Nachweis, dass die ökonomische Krise des 3. Jahrhunderts weitgehend ein modernes Konstrukt ist.

Mazza, M.: Lotte sociali e restaurazione autoritaria nel III secolo d. C., Rom 1973. Marxistische Deutung der „Krise" des 3. Jahrhunderts als Klassenkampf, mit instruktiven Bemerkungen zum Kolonat und zur Währungskrise.

Wenskus, R.: Stammesbildung und Verfassung. Das Werden der frühmittelalterlichen Gentes, Köln ²1977. Klassische Darstellung ethnogenetischer Prozesse in der Völkerwanderungszeit.

Winter, E. / B. Dignas: Rom und das Perserreich. Zwei Weltmächte zwischen Konfrontation und Koexistenz, Berlin 2001. Studienbuch, das quellennah chronologisch und systematisch in das Thema einführt.

Witschel, C.: Krise – Rezession – Stagnation? Der Westen des römischen Reiches im 3. Jahrhundert n. Chr., Frankfurt am Main 1999.

Wolfram, H.: Die Goten. Von den Anfängen bis zur Mitte des sechsten Jahrhunderts. Entwurf einer historischen Ethnographie, München 1979. Standardwerk zur Geschichte der Goten.

V. Antworten: Eine neue Ordnung zeichnet sich ab

Überblick

Valerians Niederlage gegen die Perser (260 n. Chr.) leitete die Wende in Ost und West ein: Die persische Offensivkraft war weitgehend erschöpft, die Umstrukturierung des römischen Militärs begann, in den Kriegen mit den Germanen Wirkung zu zeigen. Indem sich mit den sogenannten Sonderreichen in Gallien und im Orient um Palmyra zwei autonome Herrschaftssphären zeitweise aus dem Verantwortungsbereich der römischen Kaiser lösten, wurde die militärische Verantwortung dezentralisiert. Was als ad-hoc-Lösung für akute Problemlagen begonnen hatte, wurde später durch Diokletian und die Tetrarchen institutionalisiert. Zugleich machte das Imperium bei der Professionalisierung seiner Verwaltungselite zügige Fortschritte. Und schließlich entdeckten die Kaiser das Feld der Religion für sich, die traditionell eine Angelegenheit der Gemeinden gewesen war.

249	Opferedikt des Decius
260	Abschaffung senatorischer Offiziersstellen
ab 260	Aufstieg Palmyras zur Hegemonialmacht im römisch-persischen Osten; Usurpation des Postumus an der Rheingrenze
265	Friedensschluss zwischen Gallienus und Postumus
267/8	Ermordung Odaenaths: Expansion Palmyras unter Zenobia
272	Eroberung Palmyras durch Aurelian
273	Tetricus unterwirft sich Aurelian; Aurelian stellt Sol Invictus in den Mittelpunkt seiner Selbstdarstellung

1. Militär und Strategie

Professionalisierung

Das Heer der Prinzipatszeit trug, obwohl längst zum stehenden Heer mutiert, viele Züge der ursprünglichen republikanischen Milizarmee. Zwar dienten die Soldaten ausnahmslos lang, je nach Truppengattung zwischen 16 und 28 Jahren, doch kommandierten die Einheiten Männer aus dem Senatoren- und Ritterstand, die auf militärischem Gebiet praktisch Laien waren. Die Kommando- und Stabsebene von Legionen, Hilfstruppen und Flotten sowie der Prätorianer war fast ausnahmslos mit Offizieren besetzt, die den Rang in erster Linie ihrem Stand, nicht ihrer militärischen Expertise verdankten. Junge

Angehörige des Senatorenstandes dienten in der Regel für kurze Zeit als *tribuni laticlavii* in der Armee, bevor sie den *cursus honorum* einschlugen, die traditionelle senatorische Ämterlaufbahn. Jede Legion besaß einen *tribunus laticlavius* (dessen Name sich vom breiten Purpursaum der Toga, dem Standessymbol der Senatoren ableitet) neben mehreren ritterlichen *tribuni angusticlavii.* Die Angehörigen des Ritterstands bekleideten diesen Posten gleichfalls als noch junge Männer, in Vorbereitung auf eine künftige Verwaltungskarriere. Im Unterschied zu ihren senatorischen Altersgenossen führte ihre militärische Laufbahn sie jedoch meist immerhin über mehrere Stationen: neben dem Militärtribunat die Präfektur einer Reitereinheit oder einer Auxiliarkohorte.

Wenn Senatoren und Ritter dann in einer späteren Phase ihrer Laufbahn in die militärische Laufbahn zurückkehrten, als (senatorische) Legionsbefehlshaber (*legati legionis*) oder (ritterliche) Präfekten einer Flotte, als Prätorianerpräfekten oder Präfekten von Ägypten, waren sie kaum als militärische Fachleute zu bezeichnen. Die senatorischen mehr noch als die ritterlichen Kommandoinhaber waren in ihrem strategischen und taktischen Urteil von jeher auf Männer angewiesen, die sich in den Legionen von der Pike auf emporgedient hatten und über entsprechendes Know-how verfügten: „militärische Männer" (*viri militares*) im Wortsinn.

viri militares

Hauptreservoir solcher *viri militares* bildete die Rangklasse der Zenturionen, die als militärische Praktiker über die Erfahrung eines wenigstens zwanzigjährigen Militärdienstes verfügten, insbesondere die Rangältesten unter ihnen, die *primipili,* zugleich die ranghöchsten Zenturionen der 1. Kohorte jeder Legion. Diese Offiziere gehörten, mit den Tribunen, zum Stab des Legionslegaten. Auf ihr Fachwissen griffen die Kaiser seit dem 2. Jahrhundert zurück, als sie sukzessive die Heeresstruktur unter dem Diktat des militärisch Notwendigen reformierten und langsam die weitgehend ortsfeste Grenzbewachungsarmee in eine hochmobile Interventionsstreitmacht umformten. *Primipili* bildeten den Grundstock der Kommandeursriege in der neuen Truppenstruktur. Sie wurden als *praepositi* (Befehlshaber) von Vexillationen und mehr und mehr auch als Präfekten von Kavallerie-Einheiten und Auxiliarkohorten Angehörige des *ordo equester.* Posten der Armee wurden mithin nicht mehr mit Rittern besetzt, sondern militärische Fachleute rückten, weil sie bestimmte Funktionen erreichten, in den Ritterstand auf. Die Rangstruktur wurde, militärisch wie sozial, durchlässiger, Zenturionen erhielten erstmals die Möglichkeit, in höchste Offiziersdienstgrade aufzusteigen.

Nicht nur *primipili,* sondern auch andere *viri militares* erreichten so seit dem 3. Jahrhundert verantwortliche Kommandos. Veteranen und ihre Familien bildeten eine neue Oberschicht in den Städten; ihre Söhne traten wiederum in die Armee ein und setzten oft die Karrieren der Väter fort. So entstand ein Karriere- und Berufssoldatentum, das sich durch Korpsgeist und Vererbung als abgeschlossene soziale Gruppe verfestigte und die alten Eliten des *ordo equester* und der Dekurionen funktional verdrängte. Immer mehr Personen, die als einfache Soldaten ihren Dienst in der Armee begonnen hatten, stiegen mit den Jahren in höchste Ränge auf, wurden *praepositi, duces*, schließlich gar Prätorianerpräfekten und am Ende in etlichen Fällen sogar Kaiser. Eine glanzvolle militärische Karriere schlug sich unmittelbar in vermehrtem Sozialprestige nieder: Die neue Offizierselite rückte in den Ritterstand auf, nicht wenige erreichten die höchste ritterliche Rangstufe eines *vir eminentissimus*.

Die Professionalisierung des militärischen Apparats beschleunigte sich unter Gallienus, der die senatorischen Posten des *tribunus laticlavius* und des *legatus legionis* beseitigte und durch Angehörige des Ritterstandes ersetzte (260). Das Kommando über die Legionen, nunmehr in den Händen eines *praefectus legionis*, war damit den Senatoren entzogen und stand ebenfalls Karrieresoldaten offen, wohl wiederum in erster Linie gewesenen *primipilarii*.

protectores

Den Trend verstärkte noch die ungefähr gleichzeitige Schaffung einer neuartigen Spezialeinheit, der *protectores*. Die wohl unter Valerian geschaffene Sonderklasse militärischer Fachleute brachte Führungspersonal jeder Art hervor, und aus ihr stammten neben zahlreichen Stadt- und Prätorianerpräfekten so manche Kaiserpersönlichkeiten, darunter Diokletian und Constantius, der Vater Konstantins. Der Status als *protector* schuf ein militärisches Elitenbewusstsein, stärkte die soziale Identität des höheren Offizierskorps und band die militärischen Führer enger an den Kaiser, dem sie dienen sollten. Der Vergleich mit dem preußischen Generalstab (*András Alföldi*) scheint so abwegig nicht.

Mit der militärischen Professionalisierung erhielten Personenkreise Aufstiegschancen, die bis dahin weit abseits der imperialen Eliten gestanden hatten. Selbst einfache Soldaten konnten, auf der Grundlage von Leistung und Bewährung, in höchste Positionen aufrücken, vorausgesetzt, sie überlebten den Dienst an vorderster Front lange genug. Die neue militärische Elite war ihrerseits das Reservoir für Thronkandidaten und entfaltete so eine weit über den engeren Bereich der Streitkräfte ausstrahlende Wirkung. Kaiserpersönlichkeiten wie Aurelian, Probus und Diokletian werden erst aus ihrer Sozialisation in der soldatischen Elite heraus plausibel. Wenn sie in vielem neue Wege gingen, neue Maßstäbe anlegten und andere Akzente setzten als ihre als Senatoren groß gewordenen Vorgänger, dann kündet dies von einem umfassenden Wertewandel, dessen Katalysator die Armee war.

Militärische Organisation

Personelle und organisatorische Umstrukturierung des militärischen Apparats waren zwei Seiten derselben Medaille. Einer der Wege, auf die wachsenden Herausforderungen durch äußere Feinde zu reagieren, war die Vergrößerung der Armee. Ihn gingen bereits Mark Aurel und nach ihm wieder Septimius Severus. Gegen die nahezu exponentielle Vermehrung militärischer Krisenherde an den Grenzen seither konnte dies kein dauerhaft wirksames Rezept sein: Die Kaiser stießen mit ihren Ressourcen schlicht an Grenzen. Die Alternative bestand in einem Abrücken von der bisher praktizierten starren Heeresdoktrin. Alle Verbände, ob Legionen oder Hilfstruppen, lagen bis ins 3. Jahrhundert in ortsfesten Garnisonen, hauptsächlich entlang der Reichsgrenzen. Im Angriffs- oder Verteidigungsfall sandten diese Truppen Abordnungen (*vexillationes*) auf den Kriegsschauplatz. Ergänzend dazu konnten die Kaiser, wie Mark Aurel und Septimius Severus, neue Soldaten an Ort und Stelle ausheben. Über eine mobile Reserve, die dort eingesetzt werden konnte, wo sie gebraucht wurde, verfügte das Imperium nicht. Vielleicht hatte Septimius Severus so etwas wie die Schaffung eines Reserveverbandes im Sinn, als er eine der drei von ihm im Orient ausgehobenen Legionen, die *legio II Parthica*, nicht an einer der Grenzen stationierte, sondern mitten in Italien, in Alba bei Rom.

Die wirkliche Abkehr vom starren Grenzverteidigungskonzept erfolgte allerdings erst auf dem Höhepunkt der Krise, unter Gallienus. Die neue Heeresstruktur lief auf eine Stärkung der Kavallerie als mobiler Eingreiftruppe und ihre Herauslösung aus den Legionen sowie auf eine allmähliche institutionelle Verfestigung der Vexillationen hinaus und war abermals aus der Not geboren, nicht Frucht eines langfristigen strategischen Kalküls. In der Absicht, den in den Fünfzigerjahren mit starker Kavallerie über die Rheingrenze drängenden Alamannen eine gleichwertige Reitertruppe entgegenzustellen, stationierte Gallienus als für den Westteil zuständiger Augustus maurische und dalmatinische Reiter als selbstständigen Truppenteil in Mediolanum (Mailand).

Die Einrichtung des Kavallerie-Standorts Mediolanum war zwar nur eine Sofortmaßnahme, dazu nur vorübergehend, markiert aber doch den Beginn eines taktischen Umdenkens. Im Kalkül des Gallienus und seiner Offiziere erhielt das Hinterland bedrohter Grenzregionen einen völlig neuen Stellenwert. Die Städte Norditaliens, des westlichen Balkan, Griechenlands, Thrakiens und Westanatoliens wurden mit starken Befestigungen versehen und empfingen Vexillationen. So entstand im Ergebnis ein strategisches Glacis im Grenzhinterland, in dem eingefallene Reichsfeinde (wie unter Claudius II. Gothicus und Aurelian die Goten) mühelos isoliert und aufgerieben werden konnten.

Damit kündigte sich die zweigliedrige Armee der Spätantike, mit *limitanei* als Grenz- und *comitatenses* als mobilen Eingreiftruppen, bereits an. Auch das Übergewicht der Reiterei zeichnete sich seit Gallienus, besonders aber mit den Erfolgen, die Aurelian mit der Kavallerie über die nach Moesien und Thrakien eingedrungenen Goten errang, deutlich ab.

„Grand Strategy"?

Ein einflussreiches, in den 1970er-Jahren aus der Perspektive moderner Strategic Studies verfasstes Buch unterscheidet drei idealtypische Stadien von „strategic statecraft" (*Edward N. Luttwak*) im kaiserzeitlichen Imperium Romanum des 1. bis 3. Jahrhunderts n. Chr. Die julisch-claudischen Kaiser im 1. Jahrhundert hätten die Sicherung der Peripherie einem Kranz von Klientelstaaten übertragen, der Durchsetzung römischer Hegemonie den Primat vor der Sicherung des Territoriums eingeräumt und so gewaltige Ressourcen eingespart, die an den offenen Reichsgrenzen unmittelbar der Expansion zugute kamen. Seit den flavischen Kaisern (mit der Zäsur des 1. Jüdischen Kriegs) habe eine Doktrin der Vorneverteidigung an den Außengrenzen, kombiniert mit einem integrierenden Annexionismus auf Kosten der Klientelstaaten, die „economy of force" der julisch-claudischen Periode abgelöst. Starre, mit großem Aufwand befestigte Grenzen, an denen ortsfeste Garnisonen Wache schoben, seien an die Stelle der offenen *frontier* getreten, der wandernden Siedlungs- und Eroberungsgrenze der frühesten Kaiserzeit. Dieses Strategem, das unter den Antoninen, seit Hadrian (mit dem britannischen „Hadrianswall" als Symbol), seinen Höhepunkt erreicht habe, sei mit der bedrohlicher werdenden Lage an den Reichsgrenzen unter dem Druck wandernder Stämme in sich zusammengefallen. Es sei einem in die Tiefe gestaffelten Verteidigungssystem gewichen, mit ummauerten Städten und mobilen Reserveeinheiten im Hinterland des Grenzgebiets.

Für *Luttwak* sind politische Krise und Destabilisierung der Grenzen seit dem 3. Jahrhundert und wieder, nun verstärkt und verstetigt, seit dem späten 4. Jahrhundert wesentlich Folge einer verfehlten Strategie, die alle Ressourcen in der Defensive gebunden und sich damit jeglicher Mittel für offensive Operationen und diplomatische Intervention auf der Basis von Drohung und Abschreckung beraubt habe. Sie habe die Initiative allein den äußeren Feinden Roms überlassen. Die spätantike Verteidigungsdoktrin, welche die Grenztruppen zugunsten mobiler Eingreifverbände schwächte, habe die Situation noch verschlimmert, indem sie andrängende Feinde geradezu zur Festsetzung auf Reichsterritorium eingeladen und so die innere Einheit des Imperiums nachhaltig unterminiert habe. Allein das flexible hegemoniale Konzept der julisch-claudischen Periode, das, mit seiner gewichtigen Komponente Kosten sparender indirekter Herrschaft, die begrenzten ökonomischen und militärischen Ressourcen Roms mit einem Höchstmaß an Effizienz zur Geltung gebracht habe, findet *Luttwaks* Gnade.

Die Idee, die politische Krise des 3. Jahrhunderts sowie Niedergang und Kollaps des römischen Westens auf dem Konto strategischer Fehlentscheidungen zu verbuchen, ist verführerisch. Sie hat, gegenüber multifaktoriellen Erklärungsmodellen, den Vorzug intellektueller Griffigkeit und verzichtet auf jeden ökonomischen Determinismus, der mit dem archäologischen Befund ohnehin nicht in Einklang zu bringen ist (s. S. 113). Sie bewältigt zugleich das Problem der Kontingenz, mit dem sich jede Ursachenforschung herumschlagen muss, die scheinbar unmotiviert aus dem historischen Nichts herandrängende Barbarenhorden an den Anfang der Kausalkette stellen möchte. Sie eröffnet schließlich eine Perspektive für die Vergleichbarkeit Roms mit rezenten Großreichen, vom British Empire bis zum Roten Imperium der Sowjets, für deren

Krise und Untergang ebenfalls handfeste strategische Fehlkalkulationen als Ursachen anzuführen sind.

Und doch ist *Luttwaks* Modell in seiner luziden Eindeutigkeit nicht haltbar. Dass Roms Kaiser strategische Grundsatzentscheidungen fällten, die generationenlang Wirkung entfalteten (Befestigung der germanischen und britannischen Grenzen durch Hadrian; Aufgabe des domitianischen Projekts einer Annexion von Böhmen und Mähren durch Trajan, der seine Prioritäten in Dakien und im Osten setzte), steht nicht zur Debatte. Auch der allmähliche Übergang von der Offensive zur Defensive kann nicht geleugnet werden und ist bereits von Zeitgenossen wie Tacitus kritisch beleuchtet worden.

Das Modell einer „Grand Strategy" verkennt aber völlig die vielfältigen Wechselbeziehungen zwischen militärischen Operationen einerseits und dem weiten Feld der „Innenpolitik", insbesondere machtpolitischen Erwägungen und gesellschaftlichen Normen, andererseits. Der Kaiser war in seinem operativen Vorgehen kaum Herr der eigenen Entscheidungen. Bereits in julisch-claudischer Zeit zeigte sich an der inkonsistenten, ständig zwischen Annexion und Gewährung von Autonomie schwankenden Politik des Imperiums seinen orientalischen Vasallenstaaten gegenüber, wie wenig man in Rom zum Formulieren einer wirklichen „Strategie" in der Lage war. Die Kaiser tendierten immer dann zu Expansion und Annexionismus auf Kosten von Klientelstaaten, wenn sie rasch und ungefährdet außenpolitische Erfolge vorweisen wollten, um ihre Position nach innen abzusichern.

Permanentes Krisenmanagement

Noch häufiger, gerade im 3. Jahrhundert, erklärt sich das militärische Handeln der Kaiser aus jeweils aktuellen Notlagen heraus: Gallienus und Postumus unterdrückten lange ihre wechselseitige Rivalität, weil ihre Heere gegen äußere Feinde gebunden waren, die sie für gefährlicher hielten und deren Einbrechen ins Reich unweigerlich neue Usurpationen heraufbeschwören musste; derselbe Gallienus befestigte das Hinterland, stationierte in Mediolanum (Mailand) Reiter und löste sie von den Legionen, weil das System der Grenzverteidigung nicht mehr funktionierte; die Regionalisierung militärischer Verantwortung, ob vom Kaiser veranlasst (Philippus Arabs - Priscus, Valerian - Gallienus), geduldet (Gallienus - Odaenathus) oder dem Kaiser aufgezwungen (Gallienus - Postumus), war keine strategische Grundsatzentscheidung, sondern ergab sich einfach aus der strukturellen Überforderung eines monarchischen Prinzipats, in allen bedrohten Reichsteilen zugleich Kaisernähe zu demonstrieren.

Einer kohärenten Strategie stand obendrein allzu oft das ungenügende geografische und ethnografische Wissen der Römer entgegen. Die Informationen, die reisende Kaufleute und vereinzelte militärische Kommandounternehmen tief ins Feindesland von dort nach Rom brachten, reichten bei Weitem nicht aus, um eine adäquate Vorstellung vom jenseits der römischen Grenzen liegenden Barbarenland zu entwickeln. Allerdings operierten, wie das

Schlachtfeld vom Harzhorn zeigt, römische Truppen mit erheblichem logistischen Aufwand auch im 3. Jahrhundert noch tief in germanischem Gebiet: Davon, dass sich die Römer nach der Niederlage gegen Arminius sukzessive hinter den immer starreren Linien ihres Limes verschanzt hätten, kann keine Rede sein. Diplomatisch und auch militärisch blieb Rom im germanischen Barbaricum präsent. Die Möglichkeiten der politisch Verantwortlichen, nachrichtendienstliche Informationen über ihre Feinde zu erlangen, waren dennoch ausgesprochen beschränkt.

Das Bild von den römischen Kaisern als weit vorausplanenden Strategen ist also, für das 3. Jahrhundert wie für alle anderen Epochen der Kaisergeschichte, irreführend. Gerade die Soldatenkaiser waren aber durchweg Meister der Improvisation. In militärisch angespannter Lage, während scheinbar alle Dämme brachen, waren sie immer wieder zu unkonventionellem Handeln imstande, das zudem, obwohl ursprünglich nur als Notmaßnahme ersonnen, wegweisende Lösungen für die Zukunft bot.

2. „Sonderreiche“: Die Regionalisierung militärischer Verantwortung

Kaisernähe als Problem

Spätestens als 260 bei Edessa Valerian in die Hände der Sasaniden geriet, wurde deutlich, dass das römische Kaisertum für den Bestand des Reiches elementare Aufgaben nicht mehr wahrnehmen konnte. Der Kaiser konnte nicht, während sich an den Grenzen die Ereignisse überstürzten, auf allen Kriegsschauplätzen zugleich präsent sein. Er musste Prioritäten setzen - und setzte er sie, so loderte bald an anderer Stelle ein neuer Flächenbrand.

Es war aber nicht die überragende strategisch-militärische Kompetenz des Princeps, derer es allenthalben bedurfte. Jeder General wäre vermutlich ebenso wie der Herrscher in der Lage gewesen, nach allen Regeln der Kriegskunst zu operieren. Die Präsenz des Kaisers erforderte schlicht das - wenn man so will: irrationale - Bedürfnis der Soldaten wie der von Krieg und Unsicherheit gebeutelten provinzialen Bevölkerung nach Herrschernähe. Gerade dann, wenn die Not am größten war, richteten sich die Erwartungen auf den Kaiser. Auf ihm ruhten die Hoffnungen auf Wiederherstellung politischer und ökonomischer Stabilität, auf Sicherheit der Grenzen. Ein nahezu messianischer Heilsglaube knüpfte sich an die Person des Herrschers. Enttäuschte er ihn und leistete er nicht das von ihm Erwartete, so schlugen Hoffnung und Zuversicht jäh in den Verlust der Autorität um, auf der das Kaisertum beruhte. Das Aufflammen von Usurpationen und schließlich der Sturz des Princeps waren dann nur eine Frage der Zeit.

Liefen Leistungsschwäche eines Princeps und der daraus erwachsende Autoritätsverlust bis 260 stets auf die gewaltsame Beseitigung des Kaisers hinaus, so ist die Formierung quasi-souveräner Territorien auf Reichsboden in Ost (Palmyra) wie West (Gallien) ohne Frage als innovatives Element anzusehen. Beide „Sonderreiche" teilen eine Reihe von Gemeinsamkeiten: Beide verdankten ihre Existenz dem in Abwehrschlachten erworbenen militärischen Prestige ihrer Herrscher; beide befriedigten zuerst und vor allem den Wunsch von Bevölkerung und Militär nach Herrschernähe (im Fall Odaenaths ist der Begriff „Herrscher" nicht unproblematisch, entscheidend aber ist die charismatische Komponente seiner Autorität seit dem Persersieg); beide stellten keinen Anspruch auf Herrschaft in Rom und begnügten sich mit regionaler Machtausübung; beide schließlich sind - das wird die neuere Forschung nicht müde zu betonen - nicht als separatistische Absetzbewegungen gegen Rom, sondern primär als regionale Initiativen zur Selbstverteidigung zu deuten.

Gleichwohl entstanden beide Formationen unter jeweils spezifischen, im jeweiligen Reichsteil vorherrschenden Bedingungen. Sie sind damit zwei Varianten eines Typus, einander ähnlich und vergleichbar, aber nicht identisch. Um ihre historische Bedeutung zu ermessen, bedarf es einer gewissen regionalgeschichtlichen Tiefe.

Palmyra

Die Siedlungsgeschichte Palmyras, auf aramäisch Tadmor, reicht bis in die frühe Bronzezeit zurück. Die Oase zwischen Emesa und Euphrat bot einer Ackerbau treibenden Bevölkerung stets eine sichere Subsistenzgrundlage. Bewässerungsfluren mit mehreren Ernten pro Jahr machten sie unabhängig vom spärlichen Niederschlag der syrisch-arabischen Steppe.

Der Grund dafür, dass Palmyra zu einer der bedeutendsten und wohlhabendsten Städte der römischen Welt avancierte, lag aber nicht in der Fruchtbarkeit seiner Äcker. Archäologische Feldforschung, die dem Bürgerkrieg in Syrien unmittelbar vorausging, hat inzwischen einiges Licht ins Dunkel der vorrömischen Geschichte Palmyras gebracht. Demnach befand sich in der Oase bereits um 200 v. Chr. eine städtische Siedlung, deren Handelskontakte mit dem Mittelmeer und mit Mesopotamien bald zur Haupterwerbsquelle ihrer Bewohner avancierten. Gerade aus der Mittellage zwischen zwei feindlichen Imperien (zwischen dem Partherreich im Osten und erst dem Seleukidenreich und später dem römischen Imperium im Westen) zogen die Palmyrener den denkbar größten Profit: Beide Mächte vertrauten den Palymrenern, und Vertrauen war die Schlüsselressource im immens gewinnträchtigen transeurasischen Fernhandel.

Die Präsenz Roms in Palmyra wurde im 1. Jahrhundert n. Chr. immer fühlbarer, während zugleich die Bedeutung des mediterranen Marktes für den palmyrenischen Fernhandel rapide zunahm. Palmyra unterstand, vielleicht schon seit dem 1. Jahrhundert n. Chr., sicher aber im 2. Jahrhundert n. Chr., der Jurisdiktion des römischen Statthalters von Syria. Architektur und Kunst Palmyras zeugen davon, dass man in der Oase die Formensprache der Mittelmeerwelt wachen Auges wahrnahm. Dennoch blieb die Oasenstadt ein Solitär unter den römischen Städten, auch des Nahen Ostens. In keiner anderen Stadt besaßen Verwandtschaft und Stammeszugehörigkeit für die Gesellschaft eine vergleichbare Signifikanz; nirgends war der Fernhandel als Wirtschaftsfaktor auch nur annähernd so bedeutsam. Palmyra verfügte über Institutionen, die zumindest dem Namen nach die einer griechischen Polis im römischen Imperium waren: eine Ratsversammlung (*boule*), Strategen, einen Tempel für den Kaiserkult, ein Theater, einen *demos*. Die fast durchweg zweisprachigen (griechischen und palmyrenischen) Inschriften bezeichnen Palmyra als *polis*, lassen aber keinen Zweifel an der Bedeutung, die (offenbar als Verwandtschaftsgruppen empfundene) Stämme für das politische, soziale und religiöse Leben hatten. Römische Beamte wie der Statthalter von Syrien verfügten über Machtbefugnisse in Palmyra, das Wort des Kaisers hatte Gesetzeskraft. Dennoch blieb die Stadt stets auch weit offen nach Osten: Palmyrenische Kaufleute reisten mit ihren Karawanen durch das Partherreich und unterhielten Handelsstützpunkte in parthischen Städten. Palmyrener weihten sogar ein Heiligtum für den römischen Kaiserkult in der Stadt Vologesias im parthischen Babylonien.

Die Stadt, zusammengewachsen möglicherweise aus Siedlungsinseln um tribale Heiligtümer, konnte ihren Ursprung als Konglomerat heterogener Stammes- und Verwandtschaftsgruppen schon urbanistisch nicht verleugnen. Ein Teil der palmyrenischen Kaufleute war dauerhaft in der Fremde – im Partherreich, am Persischen Golf und sogar in Indien – ansässig. Die Übrigen brachen einmal im Jahr mit einer Karawane gen Osten auf, um von der Westküste Indiens Luxusgüter wie Elfenbein, Gewürze und vor allem Seide zu beschaffen, die sich in der römischen Welt mit großem Gewinn verkaufen ließen. Die Kaufleute bildeten aber nicht die Spitze der sozialen Pyramide. Davon künden die sogenannten „Karawaneninschriften", die von ihren Reisen im 1., 2. und noch 3. Jahrhundert berichten: Fast immer handelt es sich um Dankadressen der anonym bleibenden Kaufleute an namentlich genannte Persönlichkeiten, die offensichtlich enormes Sozialprestige genossen. Allem Anschein nach definierte sich die Rolle dieser großen Herren durch ihre Position in der Rangordnung der Stämme, die das Bindeglied zwischen der Stadt und ihrem von Nomaden bevölkerten Umland bildeten.

Die Stammesgliederung der Nomaden griff allem Anschein nach tief in die Stadt hinein. Auch die palmyrenischen Eliten waren selbstverständlich in die Stammesgesellschaft integiert. Sie verfügten, vielleicht selbst noch zeitweise das Leben von Nichtsesshaften teilend, über exzellente Verbindungen zu den Nomaden und wirkten als Bindeglieder zwischen Stadt und Steppe. Dies ist vorläufig nur eine modellhafte Rekonstruktion der gesellschaftlichen Verhältnisse, die trotz aller Plausibilität noch der Erhärtung durch ein besseres Verständnis des Inschriftenmaterials bedarf. Treffen diese Vermutungen zu, dann waren die wirklichen Machthaber in Palmyra die Oberhäupter von Clans und

Stammesgruppen: Einfluss definierte sich nach verwandtschaftlichen Kriterien. Die von der Terminologie suggerierte *polis*-gleiche Struktur wäre dann, selbst als die Oasenmetropole unter Caracalla römische *colonia* wurde, genauso das Produkt einer Hybridisierung mit lokalen Traditionen gewesen wie die äußerlich griechisch-römischen Vorbildern nachempfundene Architektur Palmyras. Sie beherbergte, soweit es sich um Sakralarchitektur handelte, Kulte und Gottheiten, die mit römischer und griechischer Religion kaum etwas zu tun hatten. In beiden Fällen tat die mit dem Prestige der Hegemonialmacht Rom aufgeladene Symbolik dem Repräsentationsbedürfnis der lokalen Elite Genüge.

Odaenaths Alleinherrschaft

Diesem Milieu entstammte Odaenathus, der „sonnengesandte Löwe" des 13. Sibyllinischen Orakels. Wie etliche Familien der Oberschicht besaßen auch die Septimii Odaenathi das römische Bürgerrecht, wohl seit Septimius Severus. Odaenath vollbrachte das Kunststück, die bis dahin auf mehrere Clans verteilte Macht in einer Hand zu bündeln: seiner eigenen. Eine auf das Jahr 252 datierte Inschrift nennt ihn, den Senator Odaenathus, erstmals mit einem weder in Palmyra noch sonst im römischen Orient bis dahin geläufigen Titel: *exarchos Palmyrēnōn*, palmyrenisch *ršʾ dy tdmwr*, „Oberhaupt von Tadmor". Besonders im palmyrenischen Titel drückt sich das völlig neuartige Machtmonopol aus. Mit Odaenath trugen den Titel auch seine Söhne.

Schon die Chronologie legt einen Zusammenhang zwischen dem zweiten Römerkrieg Šapurs (seit 251) und dem Aufstieg Odaenaths zur Alleinherrschaft in Palmyra unmittelbar nahe. Der Titel *exarchos* impliziert primär eine militärische Funktion seines Trägers, und vermutlich hatte Odaenath vor seinem Aufstieg zur Alleinherrschaft eine Funktion, die es ihm erlaubt hatte, sich im Krieg zu bewähren. Die Nomadenstämme der Steppe bildeten ein für Palmyra jederzeit aktivierbares militärisches Potenzial, das auch erklärt, wie Odaenathus scheinbar aus dem Nichts eine Streitmacht aufbieten konnte, mit der er den Persern die Stirn bieten konnte. Vielleicht hatte Odaenathus bereits vor seinem ersten Auftreten in den Inschriften 251 erfolgreiche militärische Operationen geleitet, die Palmyra vor persischem Zugriff schützten und Odaenathus zu seinem späteren Renomee verhalfen.

Zwei weitere Faktoren, die unmittelbar mit dem Feldzug Šapurs nichts zu tun hatten, erzwangen vermutlich ein Reagieren der palmyrenischen Eliten und sorgten für erhebliche interne Machtverschiebungen. Erstens war anscheinend den palmyrenischen Kaufleuten mit der sasanidischen Machtübernahme (224) der Zugang zum Reich im Osten erschwert worden. Was für den palmyrenischen Transithandel eine schwere Hypothek war, ist leicht zu erklären: Während die Parther in den Palmyrenern geschätzte Handelspartner sahen, zu denen Vertrauen in Jahrhunderten gewachsen war, waren die Oasenbewohner für die neuen Herren im Osten schlicht „Römer" und damit Feinde. Denkbar ist, dass der Einfluss der Stammesführer, die bis dahin das Heft in

Palmyra in der Hand gehalten hatten, nicht ausreichte, um die Routen durchs Perserreich offen zu halten. Vielleicht versprach man sich von einer Bündelung der individuellen Interessen eine bessere Verhandlungsposition, vielleicht setzte man auch von Anfang an auf die militärische Option, mit der man den Zugang zum Persischen Golf zu erzwingen trachtete.

Zweitens veränderte sich mit der Verleihung des römischen Bürgerrechts an praktisch alle freien Reichsbewohner durch die *constitutio Antoniniana* (212) eine entscheidende Bedingung für das Selbstverständnis aller Eliten im Reich, darunter auch der palmyrenischen. Obwohl als politisches Kriterium längst bedeutungslos, war das römische Bürgerrecht in Städten, die nicht als Ganzes über die *civitas Romana* verfügten, wichtiges soziales Unterscheidungsmerkmal: Die Oberschichten besaßen es, alle anderen nicht. Die Ausweitung, von den Eliten fraglos als Deklassierung empfunden, könnte zu ihrer Desintegration beigetragen haben. Möglicherweise machte es der Verlust eines kollektiven Statusmerkmals einem Außenseiter wie Odaenathus leichter, die Alleinherrschaft an sich zu reißen.

Aus welchen Gründen auch immer: Bereits mit seinem Griff nach dem Machtmonopol in Palmyra sprengte Odaenathus das politische System einer römischen *colonia* und griechischen *polis*, wie fassadenhaft es auch zuvor schon gewesen sein mochte. Er änderte, wenngleich für uns nicht fassbar, gewiss auch das Gefüge der Stammes- und Verwandtschaftsgruppen. Vor allem wurden die Nomadenstämme als militärisches Rückgrat der Stadt, denen bis dahin lediglich lokale Bedeutung zugekommen war, durch die Konzentration der Befehlsgewalt zu einem wirklichen, für die Krise des Jahres 260 entscheidenden Machtfaktor im imperialen Maßstab.

Sie bildeten, als das Heer Valerians geschlagen, die römische Kommandostruktur im Osten zerfallen war, den Kern des Widerstands. Odaenathus reorganisierte die Reste des römischen Heeres, vereinigte sie mit seinen Verbänden und besiegte am oberen Euphrat das beutebeladene, aus Kleinasien heimkehrende Heer Šapurs. Er warf in Emesa die Usurpation der Macriani nieder und brach tief auf sasanidisches Territorium ein, bis vor die Tore Ktesiphons. Schließlich kämpfte er im Norden Kleinasiens gegen einfallende Heruler, bevor er Opfer eines Mordanschlags wurde.

Odaenathus übernahm, in aller Selbstverständlichkeit, die Verantwortung für einen ganzen Reichsteil, der an gleich zwei Außengrenzen bedroht war. Er erstickte eine Revolte, die gegen Gallienus gerichtet war. Gleichzeitig begnügte er sich mit den ihm von Gallienus verliehenen Ämtern (*corrector totius Orientis* [„Wiederhersteller des gesamten Orients“], *dux Romanorum* [„*dux* der Römer“]) und nahm lediglich einen Titel an, der jede Rivalität mit dem römischen Kaiser sorgsam vermied: *rex regum* („König der Könige“), die alte parthische Königstitulatur, die auch die Sasaniden gebrauchten. Nach allem, was wir über die Eigendynamik von Usurpationsprozessen wissen, ist dieser Befund überraschend: Warum griff Odaenathus, nachdem er Šapur besiegt und den Osten konsolidiert hatte, nicht selbst nach dem Purpur? Weshalb gab es keine Bestrebungen aus der Truppe, Odaenathus als Prätendenten gegen Gallienus ins Spiel zu bringen? Dabei hätte er gekonnt: Seine Aussichten, den angeschlagenen Gallienus vom Thron zu stoßen, wären gewiss realistischer gewesen als jene aller Usurpatoren in den verschiedenen Reichsteilen zusammengenommen.

Scheute Odaenathus das Risiko einer Usurpation? Hierfür gibt es keine Anhaltspunkte, schließlich war er wagemutig genug, um bis Ktesiphon vorzustoßen. Fehlte es ihm an Ambitionen? Auch das ist, angesichts der Zielstrebigkeit, mit der er die Macht in Palmyra an sich riss, wenig wahrscheinlich. War es also „Pflichtbewusstsein", eine tief empfundene Loyalität gegenüber dem Imperium, dem die palmyrenischen Eliten so viel verdankten?

Die Antwort kann nur die spezifische Situation der Zeit nach 260 geben. Einen wichtigen Fingerzeig liefert die Titulatur *rex regum*, die Odaenathus selbst annahm. Sie weist nach Osten, nicht nach Westen. Nach Osten deutet auch Odaenaths Zug vor die Tore Ktesiphons. Wenn Odaenathus imperiale Ambitionen hatte, und nichts spricht dagegen, dann versuchte er sie im Osten, auf Kosten, am besten unter Verdrängung des ebenfalls lädierten und alternden Šapur, zu realisieren, bevor die Heruler in Bithynien einbrachen und seine Pläne zunichtemachten. Odaenaths scheinbare Selbstgenügsamkeit erklärt sich also wesentlich aus der nach Osten zielenden Stoßrichtung seiner Politik. Sie kollidierte, jedenfalls vorerst, nicht mit den Interessen des im fernen Rom herrschenden Kaisers Gallienus.

Anders stellte sich die Situation für Gallienus dar. Er musste sich durch einen quasi-souverän agierenden Odaenathus beständig herausgefordert fühlen. Der Schatten, den Odaenathus auf seine kaiserliche Autorität warf, war unübersehbar. Insofern passt eine Verstrickung des römischen Kaisers in den Mordanschlag auf Odaenath durchaus ins Bild. Ziel jedes Kaisers musste, sobald es die Verhältnisse gestatteten, die Beseitigung der palmyrenischen Machtsphäre im Osten sein.

Zenobia und Vaballathus in der Defensive

Odaenaths Erben, Zenobia und Vaballathus, waren mit völlig veränderten Bedingungen konfrontiert. Sie standen, anders als der stets offensiv agierende „sonnengesandte Löwe", von Beginn an in der Defensive. Schon die Übertragung der an die Person Odaenaths gebundenen Titel und Befugnisse durch Vererbung war, aus römischer Sicht, ein Unding. Aus Sicht der Familie war sie alternativlos. An Expansion in den persischen Raum war nicht mehr zu denken. Stattdessen brachten Zenobia und Vaballathus durch die Besetzung Arabiens und Ägyptens die Endpunkte der südlichen Handelsroute aus Indien unter die Kontrolle Palmyras – kündigten den römischen Kaisern vorerst jedoch nicht offen die Loyalität auf, wie im Namen des Claudius und Aurelians geprägte Münzen beweisen.

War das palmyrenische „Sonderreich“ nichts als ein „gescheiterter Griff nach dem Imperium“ (*Fergus Millar*)? War es in der Bilanz eine Usurpation wie viele andere, in einem Zeitalter, in dem Usurpationen an der Tagesordnung waren? Wenn es das nicht war, dann schon deshalb, weil die Usurpation im Fall Palmyras am Ende der Ereigniskette stand, nicht am Anfang. Palmyra war längst quasi-souveränes Machtzentrum, bevor Zenobia und Vaballathus nur überhaupt an den Griff nach dem kaiserlichen Purpur dachten.

Es war aber auch deshalb kein alltäglicher römischer Umsturz, weil die Kriterien einer Usurpation nicht erfüllt waren (s. S. 105). Wesentlich ist, dass Odaenathus, Zenobia und Vaballathus in der Bevölkerung des Nahen Ostens einen Rückhalt fanden, der den Rahmen selbst stark regional verwurzelter Usurpationsbewegungen eindeutig sprengte. Ihre Autorität in der Region verdankte sich fraglos Odaenaths Sieg über die Perser; sie gründete aber auch in einem aus der historischen Distanz nicht zu durchschauenden Geflecht von Verwandtschafts- und Loyalitätsbeziehungen, das den gesamten syrisch-mesopotamischen Raum durchzog und sogar, weit darüber hinaus, bis Ägypten und Kleinasien reichte. Wenigstens ebenso wie das Militär war die regionale Zivilbevölkerung mit ihren Eliten in die Unterstützergruppe für die palmyrenischen Herrscher eingewoben. Die fast schon überschwänglich positive Beurteilung Odaenaths durch das 13. Sibyllinische Orakel spricht für sich. Instruktiv ist auch die Haltung einer propalmyrenischen Gruppe in Ägypten, die bei dessen Eroberung durch die Palmyrener (270) den Ausschlag gab (s. Quelle).

Quelle

Zosimos über die Eroberung Ägyptens durch den palmyrenischen General Septimius Zabdas

(Zosimos 1,44)

Zenobia wurde nun ehrgeizig und sandte Zabdas nach Ägypten, weil Timagenes, ein Ägypter, der die Auslieferung Ägyptens an die Palmyrener betrieb, eine Armee von 70000 Palmyrenern, Syrern und Barbaren ausgehoben hatte, denen 50000 Ägypter gegenüberstanden. In einer erbitterten Schlacht errangen die Palmyrener einen entscheidenden Sieg, ließen eine Garnison von 5000 Mann zurück und traten den Rückweg an.

Die nicht vollständig klare Rolle dieses Timagenes, vielleicht eines ägyptischen Händlers, der kommerzielle Kontakte nach Palmyra unterhielt, zeigt, wie entscheidend für die Palmyrener ihr Rückhalt in der Zivilbevölkerung für die scheinbar unaufhaltsame Expansion im römischen Osten war. Nicht erkennbar ist indes das Hervortreten von Reichseliten: Die sonst bei Usurpationen unvermeidlich wirksamen senatorisch-ritterständischen Netzwerke und Interessenkoalitionen von Provinzstatthaltern, Legionskommandeuren und anderen Funktionsträgern scheinen, wenn überhaupt, allenfalls eine untergeordnete Rolle gespielt zu haben.

Unbeabsichtigter Griff nach dem Imperium

Die Ereigniskette in und um Palmyra spitzte sich erst in ihrer Schlussphase zum letzten Endes von den Akteuren unbeabsichtigten „Griff nach dem Imperium" zu. Gleichsam erst unter Zwang entstand die Idee einer Machtergreifung im Römischen Reich. Palmyra und die Orientprovinzen als quasi-souveränes Machtzentrum sind nicht zu trennen von der Ausnahmesituation an Roms Ostgrenze um und kurz nach der Jahrhundertmitte. Was geschah, war zunächst (wohl schon seit 251) regionale Initiative zum Selbstschutz gegen einen äußeren Feind, in einer zweiten Etappe (von 260 bis zum Heruler-Einfall 267) persönliches Projekt des *rex regum* Odaenathus zur imperialen Expansion im persischen Osten, schließlich (seit 268) verzweifelte Defensive gegen ein von Neuem erstarktes, nach Wiederherstellung seiner territorialen Integrität strebendes Rom.

Palmyra wurde nach der Eroberung durch Aurelian nie wieder ein erstrangiger politischer Faktor. Die Stadt verlor aber nicht ganz ihre Bedeutung. Weite Teile der Stadtanlage wurden unter Diokletian zur Festung, in die bestehende Architektur wurde brutal eingegriffen. Palmyra war seither eine Etappe in dem langen, völlig neuartigen Grenzverteidigungssystem, das sich vom Euphrat bis zum Roten Meer spannte und mehr zur Kontrolle nomadischer Stämme als zur Abwehr persischer Angriffe konzipiert war. Die gewachsene Bedrohung durch Nomaden war ihrerseits Folge des aurelianischen Triumphes über Zenobia: Mit der Zerschlagung von Palmyras tribalen Eliten verlor die Oasenstadt ihre integrierende Kraft; die Nomaden entglitten der Kontrolle, die Palmyra so effektiv geübt hatte. Diese Aufgabe hatte Rom, mit ungleich größerem Aufwand, jetzt selbst zu leisten. Von den Anstrengungen kündet das Befestigungssystem, in das Palmyra integriert wurde.

Das gallische Sonderreich im Westen

Mit ähnlichen Schwierigkeiten der Interpretation konfrontiert uns auch der zweite quasi-souveräne Herrschaftsbereich, das gallische „Sonderreich" im Westen. Auch hier ist klar, dass die Ausnahmesituation des Jahres 260 – mit der Gefangennahme des Seniorkaisers Valerian, der Krise im Osten und den Einbrüchen wandernder Stämme im Westen – die notwendige Bedingung für die Sprengung der politischen Reichseinheit bildete. Auch für den Westen lauten die entscheidenden Fragen: Welche Motive veranlassten die Verantwortlichen, so zu handeln, wie sie handelten? Welche Haltung nahm die regionale Zivilbevölkerung gegenüber den Teilherrschern ein? Was für Pläne verfolgten Postumus und seine Nachfolger mit Blick auf die konkurrierende Zentralregierung in Rom?

Bei allen evidenten Parallelen vollzog sich der Bruch der Nordwestprovinzen mit Rom unter anderen Vorzeichen als im Osten. Während Odaenath sorgsam jeden Anschein der Rivalität mit dem römischen Kaiser vermied, riskierte Postumus mit Bedacht den offenen Aufstand. Er nutzte die sich überstürzenden Ereignisse im Reich für einen berechneten Coup. Der erste fallende Dominostein einer langen Reihe war auch hier die Niederlage Valerians bei Edessa und seine Gefangennahme durch die Sasaniden 260. Sie zog unmittelbar die Usurpation des Ingenuus in Pannonien nach sich, die wiederum Gallienus zwang, die gefährdete Rheingrenze zu verlassen und dem Usurpator entgegenzuziehen. Die germanische Grenze verwandelte sich, mit dem unmündigen, unter der Obhut des Prätorianerpräfekten Silvanus zurückgelassenen Kaisersohn und Caesar Saloninus an der Spitze der Truppen, unversehens in ein Machtvakuum, in das Franken, Alamannen und Juthungen einfielen, das „Dekumatland“ einnehmend und bis Gallien und Norditalien vordringend.

Postumus, der militärische Oberbefehlshaber am Rhein, errang einen Sieg über plündernde Franken und sprach seinen Soldaten die zurückeroberte Beute zu. Als hierauf Silvanus einschritt und die Restitution der Beute an die Opfer verlangte, brach unter den Truppen Aufruhr aus. Die Ausrufung des Postumus zum Kaiser war nur folgerichtig. Sein Heer schloss Saloninus, der sich selbst auf Initiative des Silvanus zum Augustus ausgerufen hatte, in Köln ein und belagerte ihn, bis die Bevölkerung der Stadt den jugendlichen Kaiser und seinen Mentor ermordete und Postumus die Tore öffnete. Die Statthalter der iberischen, gallischen und germanischen Provinzen, Britanniens sowie Raetiens erklärten sich nach und nach für Postumus (bis 261), der in Köln seine Residenz bezog.

Bruch mit Rom

Postumus scheute also, anders als Odaenathus, nicht davor zurück, den Bruch mit Rom zu vollziehen. Die Voraussetzungen seiner Machtergreifung sind freilich nicht mit den Bedingungen vergleichbar, die Odaenathus vorfand. Anders als im Osten war in Germanien mit Saloninus ein Angehöriger der kaiserlichen Familie im Caesarrang präsent. Die Verleihung außerordentlicher Befugnisse und Sondervollmachten stand nicht zu erwarten, zumal der Frankensieg des Postumus in seiner Tragweite mit dem Persersieg Odaenaths nicht annähernd vergleichbar war. Bei Licht besehen hatte also Postumus, wollte er das Heft des Handelns an sich reißen, zur Usurpation keine Alternative.

Wichtiger ist deshalb die Frage, warum Postumus nicht, wie praktisch alle Usurpatoren vor ihm, der gefährdeten Grenzregion den Rücken kehrte und den römischen Amtsinhaber herausforderte, sondern sich stattdessen der Konsolidierung seines Machtbereichs widmete. Sein Handeln wird meist recht vage mit „Pflichtbewusstsein“ und „Pragmatismus“ erklärt, mit individueller Prioritätensetzung in Erkenntnis außerordentlicher Sachzwänge. Diese Interpretation vernachlässigt aber, abgesehen davon, dass sie den „Sonderweg“ der Nordwestprovinzen auf eine personalistische Erklärung verengt, elementare Strukturmerkmale der römischen Usurpation (s. S. 105).

Postumus nämlich hatte, in der spezifischen Situation von 260, Handlungsalternativen, wie sie kaum ein Usurpator vor und nach ihm je hatte. Der

„Marsch auf Rom" bzw. der finale Konflikt zwischen Usurpator und Amtsinhaber waren der Eigendynamik jeder Usurpation inhärent. Ein Usurpator, der nicht die Auseinandersetzung mit dem Amtsinhaber suchte, verlor binnen Kurzem seine Glaubwürdigkeit und war alsbald ein toter Mann. In einer ungleich günstigeren Position befand sich Postumus, der von der an praktisch allen Fronten in Abwehrschlachten verwickelten Reichsregierung nichts zu befürchten hatte. Mehr noch: Ein die Rheingrenze und Britannien stabilisierender Postumus war, im Vergleich zu einfallenden, in ihrer zerstörerischen Wirkung unberechenbaren Stämmen, auch für Gallienus das kleinere Übel. So bestand zwischen beiden Parteien, abgesehen von einem Kleinkrieg um die Alpenpässe, bis zur Auseinandersetzung des Jahres 265 eine Art unausgesprochenes Stillhalteabkommen. Der Frieden von 265 verwandelte die heimliche sogar in eine erklärte Waffenruhe.

Postumus bot sich so eine Chance, die Usurpatoren bis dahin stets verwehrt war: Er konnte im von ihm kontrollierten Machtbereich die Grenzverteidigung selbst in die Hand nehmen, konnte der Bevölkerung Sieghaftigkeit, Fürsorge und Kaisernähe demonstrieren sowie mit von ihm geprägten Münzen propagieren und seine regionale Ausgangsbasis konsolidieren. Die Ereignisse nahmen so gleichsam eine der Entwicklung in Palmyra entgegengesetzte Richtung: Während die Usurpation von Zenobia und Vaballathus die Endstufe des palmyrenischen „Sonderwegs" darstellte, begann jener des Postumus mit einer Usurpation und fand erst über einen Krieg zu einer, wenn auch zeitlich begrenzten, aber immerhin vertraglich geregelten De-facto-Anerkennung durch Rom.

Eine gewisse innere Kohäsion bewies das „Sonderreich" mit seiner immerhin zweimaligen, vergleichsweise reibungslosen Bewältigung des Nachfolgeproblems. Sie verdankte sich wesentlich der angespannten Lage an der Donaugrenze, welche die Aufmerksamkeit des Claudius Gothicus in solchem Umfang erforderte, dass an ein Eingreifen Roms in Gallien nicht zu denken war. Dennoch sind gerade die sich überschlagenden Usurpationen und Palastintrigen Symptome der Desintegration. Anscheinend waren die Nordwestprovinzen mit der militärischen Belastung, die sie zu tragen hatten, vor allem wirtschaftlich überfordert. Die Kaiser scheinen jedenfalls akute Probleme mit der Auszahlung des Soldes gehabt zu haben; die alles bislang Dagewesene in den Schatten stellende Münzabwertung, zu der sie letztlich griffen, konnte dauerhaft keine Lösung bringen.

Unterstützung aus den Reihen der lokalen Zivilbevölkerung, die für Palmyra wenigstens punktuell nachzuweisen ist, kann für das Reich des Postumus nur vermutet werden. Eine regionale kulturelle Identität, wie sie der Osten schon auf Basis des Aramäischen bewahrt hatte, das sich neben Griechisch als Verkehrssprache gehalten hatte, besaß der römische Westen nicht. Dynastische und verwandtschaftliche Verflechtungen zwischen lokalen Eliten, wie sie für den Osten charakteristisch waren, bestanden im Raum zwischen Spanien und Germanien ebenso wenig. Die Münzprägung des Postumus und seiner Nachfolger lässt, in ihrer mehr als konventionellen Ausrichtung, nicht erkennen, dass die gallischen Herrscher die regionalistisch-separatistische Karte gespielt hätten.

Akzeptanz des „Sonderreichs"

Wenn sie aus der Zivilbevölkerung und besonders den Eliten Unterstützung erhielten, dann hauptsächlich dank ihres Erfolgs in der Abwehr feindlicher Inkursionen. Die stabilisierte Rheingrenze war funktionale Rechtfertigung genug für das Regime in Trier. Doch gab es noch andere Motive, das „Sonderreich" zu akzeptieren. Zwei in ihrer Bedeutung kaum abzuschätzende Angebote an Bevölkerung und Eliten waren Kaisernähe und Partizipation. Im überschaubaren Machtbereich der gallischen Kaiser war das Gefühl herrscherlicher Präsenz ungleich leichter zu vermitteln als im schier grenzenlosen Imperium. Und die lokalen Führungsschichten waren, in ihrem Bestreben, in die nun praktisch auf das Format einer Regionalliga gestutzte Reichselite aufzurücken, nicht mehr der übermächtigen Konkurrenz der Italiker ausgesetzt.

Hinreichend für ein dauerhaftes Überleben des gallischen „Sonderreichs" war diese Motivationslage nicht. Der quasi-souveräne Machtbereich des Postumus und seiner Nachfolger hatte keine Chance, zu einem integrierten politischen Verband zu reifen. Die Kategorien, die zur Verfügung standen und derer sich die gallischen Herrscher bedienten, waren jene des Imperiums – in allen Bereichen: ob Recht, Kultur, Religion, Ikonografie, politische und soziale Institutionen. Die Existenzberechtigung einer separaten Sphäre schwand im selben Maß dahin, wie das Imperium die Sicherheit seiner Grenzen wieder aus eigener Kraft garantieren konnte. Und das Arrangement mit Rom konnte nur so lange bestehen, wie es beiden Seiten nützte. Die finale Auseinandersetzung mit den Kaisern in Rom, von Aurelian gesucht, von den gallischen Herrschern aus einer Position der Schwäche gemieden, war schließlich unausweichlich.

Während also die besonders unrühmliche Kapitulation des Tetricus im Angesicht des zu allem entschlossenen Aurelian unausweichlich war, war die Expansionspolitik Odaenaths im römisch-sasanidischen Orient durchaus nicht chancenlos. Der gesamte Raum war nach Valerians Niederlage gegen Šapur und Šapurs Niederlage gegen die Palmyrener ein Machtvakuum, in dem beide Großreiche, militärisch angeschlagen und ausgelaugt, wie sie waren, nicht mehr handlungsfähig waren. In diesem Machtvakuum operierte Odaenathus, trotz begrenzter Ressourcen, mit bewunderswerter Fortüne, bis sich mit dem Einfall der Heruler eine zweite Front in seinem Rücken öffnete (262).

Wäre der Angriff der Heruler ausgeblieben, so hätte ein Sturz der Sasaniden in Mesopotamien, vielleicht im gesamten Perserreich, durchaus im Bereich des Möglichen gelegen. Das von einem alternden, vom Charisma des Siegers verlassenen Šapur regierte Imperium des Ostens hatte dem palmyrenischen Druck anscheinend wenig entgegenzusetzen. Was geschehen wäre, hätte

Odaenathus die Macht im gesamten römisch-persischen Orient an sich gerissen, kann nur Gegenstand von Spekulation sein. Ein dann wirklich mit Recht *rex regum* sich nennender Odaenathus hätte sich jedenfalls kaum noch dem in Rom herrschenden Gallienus untergeordnet, dem überdies das Stigma des Verlierers anhaftete.

Jenseits aller Spekulation überwanden beide Teilreiche die akut in einer Krise drohende äußere Gefahr. Nicht als separatistische „Los-von-Rom"-Bewegungen, sondern als regionale Selbsthilfe-Initiativen entstanden, setzten beide eine von den Akteuren nur begrenzt zu steuernde Eigendynamik frei. Die Zielsetzungen der Protagonisten sind verständlich nur aus der je spezifischen Situation heraus: Postumus war ein Usurpator, der durch die Umstände zum Schutzherren eines Reichsteils wurde; Odaenath ein lokaler Stammes- und Militärführer, dem die Verhältnisse ein kurzes Zeitfenster für den Griff nach der Weltmacht öffneten. Persönliche Zielsetzungen, durchaus im Rahmen individuellen Machtstrebens, und das Erreichte – Wiederherstellung bzw. Sicherung der Grenzen – stimmten nur bedingt überein.

Stabilisierende Funktion

Beide „Sonderreiche" füllten Machtvakuen, in denen sich sonst mit Sicherheit Roms äußere Feinde breitgemacht hätten. Sie waren in all ihrer Kontingenz mithin stabilisierende Faktoren in der bis dahin tiefsten Krise des römischen Kaiserreichs. Ihre Funktion lässt sich als Regionalisierung der Herrschaft „von unten" beschreiben, mit der Bildung sekundärer Machtzentren durch Usurpation und lokale Initiative. Regionalisierung von unten bedeutete zwangsläufig offene oder latente Rivalität mit dem primären Machtzentrum Rom. Sie brach früher (Gallien) oder später (Palmyra) durch und mündete in Krieg. In der Konkurrenz mit Rom mussten die sekundären Machtzentren unterliegen, sobald die Zentralregierung wieder aus eigener Kraft die Grenzsicherheit gewährleisten konnte. Der einzige Ausweg für die Teilherrscher bestand im Aufbau einer dauerhaften Machtbasis, wie Odaenathus und auch Zenobia ihn energisch vorantrieben – er mit seiner letztlich gescheiterten Ostexpansion, die im Erfolgsfall aber ihrerseits ein neues, wirklich souveränes primäres Machtzentrum hervorgebracht hätte; sie mit ihrem Griff nach den römischen Provinzen Arabien und Ägypten.

So oder so war eine quasi-souveräne Einflusssphäre auf römischem Boden dauerhaft nicht lebensfähig. „Sonderreiche" waren deshalb Behelfskonstruktionen mit Übergangscharakter, die ihr Verfallsdatum bereits in sich trugen, denkbar nur unter spezifischen historischen Voraussetzungen. Eine wirkliche Antwort auf die Krise der römischen Grenzverteidigung konnten sie nicht sein. Sie nahmen aber, darin durchaus innovativ, wesentliche Elemente späterer Lösungsansätze vorweg. Vor allem offenbarten sie, dass die auf die Person eines einzigen Augustus konzentrierte Reichsspitze dem Bedürfnis nach Kaisernähe, das mit wachsender Gefährdung exponentiell anstieg, nicht mehr gerecht werden konnte. Außerdem zeigte sich, dass regionale Kommandostrukturen den militärischen Erfordernissen besser entsprachen. Schließlich deutet sich mit den „Sonderreichen", wenigstens schattenhaft, eine wieder wachsende Bedeutung regionaler Identitäten und Loyalitäts-strukturen sowie - vermutlich - auch regionaler Wirtschaftskreisläufe an. So ebneten sie einen Weg, der über die Tetrarchie mittelbar zum geteilten Reich der Spätantike führen sollte.

3. Innovationen in Wirtschaft und Verwaltung

Die Krise, in die das römische Imperium im 3. Jahrhundert schlitterte, war kein umfassender, alle Existenz- und Wirtschaftsbereiche erfassender Niedergang, schon gar keine „Weltkrise", sondern manifestierte sich in der Leistungs- und Akzeptanzschwäche bestimmter Sektoren staatlicher Aktivität. Einerseits fiel es dem Kaisertum zunehmend schwer, die Loyalität von Soldaten und Zivilbevölkerung sicherzustellen. Auf der anderen Seite stand die sich zuspitzende Finanznot des kaiserlichen Haushalts, der bei ungefähr gleichbleibenden Einkünften wachsende Aufwendungen zu bewältigen hatte, vor allem für den militärischen Apparat. Das Akzeptanzdefizit, mit dem alle Kaiser seit Septimius Severus in unterschiedlichem Maß zu kämpfen hatten, und das immer dramatischer werdende Haushaltsdefizit verband ein Beziehungsgeflecht mit unzähligen Wechselwirkungen.

Behebung der Haushaltskrise

Ein ökonomisches Theorieangebot, mit dessen Hilfe die Verantwortlichen die Krise konzeptionalisieren, ihre Ursachen erfassen und nach Lösungswegen hätten forschen können, stand in der Antike nicht zur Verfügung. Der herrschende, von der „Fiktion des unveränderten Geldwerts" (*Thomas Pekáry*) ausgehende Metallismus stand insbesondere jedem Ansatz zu einer Geldtheorie im Wege. Über bescheidene Anfänge - nachzulesen im ersten Buch der *Politik* des Aristoteles - war die volkswirtschaftliche Theoriebildung von Griechen und Römern ohnehin nicht hinausgelangt. Römische Agrarschriftsteller, wie der ältere Cato und Columella, hatten zwar betriebswirtschaftlichem Erfahrungswissen zu einer Verschriftlichung verholfen, waren aber zu stark der Empirie verhaftet, als dass sich aus ihren Werken Handlungsdirektiven für eine „Finanzpolitik" hätten ableiten lassen, welche die Antike schließlich ebenso wenig kannte wie eine „Wirtschaftspolitik". Auch Maßnahmen wie jene Aurelians, der Steuerschuldnern in großem Stil ihre Schulden erließ und die Urkunden öffentlichkeitswirksam verbrennen ließ, waren nicht zur Stimulierung des Marktes gedacht (obwohl sie im Ergebnis sicherlich so wirkten), sondern beziehen ihren Sinn aus dem traditionellen Topos der *liberalitas principis:* Ein „guter" Kaiser zeichnete sich durch Großzügigkeit aus, nicht durch Geiz.

In Ermangelung fiskalpolitischen Wissens griffen die Kaiser zur Behebung ihrer finanziellen Notlage zum einzigen Mittel, das bei geringstem Widerstand maximalen Erfolg versprach. Sie prägten, um den militärischen und administrativen Apparat bezahlen zu können, immer mehr Münzen, deren Metallwert sie im selben Maß verringerten. Sie lösten so in letzter Konsequenz einen Prozess aus, der in seinen Auswirkungen Inflationen im vom Metallstandard unabhängigen Währungssystemen entsprach: Der Geldwert fiel ins Bodenlose, mit ihm brach das Vertrauen in die Münzen, mochten sie auch das Bildnis des Kaisers tragen, vollständig zusammen. Der Fernhandel erlahmte, der Geldumlauf stagnierte, die römische Welt kehrte flächendeckend zum Naturaltausch zurück.

Nachdem sich die inflationäre Münzvermehrung mit ihren immensen sozialen Kosten als Scheinlösung des Dilemmas entpuppt hatte und andererseits die hohen Ausgaben für Militär und Verwaltung als unverrückbarer Posten im Etat feststanden, beschritt die kaiserliche Verwaltung den einzigen Ausweg, den ihr die Umstände ließen: Sie leitete energisch Maßnahmen ein, um die Einnahmenseite des Haushalts zu verbessern. In diesem Sinn lässt sich bereits mit einiger Plausibilität (mit Cassius Dio) die Verleihung des römischen Bürgerrechts an fast alle freien Reichsbewohner mit der *constitutio Antoniniana* deuten, die dem Fiskus ein erhöhtes Erbschaftssteueraufkommen bescherte. Einen fiskalischen Aspekt hatte fraglos auch die seit Aurelian mit Energie betriebene Wiederbesiedlung verwaister Landstriche - vorzugsweise mit „Barbaren“, die ursprünglich als Reichsfeinde über die Grenzen eingedrungen waren.

Steuern und Abgaben

Wichtiger aber war die Systematisierung und Rationalisierung des Steuerwesens und seiner Bürokratie, wobei sich das Abrücken von alten und das Aufkommen neuer Prinzipien teilweise überschnitten und wechselseitig bedingten. Das traditionelle, auf einer Kombination von Grund- (*tributum soli*) und Kopfsteuer (*tributum capitis*) beruhende Steuersystem war mit dem Verfall der Währung praktisch obsolet geworden und hatte sukzessive einer, in Analogie zur Getreideversorgung der Hauptstadt Rom, direkt für die Armee aufzubringenden Naturalsteuer (*annona militaris*) Platz gemacht. Bereits Gallienus schuf nun faktisch einen neuen Typus von Provinzstatthalter, indem er das Amt des Statthalters mit dem der vordem für die Finanzen zuständigen Prokuratoren verschmolz. Durch Konzentration administrativer und fiskalischer Aufgaben in den Händen eines leitenden Beamten, der oft auf eine militärische Karriere zurückblickte, war der Grundstein zu einer Steuerverwaltung gelegt, der zur Erzwingung der Abgaben effiziente Mittel zur Verfügung standen. Hatte noch in Thysdrus (238) die Aufgabentrennung zwischen Prokonsul und Prokuratoren fatale Folgen gehabt, so wurden jetzt die Provinzverwaltungen selbst zu regionalen Steuerbehörden. Bezeichnenderweise kam die administrative Neuerung, gewiss als improvisierte Notmaßnahme, zuerst in besonders exponierten, von wiederholten Einfällen gebeutelten Provinzen zum Einsatz, so im ostanatolischen Kilikien.

Die von Gallienus angestrebte effizientere Organisation der *annona militaris* wurde zum Kern eines neuen Steuersystems, das unter Diokletian seine endgültige (freilich noch naturalwirtschaftliche) Ausprägung erlangte und unter Konstantin wieder auf Geldleistungen umgestellt wurde, aber insgesamt auf eine kontinuierliche Entwicklung zurückblicken konnte. Es sollte die Einnahmen des Fiskus verstetigen, dem kaiserlichen Haushalt so eine Komponente der Verlässlichkeit geben und zugleich ein Höchstmaß an Steuergerechtigkeit gewährleisten. Basis war abermals eine Kombination aus Kopf- und Bodensteuer (*capitatio* - *iugatio*), freilich auf veränderter Bemessungsgrundlage. Alle fünf (später 15) Jahre schätzten kaiserliche Funktionsträger (*censitores*) in einem Zensus die Produktivität der landwirtschaftlich genutzten Fläche neu ein und erstellten ein Kataster, nach dem die Steuerpflichtigen veranlagt wurden.

Das neue System wurde seiner Zielsetzung weitgehend gerecht, allerdings um den Preis vermehrten bürokratischen Aufwands und damit hoher Kosten, deren Erwirtschaftung für eine agrarische Gesellschaft nicht unproblematisch war. Das Imperium der Spätantike bürdete seinen Bürgern höhere Steuerlasten auf als das mit einem Minimum an Verwaltungsaufwand sich begnügende Reich der frühen und mittleren Kaiserzeit. Zum „Zwangsstaat“, der in alle Lebensbereiche seiner Bürger hineinregierte, wurde es damit freilich noch lange nicht, schon weil ihm die Möglichkeiten dazu fehlten.

Den Begriff des „Zwangsstaats“ verbindet man häufig fälschlicherweise mit dem - ebenfalls zu Unrecht - meist Diokletian und seinem Nachnachfolger Konstantin zugeschriebenen „Reformpaket“, dessen Schlusssteine, neben der Neugliederung der Provinzen und der Sanierung des Währungssystems das berühmte, für bestimmte Waren verbindliche Preisgrenzen verordnende Höchstpreisedikt (301) sowie die Bindung gewerblicher Produzenten an ihren Beruf (mit erblicher Zwangsmitgliedschaft in Berufskorporationen) und agrarischer Produzenten an die Scholle (332) gewesen sein sollen. Die Anwendung gewisser Zwangsmaßnahmen durch die Staatsgewalt, vor allem zur Vorbeugung von Steuerflucht, ist nicht zu leugnen, doch griffen die sozialen Umschichtungen, auf welche die Gesetzgebung lediglich reagierte, ungleich tiefer.

Die Ablösung alter durch neue agrarische Bewirtschaftungsformen zeichnete sich bereits im 2. Jahrhundert ab. Vor allem die mit Sklaven als Arbeitskräften in großem Stil wirtschaftenden Landgüter (*villae rusticae*) wichen allmählich einem anderen Bewirtschaftungsmodus auf Basis freier Arbeit. Pachtverhältnisse, durchaus schon in der Republik üblich, gewannen durch zeitliche Ausdehnung der Verträge, schließlich durch Umstellung auf Erbpacht eine neue Qualität und überlagerten als Variante quasi-abhängiger Arbeit die Sklaverei. Die Institutionalisierung der Dauerpacht im Kolonat stellt so die Endstufe einer langfristigen Entwicklung dar, in deren Verlauf der *colonus* (in der

Agrarische Produktion

Kolonat

ursprünglichen Bedeutung schlicht „Bauer“) allmählich zur abhängigen, ortsgebunden Arbeitskraft wurde.

Die typologischen Parallelen zur Feudalordnung des Mittelalters, deren Vorwegnahme der Kolonat in mehrfacher Hinsicht andeutet, sind unübersehbar. Daneben aber behauptete sich stets der freie, kleinbäuerliche Betrieb. Archäologische Daten suggerieren, dass die kleinteilige Erbpacht des Kolonats im 3. Jahrhundert keineswegs zum beherrschenden Bewirtschaftungsmodell avancierte, sondern im Gegenteil mittelgroße Betriebe in allen Reichsteilen sogar noch an Bedeutung gewannen. Das Inventar dieser Höfe lässt ihre Besitzer mitnichten als verarmtes Landproletariat erscheinen, dessen Situation noch vor der Jahrhundertmitte „sehr prekär“ (*Klaus-Peter Johne*) wurde, sondern kündet von einem bemerkenswerten, anhaltenden Wohlstand der bäuerlichen Bevölkerung.

Der Befund ist mit gängigen Modellen des wirtschaftlichen Wandels im 3. Jahrhundert und der ökonomischen Struktur der Spätantike nicht zu erklären. Meist wird der Kolonat mit einer Entvölkerung weiter Landstriche und reichsweitem Menschenmangel in Verbindung gebracht. Der Trend zu Zwangsbewirtschaftung und Schollenbindung sei eine Antwort auf akuten Mangel an Arbeitskräften und versiegenden Nachschub an Sklaven gewesen. Archäologisch ist keines dieser Krisensymptome zu belegen. Auf die Sklavenmärkte strömten nachweislich unvermindert neue Kriegsgefangene, deren Preisrelation zu bestimmten Referenzwaren wie Nahrungsmitteln praktisch stabil blieb. Vermutlich glich der Migrationsüberschuss der auf dem Boden des Imperiums verbleibenden, ursprünglich als Reichsfeinde eingefallenen und dann auf römischem Territorium angesiedelten Germanen die Verluste in den ausufernden Kriegen der Soldatenkaiserzeit mindestens aus.

In der Bilanz scheint die Veränderung der agrarischen Struktur weit weniger dramatisch als meist angenommen. Wichtigstes Merkmal ist der allmähliche Übergang von der Sklavenwirtschaft zur halbfreien Schollenbindung des Kolonats spätantiker Prägung, das wiederum auf älteren Pachtformen fußte. Wenn Menschenmangel als Katalysator für diesen Prozess ausscheidet, muss es einen anderen Erklärungsrahmen geben. Ihn könnte die überlegene Flexibilität der halbfreien Pachtwirtschaft gegenüber dem auf Sklavenarbeit basierenden Großbetrieb bieten, die wiederholt die marxistische Forschung als entscheidenden Faktor benannt hat, freilich im Sinn eines historisch-materialistischen Determinismus: Während der Ackerbau treibende Sklave allein zum ökonomischen Vorteil seines Herrn arbeitete, verband der Kolone mit seinem Tagwerk ein erhebliches wirtschaftliches Eigeninteresse. Nicht zuletzt seine eigene Existenz und die seiner Familie hingen vom Ertrag des Pachtlands ab.

Der Niedergang des großagrarischen Sklavenbetriebs ist also weniger als Antwort auf eine ökonomische Strukturkrise denn als Verdrängungswettbewerb zwischen zwei unterschiedlich rentablen Bewirtschaftungsformen zu deuten. Mit der Zeit setzte sich das konkurrenzfähigere System der kleinteiligen Erbpacht mit halbfreien Kolonen durch. Es koexistierte mit dem weiter in der Fläche vorherrschenden kleinen und mittleren bäuerlichen Betrieb, dessen freier Besitzer nach wie vor gute Gewinnchancen hatte.

Eine römische Karriere

Wie sehr der Trend zur Professionalisierung nicht nur das Militär, sondern auch die Verwaltung erfasst hatte, illustriert die Karriere des Marcus Gnaeus Licinius Rufinus aus Kleinasien. 1994 fand ein Dorfbewohner im anatolischen Akselendi, auf dem Gebiet der lydischen *polis* Thyateira, eine Inschrift, welche die Möglichkeiten sozialen und ökonomischen Aufstiegs für Provinzialen im 3. Jahrhundert anschaulich illustriert (s. Quelle). Es handelt sich um die griechische Ehreninschrift für einen zu höchsten Rängen aufgestiegenen Sohn der Stadt, veranlasst von der Vereinigung der Gärtner.

Quelle

Ehreninschrift der Bürger von Thyateira für Licinius Rufinus

(Herrmann, S. 114, die griechischen Titel werden mit ihren lateinischen Entsprechungen wiedergegeben)

Glückauf! Den M(arkos) Gnaios Likin(ios) Roupheinos, Ritter, *consiliarius Augusti, ab epistulis Graecis, a studiis Aug(usti), a rationibus, a libellis, praetor* der Römer, *praeses provinciae Norici*, Inhaber des Priestertums des Titus Tatius, Mitglied des Rates der zwanzig Männer, erwählten Freund des Kaisers, der häufig Gesandtschaften zu den Kaisern übernommen und alle Privilegien für seine Heimatstadt erwirkt hat, den erlauchtesten Konsular, durch die reichliche Versorgung mit Lebensmitteln und die Errichtung vieler großer Bauwerke ein Wohltäter (*euergetes*) insgesamt und für jeden Einzelnen, (haben geehrt) die Gärtner.

Die Inschrift steht im Zusammenhang mit anderen Quellen, die Leben und Wirken des Licinius Rufinus dokumentieren. Bereits im 19. Jahrhundert waren Ehreninschriften für den *hypatikos* (die griechische Entsprechung für *consularis*, „Konsular") bekannt, 1906 identifizierte Hermann Dessau ihn mit einem aus den Digesten Justinians bekannten Juristen des 3. Jahrhunderts, dessen Werke unter Caracalla oder Elagabal datieren. Doch erst der Neufund aus Akselendi erlaubte die lückenlose Rekonstruktion seiner Karriere.

Rufinus' Zugehörigkeit zum Kollegium der „zwanzig Männer" bietet den Anhaltspunkt für einen ungefähren zeitlichen Rahmen seines Aufstiegs in der kaiserlichen Verwaltung, der ihn schließlich für höchste Ämter qualifizierte. Es handelt sich um die Kommission der *XX viri rei publicae curandae*, die der Senat einsetzte, als nach der *hostis publicus*-Erklärung gegen Maximinus Thrax dessen Invasion Italiens bevorstand (238). Da die Kommission ein Gremium von Konsularen war, ist klar, dass Rufinus vor 238 konsularischen Rang erreicht hatte. Der Kaiser, dessen „erwählter Freund" er wurde, kann, der chronologischen Reihenfolge wegen, welche die Inschrift penibel einhält, nur Gordian III. gewesen sein.

Rufinus' Karriere im kaiserlichen Dienst, die wir über annähernd drei Jahrzehnte überblicken, scheint unter der Alleinherrschaft Caracallas begonnen zu haben (ab 211) und sich bruchlos unter den übrigen Severern sowie unter Maximinus Thrax fortgesetzt zu haben. Rufinus, Ritter (*eques*) von Geburt, hatte nacheinander die Positionen eines *consiliarius Augusti, ab epistulis Graecis, a studiis Augusti, a rationibus* und *a libellis* inne, wobei die letzten beiden Positionen nicht mit letzter Sicherheit aus den griechischen Umschreibungen der römischen Titel zu ersehen sind. Er durchlief damit die klassischen ritterlichen Hofämter, welche die vor Anbruch der Spätantike nur rudimentär entwickelte kaiserliche Bürokratie ausmachten. Er war kaiserlicher Sekretär ohne besonderen Aufgabenbereich (*consiliarius*), für das (griechische) Archivwesen (*ab epistulis*), Privatsekretär (*a studiis*) und Vorsteher der Finanzadministration des Palasts (*a rationibus*). Schließlich hatte er, vermutlich, als a libellis die wichtige Funktion inne, die kaiserlichen Antwortschreiben, die Reskripte (*libelli*), auf Eingaben und Petitionen zu verfassen. Manches deutet darauf hin, Rufinus mit einem anonymen Inhaber dieses Postens zu identifizieren, der nach den Digesten ca. von 222 bis 223 amtierte. Er hätte dann in gut einem Jahrzehnt praktisch das gesamte Spektrum ritterlicher Hofämter durchlaufen.

Rufinus' nächste Karrierestufe, die Prätur, markiert den Wechsel in die senatorische Laufbahn. Vorauszusetzen ist deshalb die vorab erfolgte Einstufung als ädilizischer Senator (*adlectio inter aedilicios*). Für den Inhaber höchster ritterlicher Hofämter stellte die Bekleidung der Prätur kaum den Gipfel der Möglichkeiten dar, andere kaiserliche Sekretäre stiegen direkt zu Konsularen auf. Der Rechtsfachmann Rufinus wurde jedoch offensichtlich im primär juristischen Amt des Prätors gebraucht: Es verhalf ihm zu einer prätorischen Statthalterschaft (in Noricum), angesichts der militärisch-strategischen Bedeutung dieser Provinz kein unbedeutendes Amt.

Wenig später, vielleicht noch in den Zwanziger-, sonst den frühen Dreißigerjahren des 3. Jahrhunderts, erreichte Rufinus den Konsulat. Er war, wie die *Historia Augusta* (*Gordiani tres* 14,4) ausdrücklich vermerkt, Voraussetzung für seine Wahl unter die *XX viri* (238). Seine Mitgliedschaft in diesem illustren und gewiss prominent besetzten Gremium deutet auf den hohen Bekanntheitsgrad des einstigen Ritters und entsprechende Leistungen im Dienst der *res publica*. Nach allem, was wir über die Zusammensetzung des Kollegiums wissen, repräsentierten seine Mitglieder mit ihrer sozialen und geografischen Herkunft ein möglichst breites Spektrum angesehener Senatoren. Rufinus stand also anscheinend für die aus dem Ritterstand aufgestiegenen Senatsmitglieder orientalischer Provenienz.

Was waren die Voraussetzungen für den kometenhaften Aufstieg aus dem Ritterstand der randständigen, griechisch-geprägten Provinz Lydien in die Spitze der senatorischen Reichsaristokratie? Rufinus verdankte seinen Einzug in den inneren Kreis der kaiserlichen Palastbürokratie nichts anderem als seiner fachlichen Qualifikation als Jurist. Er war damit beileibe kein Einzelkämpfer. Eine beachtliche Zahl von Männern, die dem griechischsprachigen Teil des römischen Imperiums entstammten, verdienten sich ihre Sporen im Reichsdienst als Rechtsfachleute. Nicht wenigen gelang damit, wie Rufinus, der Marsch durch die Institutionen bis in höchste Chargen.

Juristische Qualifikation

Diese Männer kamen nicht als unbeschriebene Blätter in die nächste Umgebung des Kaisers. Sie mussten sich ihre juristische Qualifikation, die im 3. Jahrhundert bereits die Kenntnis einer Unzahl von Präzedenzfällen, Rechtsakten und richterlicher Entscheide voraussetzte, zuvor hart erarbeitet haben. Unabdingbare Voraussetzung war die Kenntnis der lateinischen Sprache, zu der im griechischen Osten nur wenige Zugang hatten. Wer im Osten an eine juristische Karriere dachte, musste frühzeitig die richtigen Weichenstellungen vornehmen, musste Geld für Lehrer aufwenden und vermutlich außerhalb seiner Heimatgemeinde eine Bildungseinrichtung besuchen. Rufinus muss diesen Ausbildungsgang unter Septimius Severus durchlaufen haben. Sein Geburtsjahr wird um 185 gelegen haben.

Die juristische Ausbildung im griechischen Osten erfuhr mit der Zeit fortschreitende Formalisierung und Institutionalisierung in Gestalt der berühmten Rechtsschule von Berytus (Beirut). Berytus war, als römische Veteranenkolonie bereits seit augusteischer Zeit, demografisch, kulturell und sprachlich eine lateinische Insel im hellenischen Orient. Keine Stadt war deshalb geeigneter, die Ausbildung der griechischen Eliten in der Rechtswissenschaft, der römischen Wissenschaft par excellence, zu leisten.

Gregor von Neokaisareia, ungefähr eine Generation jünger als Rufinus und in der orthodoxen Tradition bekannt als Gregor der „Wundertäter“, wurde in eine heidnische Familie seiner pontischen Heimatstadt hineingeboren. Die Mutter des früh verwaisten Knaben plante für ihren Sohn eine rhetorische Ausbildung, doch der für ihn engagierte Lateinlehrer weckte sein Interesse für die Rechtswissenschaft. Der Wunsch, Jurist zu werden, zog Gregor nach Berytus, wo sein Schwager im Stab des Statthalters diente. Es verschlug ihn stattdessen nach Caesarea, wo er die Bekanntschaft des Origines machte, der ihn für das Christentum gewann und von seinen ursprünglichen Berufszielen abbrachte.

Die verhinderte juristische Karriere Gregors zeigt aber, dass für die Angehörigen der griechischen Oberschichten der Zugang zur Reichselite im 3. Jahrhundert, vermittelt über gute Lateinkenntnisse und eine juristische Ausbildung, im Prinzip offenstand. Dieser Weg führte über Berytus oder Rom, über die großen Rechtsschulen des Reiches. Eine Alternative zur klassischen öffentlichen Karriere bot immer häufiger der Eintritt in den Klerus der christlichen Kirche, das „Studium“ bei einem der angesehenen Lehrer vornehmlich des Ostens (wie Origines) und der Aufstieg in der Hierarchie der Kirche, der bis zum Bischofsamt und damit auch zu hohem Sozialprestige in einer Welt führen konnte, deren Werte sich rasant wandelten. Beide Karrieren sind, je auf ihre Art, Indikatoren für die wachsende vertikale Durchlässigkeit der römischen Reichsgesellschaft im 3. Jahrhundert.

4. Auf der Suche nach Legitimität: Ansätze zu einer religiösen Fundierung des Kaisertums

Religion und Politik

Zwei Probleme wurden in den ersten beiden Jahrhunderten des Kaiserreichs, zunächst kaum merklich, immer drängender: die fehlende Legitimitätsbasis des römischen Kaisertums und die Dysfunktionalität der traditionellen römischen Religion im imperialen Rahmen. Dass der Prinzipat keine Form der legitimen Herrschaft war, sondern allein auf der Autorität des Princeps beruhte, mündete wiederholt in Zeiten innerer Krise oder äußerer Bedrohung in wahre Usurpationskaskaden, mit epidemischem Bürgerkrieg als fast unausweichlicher Folge (s. S. 105).

Der Sinnverlust, den das Verblassen der altrömischen Götter bedeutete, wirkte sich kaum minder verheerend aus. Bereits die Expansion der späten Republik hatte den auf den kleinen Kosmos eines italischen Stadtstaats zugeschnittenen religiösen Horizont der Römer im Grunde obsolet werden lassen. Die an konkrete Örtlichkeiten gebundenen göttlichen Kräfte (*numina*) verloren ihre Erdverbundenheit, wurden zu immer abstrakteren Mächten, die aber das Bedürfnis nach Nähe kaum noch befriedigten. Fest gefügte Sicherheiten, wie sie die stark formalisierten Riten und namentlich die Deutung göttlicher Zeichen durch Spezialisten (die von den Etruskern entlehnten Formen der Mantik) boten, gerieten ins Wanken. Hinzu kamen unzählige „importierte" Gottheiten, die sich die Römer über den Umweg der *interpretatio Romana* aneigneten: Sie setzten sie schlicht mit ihren eigenen Göttern gleich und machten etwa aus dem keltischen Heilgott Grannus einen Apollo-Grannus.

Einen scheinbar beide Probleme lösenden Ausweg schien der Kaiserkult zu bieten, der nach zarten Anfängen unter Augustus und inspiriert von den Herrscherkulten der hellenistischen Staatenwelt, im römischen Imperium zu immer stärkerer Verbreitung und Institutionalisierung fand. Im Kaiserkult schlossen der Kaiser und seine Untertanen einen „Vertrag" auf Gegenseitigkeit: Der Kaiser empfing Ehrungen, kultische inklusive, und hatte dafür, als Gegengabe, *beneficia* (Wohltaten) zu leisten, hatte Wohlstand und Sicherheit der ihn verehrenden Reichsbevölkerung zu garantieren und vor allem die Kommunikation mit ihr zu bewältigen. Er hatte, den verschiedenen Gruppen der Reichsbevölkerung in je unterschiedlicher Weise, Kaisernähe zu demonstrieren und ganz allgemein für das Wohlergehen seiner Untertanen zu sorgen. Im Licht dieser Interpretation erweist sich der Kaiserkult für den Kaiser als zweischneidiges Schwert: Verstieß er nämlich gegen die Spielregeln der Reziprozität, versagte er also in seinen Aufgaben oder nahm er sie ungenügend wahr, so revanchierten sich die Untertanen postum mit Verweigerung der göttlichen Ehrungen und Gedächtnissanktionen (s. S. 42).

Der nach der reziproken Arithmetik der urrömischen Klientel funktionierende Kaiserkult wirkte also weder als „Loyalitätsakt" (*Karl Latte*), noch bot er einer nach neuen religiösen Orientierungspunkten suchenden Bevölkerung Alternativen zur traditionellen römischen Religion. Italische wie provinziale Bevölkerung wurden auch deshalb immer empfänglicher für neue Kulte, die etwas boten, was traditionelle antike Religionen niemals besessen hatten: eine Ethik, die Hilfestellung bei der Unterscheidung zwischen „Gut" und „Böse" gab. Damit verbunden war eine Theologie der Befreiung aus Ausweg- und Sinnlosigkeit, ein Weg des Heils, den die jeweils im Zentrum des Kultes stehende Gottheit wies, ob es sich nun um Mithras, die zahlreichen aus dem Osten entlehnten Mysterienkulte, die „Erkenntnis" in den diversen Strömungen der Gnosis oder den sich wachsender Beliebtheit erfreuenden Kult des christlichen Gottes handelte.

Die neuen Kulte vermittelten den Gläubigen das Gefühl, zu einer Gemeinschaft der Auserwählten zu gehören, auf der richtigen Seite zu stehen, und dies umso mehr, je härter die Zeiten, je trüber die Realität des Alltags war. Doch auch umgekehrt beeinflusste die neue Religiosität die Weltsicht der Menschen, die - im sicheren Gefühl, auf dem Weg göttlichen Heils zu wandeln - die irdische Wirklichkeit nurmehr als Jammertal wahrnahmen. Diesen Faktor gilt es zu berücksichtigen, möchte man die christlichen wie paganen Verfasser zeitgenössischer Literatur als Kronzeugen für ein wirkliches oder vermeintliches „Krisenbewusstsein" anrufen.

Dass den im frühen Prinzipat aufkommenden und seit dem ausgehenden 2. Jahrhundert zur Blüte gelangenden Weltdeutungssystemen mit ihrer hohen Ethisierung etwas eminent Politisches anhaftete, versteht sich von selbst. Für das Kaisertum lag im Prinzip nichts näher, als sich der Unterstützung der neuen, so mächtigen Götter zu versichern. Das ist durchaus wörtlich zu nehmen. Es ginge entschieden zu weit, Kaisern, die neue Kulte in Rom zu etablieren oder ihre Herrschaft auf neue Weise mit bestehenden Kulten in Verbindung zu bringen suchten, zu unterstellen, sie hätten Religion berechnend zur Herrschaftssicherung instrumentalisiert. Die Literatur über die angebliche „Religionspolitik" römischer Kaiser ist unübersehbar. Religionspolitik aber braucht Gesellschaften, die zwischen Religion und Politik als zwei getrennten, wenngleich einander beeinflussenden Sphären zu unterscheiden wissen. Keine antike Gesellschaft hatte diese Möglichkeit: Die gesamte Lebenswirklichkeit, also auch die Politik, war in ein System religiöser Weltdeutung eingebettet.

Kaiser wie Decius, Aurelian, Diokletian und schließlich Konstantin haben deshalb kaum bewusst die religiöse Karte gespielt. Dennoch hatte die enge Verbindung, die sie zwischen sich und ihrer Herrschaft einerseits sowie bestimmten Göttern andererseits herstellten, im Ergebnis dann eine Legitimität stiftende Funktion, wenn sie für gesellschaftlich relevante Gruppen überzeugend war. Der erste Versuch eines römischen Kaisers, seine Herrschaft an einen importierten Gott zu binden, ging, eben weil ihm jede Überzeugungskraft fehlte, gründlich daneben: Der mit 14 Jahren auf den Thron gelangte emesenische Hohepriester Bassianus Avitus erklärte in Rom umgehend seinen lokalen Gott Elagabal zur obersten Gottheit (218). Kaum vier Jahre später endete seine Herrschaft in der Katastrophe, er selbst, als geschändeter Leichnam, im Tiber.

Zwei Soldatenkaiser, Decius und Aurelian, unternahmen in je unterschiedliche Richtungen zielende Versuche, ihre Herrschaft mit göttlichem Beistand zu stabilisieren. Beide Ansätze wurden mit ihren Urhebern begraben und blieben, in direkter Betrachtung, wirkungslos. Sie waren aber, weit über das 3. Jahrhundert hinaus, mittelbar von epochaler Bedeutung: der Versuch des Decius, weil er schonungslos die Ohnmacht der alten Götter offenbarte und indirekt den Zusammenhalt des jungen Christentums stärkte, jener Aurelians, weil sich in ihm das Potenzial neuer göttlicher Kräfte ankündigte.

Opferedikt des Decius

Im Jahr 249 erließ Decius ein Edikt, das jeden Bewohner des Reiches bei Androhung der Todesstrafe zwang, den Göttern zu opfern. Die Verfügung deuteten bereits die christlichen Autoren des Altertums als gegen die Christen gerichtete Maßnahme. Eusebius von Caesarea führt als Motiv den „Hass" des Decius auf seinen Vorgänger Philippus Arabs an, den er irrtümlich für einen Christen hielt. Mit dem Opferzwang habe man die Christen ausfindig und sich so ihrer habhaft machen wollen. Noch heute gilt der Erlass vielen als Auftakt zur ersten reichsweiten Christenverfolgung.

Die Christenverfolgung, auf die das Opferedikt in der Tat unvermeidlich hinauslief, war indes nur ein Nebenprodukt, keineswegs das eigentliche Ziel der Maßnahme. In der Praxis wurde das Edikt, insbesondere die Ahndung von Verstößen, lokal mit unterschiedlicher Strenge umgesetzt. Das Prozedere war denkbar einfach: Wenn das Edikt lokale städtische Magistrate erreichte, bestellten diese eigens dafür zu bildende Opferkommissionen, die einen Stichtag festzulegen hatten, bis zu dem jeder Einwohner ein amtlich bestätigtes Opfer darzubringen hatte. Die Opferhandlung in Gegenwart der Kommission bestand aus einem Trankopfer (Libation), wohl einem Tieropfer und einem anschließenden Opfermahl. Über die Teilnahme stellte die Kommission ein Zertifikat aus. Wer sich im Besitz einer solchen Bescheinigung befand, konnte zum Stichtag nachweisen, in Übereinstimmung mit dem Opferedikt gehandelt zu haben, und brauchte keine Verfolgung zu fürchten. Entsprechende Bescheinigungen sind erhalten, unter anderem als Papyri aus dem ägyptischen Oxyrhynchos (s. Quelle).

Quelle

Text einer Opferbescheinigung aus Oxyrhynchos

(Papyrus Oxyrhynchos 4,658)

An die Kommission für die Heiligen Opfer und Opferhandlungen der Stadt. Von Aurelius L[...]thion, Sohn des Theodoros und der Pantonymis, seiner Mutter, aus derselben Stadt. Ich habe stets und ohne Unterbrechung geopfert und den Göttern Libationsopfer dargebracht, und nun, in eurer Gegenwart und in Übereinstimmung mit dem Erlass habe ich ein Libationsopfer dargebracht, geopfert und am Opfermahl teilgenommen, gemeinsam mit meinem Sohn Aurelius Dioscorus und meiner Tochter Aurelia Lais. Ich bitte euch, dies für mich unten zu bescheinigen. Jahr eins des Imperator Caesar Gaius Messius Quintus Traianus Decius Pius Felix Augustus.

Das Edikt ist am besten aus der traditionellen Sicht der Römer auf Religion und ihre Götter heraus zu verstehen. Wie der Klient mit dem Patron und der Untertan mit dem Kaiser, so sah sich jeder Römer mit den Göttern in einer asymmetrischen Beziehung auf Gegenseitigkeit. Man opferte den Göttern und erwartete im Gegenzug, dass diese sich erkenntlich zeigten. Liefen die Dinge aus dem Ruder und geriet die gewohnte Ordnung in eine Schieflage, so stimmte etwas in der Kommunikation mit den Unsterblichen nicht. Opferhandlungen waren versäumt oder verschmäht worden, weil sie nicht den strengen formalen Anforderungen genügt hatten.

In einer Situation, in der die Götter nicht im Einklang mit dem Imperium zu sein schienen, durfte sich 249 auch Decius fühlen. Vieles, allzu vieles schien der kaiserlichen Kontrolle zu entgleiten: Sein Vorgänger Philippus Arabs hatte auf eine als Schmachfrieden empfundene Waffenruhe mit den Persern einwilligen müssen; Šapur rüstete zu neuen Einfällen auf römisches Territorium; den Balkanraum, wo Decius selbst als *dux* ein großes Heer befehligt hatte, um dann von Philipp abzufallen, verheerten über die Donau eindringende Goten; mehrere Usurpationen im Osten waren in vollem Gange.

Die Umstände ließen unweigerlich Erinnerungen an bessere Zeiten wachwerden, als die Reichsbevölkerung innerhalb gesicherter Grenzen in Frieden und politischer Stabilität gelebt hatte. Die Epoche der Adoptivkaiser hatten schon Herodian und Cassius Dio zu einem goldenen Zeitalter verklärt, mit der *pax Romana* („römischer Friede“) als universeller Chiffre für Sicherheit und Wohlstand. Worauf sich die Hoffnung der Zeitgenossen richtete, verraten die Münzbilder und -legenden der Zeit, die unmittelbar auf Stimmungen und Tendenzen des „Zeitgeistes“ reagierten: VBERTAS („Wohlstand“) bzw. ABVNDANTIA („Überfluss“) AVG(usti), SECVRIT(as) ORB(is) („Sicherheit des Erdkreises“), VIRTVS EXERCITVS („tapfere Bewährung des Heeres“) und immer wieder VICTORIA AVG(usti) („Sieg des Kaisers“). Decius verkündete programmatisch seine Ankunft in Rom: ADVENTVS AVG(usti) lautete die

Legende zu einem Münzbild, das den Kaiser zu Pferd bei seinem symbolkräftigen Einzug in die Hauptstadt des Imperiums zeigte. Wem trotz allem verborgen geblieben war, dass der neue Kaiser mit seiner Regierung an eine vergangen geglaubte Ära anzuknüpfen gedachte, dem öffnete der Beiname, den Decius nun annahm, in seiner schlichten Eindeutigkeit die Augen: Traianus Decius ließ die Erinnerung an den *optimus princeps* wachwerden, der mit seinen, wenn auch ephemeren Eroberungen im Osten dem Römischen Reich zur größten territorialen Ausdehnung seiner Geschichte verholfen hatte.

Ursachenforschung der Zeitgenossen

Angesichts der vielfältigen politischen und militärischen Probleme der Epoche ist es nur natürlich, wenn die Zeitgenossen intensive Ursachenforschung betrieben. Herodian etwa sah in den vernachlässigten Bildungsanstrengungen der Herrscher seit Mark Aurel, dem Niedergang der griechischen *paideia*, einen wesentlichen Faktor des Missstands. Überhaupt unterschieden sich die Analysen römischer und griechischer Intellektueller grundlegend von den Rekonstruktionsversuchen moderner historischer Forschung. Sie zielten fast immer auf moralische Gesichtspunkte, postulierten Dekadenz der allgemeinen Sittlichkeit. Ihren Versuchen, den Problemen ihrer Gegenwart auf den Grund zu gehen, haftet etwas Hilfloses an, zumal dann, wenn, wie meist, Irrationales im Spiel ist: übernatürliche Mächte und das Verhältnis der Menschen zu ihnen.

Traditionell standen die Römer mit ihren Göttern in einem Nahverhältnis zwischen Ungleichen, aber auf Gegenseitigkeit und in „vertikaler“, weil asymmetrischer, Solidarität zwischen den Partnern. Wie beim Kaiserkult dem Herrscher, so zollte man ihnen Verehrung und opferte in dem Bewusstsein, sich Ansprüche auf Gegenleistungen, *beneficia*, zu erwerben. Hatte man das Gefühl, von den Göttern ungerechtfertigterweise im Stich gelassen worden zu sein, so konnte man sich mit Vertrauensentzug revanchieren. Umgekehrt besaßen die Götter einen legitimen Anspruch auf sachgerechte, den Formalien genügende Verehrung und regelmäßige Opferhandlungen. Ließen es die Sterblichen daran fehlen, so waren Katastrophen praktisch vorprogrammiert.

Das Bewusstsein einer reziproken Bindung an die römischen Staatsgötter spricht noch deutlich aus dem Geschichtswerk Cassius Dios. Einen nicht wiedergutzumachenden Verstoß leistete sich Elagabal damit, wie er die Überführung seines Gottes nach Rom vornahm (s. Quelle). Der Import fremder Gottheiten in das römische Pantheon war ein nahezu alltäglicher, vom Herkommen sanktionierter Akt, der bestens legitimiert war. Anders sah es mit Elagabals Versuch aus, seinen heimatlichen Gott aus Emesa an der Spitze des römischen Staatspantheons zu installieren. Damit drohte er die römischen Götter, allen voran den kapitolinischen Jupiter, von ihren angestammten Plätzen zu verdrängen und musste, in den Augen eines traditionsbewussten Römers, ihre Rache heraufbeschwören.

Quelle

Cassius Dio über das Sakrileg Elagabals

(Cassius Dio 80,11,1)

Das Vergehen [Elagabals] bestand nicht darin, dass er einen auswärtigen Gott nach Rom eingeführt hatte und ihm in außerordentlich merkwürdiger Weise huldigte, sondern in dem Umstand, dass er ihn in der Rangordnung sogar vor Jupiter stellte und veranlasste, selbst zu seinem Priester gewählt zu werden, außerdem in seiner Selbstbeschneidung und in seiner Abstinenz gegenüber Schweinefleisch, in der Auffassung, dadurch werde seine Hingabe reiner.

Wenn das Reich gut drei Jahrzehnte später erkennbar in politischer Schieflage war, so lag, aus derselben Perspektive betrachtet, nichts näher, als eine gestörte Kommunikation zwischen den Römern und ihren Göttern dafür verantwortlich zu machen. Aus Sicht der Traditionalisten war es unerlässlich, die offenbar negative Reziprozität mit den Staatsgöttern positiv zu erneuern. Wie konnte dies besser geschehen, als durch eine einmütige, kraftvolle Solidaritätsbekundung durch die gesamte Reichsbevölkerung? Traianus Decius, der auch sonst an die Rezepte von gestern anknüpfte, um den Problemen seiner Gegenwart zu begegnen, war fraglos der geeignete Herrscher, um eine solche Aktion zu initiieren. Sie war unter der paganen Bevölkerungsmehrheit des Reiches gewiss populär, sonst hätte Decius sie nicht in Angriff zu nehmen gewagt. Aber gab es nicht im Reich eine wachsende Zahl von Personen, die jede Opferhandlung verweigerten, zur Kommunikation mit den Göttern um keinen Preis bereit waren? Sie mussten, so viel stand fest, durch Zwang zur Teilnahme an der allgemeinen Kundgebung bewogen werden.

Es war also keineswegs das Ziel von Decius' Edikt, das Christentum auszulöschen. Das christliche Bekenntnis vieler seiner Untertanen war dem Kaiser gleichgültig, solange sie bereit waren, die positive Reziprozität in der Kommunikation mit den Göttern zu erneuern. Wie so viele einschneidende Maßnahmen hatte aber auch der Opfererlass eine dialektische Fernwirkung, die nicht im Ermessen seiner Urheber lag. Religion war bis zu diesem Zeitpunkt stets eine Angelegenheit gewesen, die sich im kommunalen Raum abgespielt hatte. Auch die römischen Staatsgötter waren, vermittelt über *interpretatio Graeca*, *interpretatio Celtica* und unzählige andere kulturelle Deutungsmuster, in einen bunten Reigen lokaler Pantheen eingezogen, zum Beispiel als Jupiter Heliopolitanus im großen Pilgerheiligtum von Baalbek (Libanon). Die Verfügung des Decius stufte die Städte in religiösen Fragen praktisch zu Ausführungsorganen des Reiches herab: Die religiösen Befindlichkeiten der Bürger waren nicht mehr Sache der Gemeinden, sondern wurde ganz offiziell zur Staatsangelegenheit. Decius vollzog so gleichsam für die Religion jenen Nivellierungsprozess nach, den die *constitutio Antoniniana* (212) rechtlich bereits zum Abschluss gebracht hatte.

So bahnte Decius ausgerechnet dem Christentum den Weg für seinen Aufstieg zur Staatsreligion. Erst indem er die Verehrung der heidnischen Götter zur Staatsangelegenheit erhob, schuf er die Voraussetzungen für eine „Staatskirche". Das Identifikationspotenzial der alten Religion erwies sich am Ende einfach als zu gering, die nur reziproke Bindung der Menschen an ihre Götter bot keine hinreichende Orientierung mehr. Decius' Versuch einer Wiederbelebung der positiven Reziprozität zwischen römischer Reichsbevölkerung und römischen Göttern, an den Valerian und später vor allem Diokletian anzuknüpfen versuchten, war deshalb auf die Dauer zum Scheitern verurteilt.

Sonnenkult Aurelians

Einen anderen, innovativeren Weg in der Organisation göttlichen Beistands beschritt Aurelian, den inhaltlichen Kern der expandierenden Erlösungsreligionen aufgreifend. Aurelian betonte in der programmatischen Selbstdarstellung seiner Herrschaft nicht, wie Decius, das reziproke Nahverhältnis zwischen den Göttern und der Bevölkerung des Imperium Romanum, sondern inszenierte sich selbst als Empfänger göttlicher Gnade, als Sachwalter und schließlich gar Repräsentant himmlischer Mächte.

Aurelians Innovation kleidete sich freilich, anders als Elagabals revolutionärer Akt, in ein konventionelles Gewand. Seine Münzen wahrten zunächst das traditionelle Bildprogramm kaiserlicher Prägungen: Je nach Situation assoziierte sich der Kaiser bald mit Victoria (als Personifizierung eines militärischen Sieges), bald mit Mars (als Ausdruck seiner kriegerischen Sieghaftigkeit) und bald mit Hercules (als Verkörperung seiner Stärke und seines heldenhaften Mutes).

Auch seine besondere Beziehung zum höchsten Gott des römischen Pantheon, die er auf Münzbildern, die seine Investitur durch Jupiter Optimus Maximus zeigen (271), herausstrich, konnte an Präzendenzfälle der frühen Prinzipatszeit anknüpfen. Ähnlich hatte sich bereits Augustus in Apollo eine Gottheit gewählt, der er den Schutz seines Prinzipats anempfahl. Besonders Trajan und Hadrian hatten sich in ihrer Münzprägung an Jupiter angelehnt. Aurelian ging aber sehr subtil mehrere Schritte über diese Vorläufer hinaus: Er prägte in Mengen Münzen, die den Gott zeigen, wie er seinem kaiserlichen Schützling eine Weltkugel als Symbol hegemonialer Herrschaft aushändigt (271/2). Etliche der Münzen kombinieren das Motiv mit einer Legende, welche die Loyalität der Legionen unterstreicht (CONCORD(ia) MILITVM, FIDES MILITVM), andere mit der unmissverständlichen Darstellung von Feldzeichen. Die Prägungen stellen göttliche Investitur des Kaisers und Gefolgschaftspflicht der Truppen bedachtsam in einen Zusammenhang.

Seit dem Frühsommer 273 wandelte sich das Münzprogramm von Aurelians Regierung von Grund auf. Zuerst in Antiochia und auf dem Balkan, bald auch in anderen Prägestätten erschienen Nominale, die statt Jupiter Optimus Maximus eine männliche Gottheit zeigen, welche die Legende als Sol Invictus, den „unbesiegbaren Sonnengott", ausweist. Der Gott erscheint stehend als nackte, nur mit einem Mantel bekleidete Figur im Strahlenkranz, die in der Hand eine Weltkugel oder andere Herrschaftssymbole hält. Einige Emissionen greifen das Motiv der Investitur durch Jupiter auf und zeigen den Sonnengott, wie er Aurelian die Weltkugel übergibt. Auf anderen Prägungen nehmen Personifikationen der kaiserlichen Tugenden (Hercules, Mars) die Stelle des Herrschers ein.

Was für ein Gott war Sol Invictus? Welche Traditionen flossen in ihm zusammen? Und vor allem: Weshalb wechselte Aurelian so rasch und auffallend seine Schutzgottheit? Die exakte Herkunft des aurelianischen Sol Invictus wird sich bei der großen Zahl lokaler männlicher Sonnengottheiten in der römischen Welt, viele davon mit dem Epitheton der Unbesiegtheit, kaum endgültig klären lassen. Eine Spur weist nach Palmyra: Zosimos (1,61,2) berichtet, Aurelian habe „einen verschwenderischen Tempel für Helios [Sol] gebaut, den er mit Votivgaben aus Palmyra schmückte und in dem er Statuen des Helios und des Bel aufrichtete". Palmyra verfügte in Yarhibol, Šamaš und Malakbel tatsächlich über gleich drei Gottheiten mit unterschiedlich starkem solarem Aspekt. Einer der Hauptgötter Palmyras war Bel, in dem lokale aramäische und mesopotamische Traditionslinien zusammenliefen. Hatte also Aurelian gar einen palmyrenischen Gott, den er sich vielleicht mit der urrömischen Zeremonie der **evocatio** angeeignet hatte, zu seinem persönlichen Schutzgott gemacht?

Stichwort

evocatio („Herausrufung")

In der Kulthandlung der *evocatio* riefen römische Feldherren, wenn sie eine feindliche Stadt belagerten oder bestürmten, deren Gottheiten buchstäblich „heraus". Sie veranlassten sie mit einer formal exakt feststehenden Zeremonie gleichsam zum Überlaufen auf die römische Seite. Die Stadt, von ihren Göttern verlassen, war sodann eine leichte Beute für die Legionen, die nun die lokalen, ortskundigen Gottheiten auf ihrer Seite wussten.

Die Unterwerfung Palmyras könnte durchaus ein Grund für die Übernahme des solaren Kults gewesen sein. Die auf den Münzen Aurelians seit 272 häufige Beischrift ORIENS AVG(usti) stärkt diese These. Sie verweist auf die Rückeroberung des Orients durch den Kaiser, zugleich aber unmissverständlich auf die aufgehende Sonne. Doch mögen in der Adoption des Sonnenkults durch den Kaiser noch andere Assoziationen mitgeschwungen haben, wie die Identifikation vieler hellenistischer Könige seit Alexander dem Großen mit Helios und, näherliegend, der solare Aspekt des römischen Kaisertums, dem seit Caracalla auf Münzen der Nimbus (Strahlenkranz) um das kaiserliche Haupt Ausdruck verlieh.

Aurelian weihte dem neuen Gott, wie wir durch Zosimos wissen, in der Hauptstadt einen Tempel und begründete eine Priesterschaft (*pontifices dei So-*

lis) sowie Spiele zu Ehren des Sonnengottes. Er vermied aber den tödlichen Fehler Elagabals, seinen Gott zum höchsten (oder gar einzigen, alle anderen Gottheiten im Prinzip mit verkörpernden) Gott im Pantheon zu machen, und integrierte ihn vielmehr in die bestehende Struktur der römischen Religion, freilich mit einer privilegierten, da den Prinzipat beschirmenden Rolle. Eine heno- oder gar monotheistische Tendenz ist in der Installierung des Sol Invictus nicht auszumachen.

Was also bezweckte Aurelian mit seiner Maßnahme? Wollte er, mit einer gewandelten herrschaftstheologischen Fundierung, dem Prinzipat zu der Legitimitätsbasis verhelfen, die ihm im System des Prinzipats bislang gefehlt hatte? Wieder einmal greift eine solche „funktionalistische" Deutung womöglich anachronistisch über die Möglichkeiten des Zeitalters hinaus. Wie Elagabal und Decius fehlte es vermutlich auch Aurelian an abstrahierender Einsicht, Religion als „Mittel" im Dienst politischer Zielsetzungen zu begreifen und zu instrumentalisieren. Zu wirklicher „Religionspolitik" war er deshalb außerstande. Eher ging sein Denken von der urrömischen Auffassung einer reziproken Beziehung zwischen Mensch und Gott aus. Sol Invictus, dessen Macht Aurelian bei seinen Kämpfen in den Wüsten des Orients zu spüren bekommen hatte, war gewiss ein besonders begehrenswerter Verbündeter. Er drängte sich nach dem Sieg über Palmyra und der Wiedergewinnung des Orients als Schirmherr des aurelianischen Prinzipats förmlich auf.

Sol Invictus

Dennoch blieb die neue Konzeption des Prinzipats als durch den Kaiser vermittelte Herrschaft eines Gottes und damit des Kaisers als eines Sachwalters der Gottheit natürlich nicht ohne Wirkung auf die Natur der Herrschaft selbst. Auch wenn sie vom Kaiser nicht willentlich so eingesetzt wurde: Die Inanspruchnahme erst Jupiters, dann des Sol Invictus, die den Herrscher dicht an die göttliche Sphäre rückte, verschaffte dem Kaisertum Legitimität, vor allem durch den ikonografisch in mannigfachen Varianten unter das Volk gebrachten Investiturakt. Legitimität wuchs dem Kaiser aber noch auf anderem Weg zu: Er konnte jetzt aufgrund seiner engen Beziehung zu dem Sonnengott das „Gottesgnadentum" für sich reklamieren, das keiner seiner Vorgänger besessen hatte. Hier kommt jetzt das herrschaftssoziologische Legitimitätskonzept *Max Webers* in Spiel: Der Prinzipat erhielt in Form der göttlichen Gnade eine neue, so zuvor nicht gekannte charismatische Komponente. Aurelian mag der neuen Möglichkeiten, die dem Kaiser so zur Einforderung von Loyalität zuwuchsen, durchaus gewahr geworden sein, auch wenn er nicht primär auf sie abzielte. Die Vermengung des sich in der Investitur durch Jupiter äußernden Gottesgnadentums mit der von der Legende gebotenen FIDES MILITVM liefert einen deutlichen Fingerzeig in diese Richtung.

Aurelian überschritt am Ende seiner Herrschaft die ohnehin fließende Grenze zwischen Gottesgnadentum und eigener Göttlichkeit. Auf Münzen ließ er sich als DEVS ET DOMINVS NATVS, als „geborener Gott und Herr", feiern.

Die letzte Konsequenz, die noch 200 Jahre zuvor Domitian um Leben und Thron gebracht hatte, konnte zur Zeit Aurelians niemanden mehr schockieren. Weder göttliches Charisma noch die eigene Göttlichkeit aber verliehen Aurelians Herrschaft Dauer: Als Opfer einer Offiziersverschwörung fand er den Tod. Die innovative Inanspruchnahme von Göttern für das Kaisertum wirkte auf unterschiedlichen Ebenen lange nach. Der Kult des Sol Invictus erfreute sich, in signifikantem Gegensatz zum Elagabal-Kult nach 222, noch lange großer Popularität. Das Gottesgnadentum wurde zum festen Bestandteil des Prinzipats und erfuhr unter der Herrschaft des *Iovius* („Jupitergleichen") Diokletian und des *Herculius* („Herkulesgleichen") Maximian weitere Institutionalisierung und Systematisierung. Es wurde schließlich zum Kern des christlichen Kaisertums, mit weit über die Antike ausstrahlender Bedeutung. ■

Auf einen Blick

Den römischen Kaisern fehlte es an Mitteln, die Krisensymptome ihrer Epoche einer systematischen, wissenschaftlichen Analyse zu unterziehen. Deshalb muten manche ihrer „Lösungsansätze", wie das Opferedikt des Decius und die Christenverfolgungen Valerians und später der Tetrarchen, willkürlich, ja naiv an. Dennoch erwiesen sich die meisten der kurzlebigen Soldatenkaiser als Pragmatiker, die den Herausforderungen mit Elan und durchaus erfolgreich begegneten. Der Umbau der römischen Armee, ein Generationenprojekt, schuf einen militärischen Apparat, der mit den Bedrohungen auch an mehreren Fronten zugleich fertig werden konnte. Ein neues System der Besteuerung sicherte dem Staat genügend Einnahmen, um den Aufwuchs bei Heer und Verwaltung zu finanzieren. Manchmal kam den Kaisern auch der Zufall zu Hilfe: Der Regionalisierung der militärischen Verantwortung durch die Tetrarchie waren ungeplant die „Sonderreiche" in Gallien und Palmyra zuvorgekommen, die am Rhein und im Orient die Grenzsicherheit in Zeiten der Unsicherheit wiederhergestellt hatten.

Literaturhinweise

Babusiaux, U. / A. Kolb (Hg.): Das Recht der „Soldatenkaiser". Rechtliche Stabilität in Zeiten politischen Umbruchs, Berlin 2015. Untersuchungen zum Wandel von Recht und Verwaltung im 3. Jahrhundert.

Drinkwater, J.F.: The Gallic Empire. Separatism and Continuity in the North-Western Provinces of the Roman Empire A.D. 260–274. Interpretiert, trotz des Titels, das „Sonderreich" des Postumus gerade nicht als gallischen Separatismus.

Hartmann, U.: Das palmyrenische Teilreich, Stuttgart 2001. Gut lesbare, quellennahe Dastellung der Ereignisgeschichte im Nahen Osten. Interpretiert die Vorgänge als Usurpation im römischen Sinn.

Selinger, R.: The mid-third century persecutions of Decius and Valerian, Frankfurt am Main [2]2004. Systematische Untersuchung der Religionsgesetzgebung der Kaiser Decius und Valerian, die sowohl Motive wie Auswirkungen der Maßnahmen berücksichtigt.

Sommer, M.: Palmyra. Biographie einer verlorenen Stadt, Darmstadt 2017. Gesamtdarstellung zur Geschichte Palmyras.

VI. Bilanz einer Epoche

Ein zu Beginn des 3. Jahrhunderts unter Septimius Severus Geborener konnte, wenn er die vielfältigen Gefahren seiner Zeit, Krankheit, Krieg und Bürgerkrieg, überlebt hatte, als Greis noch Zeuge der Herrschaft Diokletians und der allmählichen Etablierung des tetrarchischen Systems werden. Konnte er aber das Reich, in dem er aufgewachsen war und seine Jugend verbracht hatte, noch wiedererkennen? Er war, sofern er abgabenpflichtig war, mit einem grundlegend neuen Steuersystem konfrontiert, die sozialen Bedingungen der Landwirtschaft hatten sich vielerorts gewandelt, die Provinzen waren neu zugeschnitten worden, die Verantwortungsbereiche der Statthalter zum Teil erheblichen Veränderungen unterlegen.

Neue Konzeption des Prinzipats

Die Legionen, die das Reich nach außen an dessen Grenzen verteidigten, waren nicht mehr dieselben, die einst Septimius Severus und Caracalla befehligt hatten. Sie waren anders bewaffnet, besaßen eine neue Kommandostruktur und hatten immer mehr Soldaten an mobile Eingreifkommandos abgeben müssen, die rasch an militärischen Brennpunkten eingesetzt werden konnten. Sie waren schließlich zur neuen sozialen Elite des Imperiums aufgestiegen, nicht mehr nur „Kaisermacher", sondern auch das personelle Reservoir, dem fast alle Herrscher, von Maximinus Thrax bis zu den Tetrarchen, entstammten.

Das noch unter den Severern vor allem an seiner Ostgrenze offensiv agierende Imperium war in die Defensive gedrängt worden. Gegner im Osten waren nicht mehr die Arsakiden, sondern die Sasaniden, die den Schwung ihrer erfolgreichen innerparthischen Expansion unmittelbar nach außen, und das hieß bei der herrschenden strategischen Lage hauptsächlich: nach Westen, gegen Rom, ableiteten. Rom waren aber auch an seinen übrigen Grenzen gleichwertige Gegner in Gestalt wandernder Stämme erwachsen, die es auf den Reichtum der Provinzen abgesehen hatten. Das Imperium und die Kaiser waren auf dem Höhepunkt der äußeren Bedrohung, um 260, nicht mehr imstande, als politische und militärische Einheit zu operieren. Die Krise des Kaisertums nach Niederlage und Gefangennahme Valerians mobilisierte indes die Ressourcen der Peripherie, die in Ost (Palmyra) wie West (Gallien) ihre autonomen Handlungsspielräume nutzte und das Machtvakuum füllte. Die Regionalisierung militärischer Verantwortung, zunächst nur aus dem Augenblick heraus und von der Reichszentrale notgedrungen toleriert, wurde zum Modell für systematische Ansätze seit der Tetrarchie.

Militär

Die Legionen brachten militärische Spezialisten hervor, die zunehmend gefragt waren, je mehr das Reich äußeren Gefahrenherden ausgesetzt war. Aber auch die Verwaltung brauchte, je differenzierter und professioneller sie wurde, wachsende Heere von Fachleuten, die mehr und mehr der Peripherie des Reiches, gerade auch den griechischen Provinzen, entstammten. Eine qualifizierte Verwaltungselite bedurfte einer gründlichen, vornehmlich juristischen, Ausbildung, und diese leisteten die aufstrebenden Rechtsschulen, mit Schwerpunkten in Berytus und Rom.

Finanzen

Die Verwaltung wurde mehr und mehr zur Waffe gegen die Finanznot des kaiserlichen Haushalts. Sie selbst und die wachsenden Heeresmassen verschlangen Unsummen an Geldmitteln. Der scheinbar schmerzfreie Ausweg der Geldentwertung durch Münzverschlechterung erwies sich als kurzsichtiger Notbehelf. Wer die Währung auf Dauer sanieren wollte, musste die Einnahmenseite des kaiserlichen Haushalts verbessern: Steuern und Abgaben wurden auf eine neue, rationale und rechtliche, wenn auch nicht immer als gerecht empfundene, dem Staat kontinuierliche Zuflüsse sichernde Basis gestellt.

Gewandelte Herrschaftskonzeptionen

Unterdessen entfernte sich das Herrschaftssystem mit wachsendem Tempo vom Prinzipat augusteischer Prägung. Die Kaiser waren immer weniger genötigt, auf die Senatoren und ihre etablierten Standesprivilegien Rücksicht zu nehmen. Von Standesgenossenschaft war nicht mehr die Rede. Ohne auf Widerstand zu treffen, konnte sich Aurelian seinen Untertanen als „Kaiser und Gott“ empfehlen. Er und seine Nachfolger entrückten das Kaisertum auch symbolisch immer mehr der Lebenswirklichkeit Normalsterblicher, denen sie sich nur noch im Rahmen eines die Distanz betonenden, pompösen Hofzeremoniells zeigten.

Dem Wandel in der Herrschaftsauffassung der Kaiser entsprach der Wandel in ihrer Selbstdarstellung. Immer mehr Bilder zeigten sie, wie sie sich frontal dem Betrachter zuwandten. Wichtiger als ihre individuelle Physiognomie wurden die Insignien, die sie symbolisch zu dem machten, was sie waren: mit göttlichem Charisma versehene Herren der römischen Welt. Seit Aurelian verkündeten sie aller Welt ihr „Gottesgnadentum“, das Nah- und Treueverhältnis zwischen dem Herrscher und einer persönlichen Schutzgottheit.

Aber nicht nur das Verhältnis der Kaiser, sondern das der gesamten Reichsbevölkerung zur Religion hatte sich nachhaltig verändert. Die Menschen suchten in neuen Kulten, in wachsendem Maß auch im Christentum, nach Halt und religiöser Sinngebung, welche die traditionelle Religion des Stadtstaats Rom nicht mehr geben konnte. Sie erstrebten, ein Novum im Verhältnis antiker Menschen zur Religion, nicht mehr nur Welterklärung und ein reziprokes Nahverhältnis zu den Göttern, sondern in wachsendem Maß auch Orientierungspunkte im elementaren Antagonismus zwischen „Gut“ und „Böse“. Die Zukunft gehörte deshalb all jenen Religionen, die ihren Anhängern mehr als Kommunikation mit den Göttern über Rituale zu bieten hatten: ein ethisches Gerüst und eine echte Glaubenslehre. Im Jenseits sollten Verfehlungen wie tugendhaftes Handeln vergolten werden. Der Tag des Jüngsten Gerichts, so glaubte man, sei nicht fern.

Viele Menschen, keineswegs nur Christen, lebten deshalb in Erwartung des unmittelbar bevorstehenden Weltenendes. Die politische und gesellschaftliche Realität nahm für sie Züge eines irdischen Jammertals an. Angesichts des baldigen Kommens des Messias - oder eines anderen erwarteten Erlösers - war es nur natürlich, dass das Reich von dieser Welt, Rom, moralisch verkommen und dem Untergang geweiht war. Die apokalyptische Endzeitstimmung addierte sich noch zu einer ohnehin in der römischen Mentalität verwurzelten skeptischen, fatalistischen und pessimistischen Sicht auf historische Abläufe. Welche Aussagekraft haben dann noch Texte wie die anonyme, Aristides zugeschriebene Rede *eis basileia* eines Rhetors zur Zeit des Philippus Arabs, die doch scheinbar die Klage über nachlassende Vitalität des Reiches und seiner politischen, sozialen und ökonomischen Strukturen zum Gegenstand hat (s. Quelle)?

Quelle

Pseudo-Aristides über die Zustände vor Philippus Arabs

(Aristides 35,14)

Als alles im Zustand des Aufruhrs war und, so könnte man sagen, einem anderen Reich [dem Sasanidenreich?] zutrieb, und das Imperium orkangeschüttelt, wie es war, in einen großen Sturm oder ein Erdbeben geriet, und dann wie ein sinkendes Schiff bis ans Ende der Welt getrieben wurde, wohin einige, die Herrscher und Kaiser gewesen waren, zuvor gewandert waren, und dann, wie in einem Labyrinth, in äußerste Schwierigkeiten geriet und schließlich verzweifelte, abgeschnitten vom Rückweg und unfähig zur Rückkehr – als er all dies sah, ließ er nicht, wie ein unerfahrener Steuermann, zu, dass das Reich fortgetragen werde und Gefahr laufe, wie es zuvor geschehen war, sondern er bändigte es und brachte es, als höchst erfahrener und verständiger Kaiser, davon ab, kopfüber ins Verderben zu rennen, und führte es zu einem sicheren Ankerplatz.

Was sich wie die reflektierte Zustandsbeschreibung einer „Weltkrise" (*András Alföldi*) liest, beschreibt in Wirklichkeit nur den Perserkrieg Gordians III. und sein tumultuarisches Ende. Es legitimiert im Nachhinein den unpopulären Frieden mit dem Sasanidenreich, den Philippus Arabs zu Beginn seiner Herrschaft zu schließen gezwungen war. Die Metaphorik in düstersten Farben bewegt sich obendrein ganz und gar im Bereich rhetorischer Konvention; sie findet sich, mit ihrem plastischen Rückgriff auf das Seefahrtsmotiv, so auch schon bei Cicero.

Echte Reflexe einer allgemeinen, wirtschaftliche, soziale und politische Faktoren einschließenden Erschütterung der antiken Welt im 3. Jahrhundert werden wir in den Quellen vergeblich suchen. Gleichwohl gibt es durchaus Anzeichen für eine Krisenwahrnehmung bei den Zeitgenossen, wenn auch nicht so umfassend in der gern postulierten Breite. Einen Anhaltspunkt liefert uns Herodian, der in der frühen Soldatenkaiserzeit über Zeitgeschichte schrieb. Ein unschätzbares Dokument ist seine biografische Skizze des jugendlichen Kaisers Elagabal (s. S. 38). Ihn zeichnet Herodian, jenseits aller konventionellen Tyrannentopik und in markantem Unterschied zu Cassius Dio, dem Elagabal nur ein abnormer Irrer war, gleichsam ein Betriebsunfall der Prinzipatsgeschichte, als Gefahrenquelle für den Zusammenhalt der römischen Welt: als einen Kaiser, der aufgrund seiner Sozialisation im Tempel von Emesa außerhalb der griechisch-römischen Kultur- und Wertegemeinschaft stand und deshalb das zivilisatorische Fundament des Imperiums zu unterhöhlen drohte.

Herodian musste es wissen: Womöglich stammte er selbst aus Syrien, aus der hellenistischen Gründung Antiochia am Orontes, in den geografischen Dimensionen des Imperiums nur einen Steinwurf von Emesa entfernt. Gerade ihm, dem Griechen, der Wert auf seine kulturelle Identität legte, kam es auf den Kontrast zwischen dem „orientalischen" Traditionen verhafteten Emesa, seinem Kult und seinem Priester einerseits und allem Griechischen und Römischen andererseits an. Der asiatische Grieche Herodian besaß einen feinen Sinn für die kulturellen Gräben, die das Imperium Romanum aller scheinbaren Nivellierungstendenz zum Trotz durchzogen.

Er legt damit den Finger auf die offene, von der beeindruckenden Stabilität der *pax Romana* in den ersten beiden Jahrhunderten des Prinzipats nur überdeckte Wunde. Das Römische Reich war faktisch nicht nur eine Föderation autonomer Stadtgemeinden, es war auch ein Konglomerat heterogener ethnischer, kultureller, religiöser, sozialer, ökonomischer und politischer Traditionen. Sie alle blieben unter der Oberfläche, solange das Reich und seine Kaiser die Rolle, die man von ihnen erwartete, gut spielten: Sicherung der materiellen Lebensverhältnisse der Bewohner und Abwehr äußerer Feinde. Konnten die Kaiser diesem minimalen Anforderungskatalog nicht mehr genügen, so taten sich Sollbruchstellen auf, stand die Existenz des Reiches als einer universalen politischen Struktur zur Debatte.

Die „Sonderreiche" in West wie Ost boten zwei Varianten eines Modells, das Rom in seiner bisherigen Form, als Einheit des Mittelmeerraums, hätte überwinden, oder besser: überflüssig machen können. Getragen vom Charisma überzeugender Abwehrsiege und von der Solidarität einer in der Abwehr zu innerer Kohäsion findenden regionalen Bevölkerung, organisierten sich die Peripherien schlicht ohne (und auf mittlere Sicht: gegen) Rom. Die wirtschaftliche Einheit, durch den Verfall der Währung und mit ihr des Fernhandels ohnedies bereits in Mitleidenschaft gezogen, drohte an den neuen reichsinternen Grenzen zu zerbrechen. Am Horizont zeichnete sich – auf anderen Wegen, aber im Ergebnis ähnlich – eine Lösung ab, wie sie der Kollaps Westroms tatsächlich seiner europäischen Erbmasse bescherte: statt eines universalen Imperiums geografische Fragmentierung auf der Basis regionaler Herrschaft und ethnischer Identität.

Leistung der Soldatenkaiser

Es ist, wenn man so will, die epochale Leistung der Soldatenkaiser, dieses Szenario verhindert zu haben. Ohne große strategische Konzeption, wohl aber in einer Serie kolossaler Kraftanstrengungen traten sie den Beweis an, dass der Erhalt des Reiches, seiner Staatlichkeit und Zivilisation den dafür nötigen Aufwand verlohnte: die Unterhaltung eines wachsenden bürokratischen und militärischen Apparats samt Aufbringung der dafür nötigen finanziellen Ressourcen. Komplexere soziale Strukturen, wie sie die Ereignisse des 3. Jahrhunderts erforderten und wie sie sich Stück um Stück herausbildeten, waren nicht zum Nulltarif zu haben: Jeder Bürger spürte den Wandel angesichts gestiegener Abgaben unmittelbar.

„Krise des 3. Jahrhunderts"

Gab es also eine „Krise des 3. Jahrhunderts"? Gewiss strebten die Ereignisse auf verschiedenen Feldern in der Soldatenkaiserzeit einem für das Imperium kritischen Entscheidungspunkt entgegen: neben der militärischen Lage an den Grenzen namentlich die politische Autorität des Kaisertums und, mit ihr aufs Engste verbunden, die Finanzsituation des kaiserlichen Haushalts. In der Forschung häufig genannte darüber hinausgehende Krisenfaktoren, insbesondere auf wirtschaftlichem und demografischem Gebiet, sind nicht nachweisbar, schon gar nicht flächendeckend für das gesamte Reich. Wenn Rom im 3. Jahrhundert in der „Krise" steckte, dann war es eine kombinierte militärische, politische und fiskalische Krise, keine allgemeine – und schon gar keine „Weltkrise". Auf die Lebensbedingungen der Reichsbevölkerung in ihrer überwiegenden Mehrheit hatte das, was geschah, allenfalls marginale Auswirkungen – ungeachtet persönlicher Dramen, die sich dort abspielten, wo Provinzbewohner Opfer von Kriegen und Barbareneinfällen wurden.

Es ist deshalb auch fraglich, was der betagte Zeitgenosse Diokletians, der Ausgangspunkt unserer Überlegungen war, von den Veränderungen, die sich in unserer Rekonstruktion so scheinbar deutlich abheben, wirklich mitbekommen hätte. Viel hängt davon ab, ob er Bauer oder Großpächter, Kolone oder Senator, Töpfer oder Fernhändler, stadtrömischer Empfänger von Getreiderationen oder Soldat war. Womöglich mehr noch davon, ober er Gallier, Daker oder Italiker war. Selbst dann, wenn er an politisch verantwortlicher Stelle saß, hatte er keine Möglichkeit, Ursachenforschung im modernen Sinn, abstrahierend von religiösen Weltdeutungsmustern, zu betreiben. Ihm fehlte dazu die Einsicht in viele Prozesse, die sich im Verborgenen, diesseits und jenseits der Reichsgrenzen, abspielten. Besonders aber fehlte es ihm an theoretischen Modellen, die in der Historiker-Perspektive stets mitschwingen und viel zu unseren Erklärungsversuchen beitragen, auch dann, wenn sie nicht explizit angesprochen werden.

Was also löste die Krise aus? Natürlich bedingten sich, wie in jeder Krise, alle Krisenfaktoren gegenseitig: Der Autoritätsverfall des Kaisertums, wesentlich bewirkt durch die Leistungsschwäche in der Grenzverteidigung, provozierte Usurpationen. Um Loyalität werbend, zeigten sich die Kaiser verschwenderisch großzügig. Die so vor allem für die Legionen wachsenden Aufwendungen ließen die finanziell notorisch klammen Kaiser überall verzweifelt nach neuen Einnahmequellen suchen. Verstärkter Steuerdruck gebar Unzufriedenheit und wurde neuer Nährboden für Usurpationen. Auf Usurpationen folgende Bürgerkriege banden immer wieder große Heere und schwächten die Abwehrbereitschaft an den Grenzen, so neue Angriffe auf das Reichsgebiet unweigerlich provozierend. Ein Teufelskreis schien in Gang gesetzt: Es fällt schwer, die Faktoren, die hier noch nicht einmal annähernd vollständig aufgezählt sind, hierarchisch zu ordnen.

Und dennoch: Die Tatsache, dass der Prinzipat, mit Ausnahme der beiden Vierkaiserjahre 69 und 193 in den ersten zwei Jahrhunderten unserer Zeitrechnung vermeintlich relativ reibungslos „funktioniert" hatte, gibt zu denken. Der Blick richtet sich deshalb auf äußere Faktoren, die ja in der Tat, mit dem sasanidischen Umsturz im Osten und der Formierung wandernder Stämme im Norden, im Vorfeld der Soldatenkaiserzeit neu auf den Plan traten. Beide Bedrohungen haben eine Vorgeschichte, die sie direkt mit der jüngeren (Sasaniden) bzw. älteren (Germanen) Expansionsgeschichte in Verbindung bringt: Erst Roms aggressivem Auftreten im Osten, das seit Trajan und wieder seit Mark Aurel auf arsakidische Kosten ging, verdankte Ardašir seine Herrschaft; Roms Expansion im gallisch-germanischen Raum seit Caesar setzte ihrerseits eine Dynamik in Gang, die den charismatischen, große Stammeskonföderationen um sich scharenden Gefolgschaftsführer zu einem erfolgreichen Typus machte, der für Westrom zur tödlichen Gefahr werden sollte. In Ost wie West war also Rom mit dem dialektischen Umschlagen seiner eigenen Expansion konfrontiert - ein Kreis, der sich in beiden Fällen auf für Rom fatale Weise schließen sollte.

Aber auch der Druck auf die äußeren Grenzen Roms war letztlich nur ein Katalysator, der die Unzulänglichkeiten schonungslos offenlegte, die dem Prinzipat als politischem System von Beginn an eigen waren. Die beispiellose Stabilität des Kaiserreichs in den ersten zwei Jahrhunderten seiner Geschichte verdankte sich hauptsächlich einer nachgerade singulären Sicherheitslage: An keiner seiner Grenzen stand Rom ein auch nur annähernd gleichwertiger Gegner gegenüber. Selbst das Partherreich der Arsakiden agierte, bei aller Bedrohung, die zeitweilig von ihm ausging, meist aus der Defensive. Und selbst in dieser unvergleichlich günstigen außenpolitischen Konstellation stand die Prinzipatsordnung zweimal, mit den Vierkaiserjahren 69 und 193, praktisch am Abgrund.

In den Stürmen des 3. Jahrhunderts offenbarte das „Schönwetterkaisertum" des Prinzipats seine Reformbedürftigkeit. Die Soldatenkaiser haben es, in der ihnen und ihrer militärisch geprägten Mentalität eigenen Pragmatik, Stück für Stück dem Diktat des Notwendigen angepasst. Sie waren, in ihrer breiten Mehrheit, nichts weniger als unzivilisierte Haudegen und provinzielle Parvenüs, sondern stellten sich, typisch römisch, traditionsverbunden und doch innovativ, den Herausforderungen ihres Zeitalters.

Auswahlbibliographie

Quellen

Aelius Aristides – R. Klein: Die Romrede des Aelius Aristides, Darmstadt 1981.

Aurelius Victor: Die römischen Kaiser, hg., eingel. u. übers. v. K. Groß-Albenhausen / M. Fuhrmann, Darmstadt 1997.

Cassius Dio: Römische Geschichte, übers. v. O. Veh, Bde. 1–5, Zürich 1985ff.

Corpus Inscriptionum Latinarum, Bde. 1–16, Berlin 1862ff.

Cyprian: Briefe aus dem Exil, übers. v. S. Hübner, Leipzig 1965.

Dessau, H.: Inscriptiones Latinae Selectae, Bde. 1–3, Berlin 1892ff.

Dexippus – G. Martin: Dexipp von Athen. Edition, Übersetzung und begleitende Studien, Tübingen 2006.

Eutropius: Kurze Geschichte Roms seit Gründung (753 v. Chr.–364 n. Chr.), hg., eingel. u. übers. v. F.L. Müller, Stuttgart 1995.

Festus – J.W. Eadie: The breviarium of Festus, London 1967.

Herodian: Geschichte des Kaisertums nach Marc Aurel, hg., eingel. u. übers. v. F.L. Müller, Stuttgart 1996.

Historia Augusta. Römische Herrschergestalten, eingel. u. übers. v. E. Hohl, Bde. 1–2, Zürich 1976ff.

Laktanz: De mortibus persecutorum – Die Todesarten der Verfolger, übers. u. eingel. v. A. Städele, Turnhout 2003.

Orosius: Seven books of history against the pagans, eingel. u. übers. v. I. Woodworth Raymond, New York 1936.

Papyrus Oxyrhynchos – The Oxyrhynchus papyri, hg. v. B.P. Grenfell / A.S. Hunt, Bde. 1–67, London 1898ff.

Res Gestae Divi Saporis – P. Huyse: Die dreisprachige Inschrift Šabuhrs I. an der Ka'ba-i Zardušt (ŠKZ), London 1999.

Zosimos: New History, übers. v. R.T. Ridley, Canberra 1982.

13. Sibyllinisches Orakel – D.S. Potter: Prophecy and history in the crisis of the Roman Empire. A historical commentary on the Thirteenth Sibylline Oracle, Oxford 1990.

Online-Ressourcen

http://www.arachne.uni-koeln.de. Bilddatenbank des Deutschen Archäologischen Instituts.

http://www.nbeonline.de. Numismatische Bilddatenbank der Universität Eichstätt.

http://manfredclauss.de. Epigrafische Datenbank Clauss / Slaby.

http://aquila.zaw.uni-heidelberg.de. Heidelberger Gesamtverzeichnis der griechischen Papyrusurkunden Ägyptens.

https://edh-www.adw.uni-heidelberg.de/home?lang=de. Epigrafische Datenbank der Universität Heidelberg.

http://papyri.info. Metadatenbank für diverse Papyrussammlungen.

Übergreifende Darstellungen

Alföldy, G.: Die Krise des Römischen Reiches. Geschichte, Geschichtsschreibung und Geschichtsbetrachtung. Ausgewählte Beiträge, Stuttgart 1989. Sammlung von Einzelaufsätzen, die um die These kreisen, im Rom des 3. Jahrhunderts habe es ein „Krisenbewusstsein" gegeben.

Ando, C.: Imperial Rome. AD 193 to 284. The critical century, Edinburgh 2012. Vorzügliche Gesamtdarstellung auf dem neuesten Stand der Forschung.

Bowman, A.K. / P. Garnsey / A. Cameron (Hg.): The crisis of Empire. A.D. 193–337 (The Cambridge Ancient History, Bd. 12), Cambridge ^{2}2005.

Christol, M.: L'empire romain du IIIe siècle. Histoire politique (de 192, mort de Commode, à 325, concile de Nicée), Paris ^{2}1997.

Eich, A. / S. Freund / M. Rühl / Ch. Schubert (Hg.), Das dritte Jahrhundert: Kontinuitäten, Brüche, Übergänge, Stuttgart 2017.

Hekster, O.: Rome and its Empire. AD 193–284, Edinburgh 2008. Knapper Überblick mit nützlichem Quellenanhang.

Johne, K.-P. (Hg.): Deleto paene imperio Romano. Transformationsprozesse des Römischen Reiches im 3. Jahrhundert und ihre Rezeption in der Neuzeit, Stuttgart 2006.

Johne, K.-P. (Hg.): Die Zeit der Soldatenkaiser. Krise und Transformation des Römischen Reiches im 3. Jahrhundert n. Chr. (235–284), Berlin 2008. Monumentales Handbuch durchweg auf dem neuesten Stand der Forschung.

Körner, Ch.: Transformationsprozesse im Römischen Reich des 3. Jahrhunderts n. Chr., in: Millennium 8 (2011), 87–124.

Kulikowski, M., Triumph der Macht: das römische Imperium von Hadrian bis Konstantin, Darmstadt 2018.

Potter, D.S.: The Roman Empire at bay. AD 180–395, London 2004. Vorzügliche Überblicksdarstellung mit Berücksichtigung von Prozessen der langen Dauer.

Strobel, K.: Das Imperium Romanum im 3. Jh. Modell einer historischen Krise? Zur Frage mentaler Strukturen breiterer Bevölkerungsschichten in der Zeit von Marc Aurel bis zum Ausgang des 3. Jh. n. Chr., Stuttgart 1993. Mit guten Argumenten gegen Alföldys These vom „Krisenbewusstsein".

Literatur zu den einzelnen Kapiteln

I. Historische Voraussetzungen

Ando, C.: Imperial ideology and provincial loyalty in the Roman empire, Berkeley 2000.

Christ, K.: Geschichte der römischen Kaiserzeit, München ^{3}1995. Umfassende und hervorragend lesbare Gesamtdarstellung der Epoche.

Flaig, E.: Den Kaiser herausfordern. Die Usurpation im römischen Reich, Frankfurt am Main ^{2}2019. Theoretisch informierte, weit über die Usurpation hinausgreifende Analyse des Prinzipats.

Millar, F.: The emperor in the Roman world, London ^{2}1992. Einflussreiche, nicht unumstrittene Darstellung der institutionellen Aspekte des römischen Kaisertums.

Potter, D.S. (Hg.): A companion to the Roman Empire. Oxford 2006.

Sommer, M.: Das römische Kaiserreich. Aufstieg und Fall einer Weltmacht, Stuttgart 2018.

Sommer, M.: Römische Geschichte. Von den Anfängen bis zum Untergang, Stuttgart 2016.

II. Die Quellen und ihre Probleme

Berressem, B.N.: Die Repräsentation der Soldatenkaiser. Studien zur kaiserlichen Selbstdarstellung im 3. Jh. n. Chr., Wiesbaden 2018.

Bleckmann, B.: Die Reichskrise des III. Jahrhunderts in der spätantiken und byzantinischen Geschichtsschreibung. Untersuchungen zu den nachdionischen Quellen der Chronik des Zonaras, München 1992.

Borbein, A. H. / T. Hölscher / P. Zanker (Hg.): Klassische Archäologie. Eine Einführung, Berlin 2000. Für Studienanfänger.

Brecht, S.: Die römische Reichskrise von ihrem Ausbruch bis zu ihrem Höhepunkt in der Darstellung byzantinischer Autoren, Rahden 1999.

Freyberger, K. St.: Die Bauten von Philippopolis. Zeugnisse imperialer Selbstdarstellung östlicher Prägung, in: E.-L. Schwandner (Hg.): Stadt und Umland. Neue Ergebnisse der archäologischen Bau- und Siedlungsforschung, Mainz 1999, 263–268.

Howgego, C.: Geld in der antiken Welt. Was Münzen über Geschichte verraten, Stuttgart 2000.

Lewis, N.: Papyrus in Classical Antiquity, Oxford 1974.

Millar, F.: A study of Cassius Dio, Oxford [3]1999.

Renfrew, C. / P. Bahn: Archaeology. Theories, methods, and practice, London [6]2006. Systematische Einführung in Methoden, Fragestellungen, Möglichkeiten und Theorien moderner Archäologien.

Syme, R.: Emperors and biography. Studies in the Historia Augusta, Oxford 1971. Wegweiser in der ausufernden Fülle der *Historia-Augusta*-Literatur.

Zimmermann, M. (Hg.): Geschichtsschreibung und politischer Wandel im 3. Jh., Stuttgart 1999.

Zimmermann, M.: Kaiser und Ereignis. Studien zum Geschichtswerk Herodians, München 1999. Umfassendste und aktuellste Darstellung zu Herodian, mit weiterführender Literatur.

III. Die Soldatenkaiser: Das Drama und seine Akteure

Bersanetti, G.M.: Studi sull'imperatore Massimino il Trace, Roma 1965.

Bird, H.W.: Diocletian and the deaths of Carus, Numerian and Carinus, Latomus 35 (1976), 123–132. Börm, H.: Die Herrschaft des Kaisers Maximinus Thrax und das Sechskaiserjahr 238. Der Beginn der „Reichskrise"?, in: Gymnasium 115 (2008), 69–86.

Boschung, D., Eck, W. (Hg.): Die Tetrarchie. Ein neues Regierungssystem und seine mediale Präsentation, Wiesbaden 2006.

Cizek, E.: L'empereur Aurélien et son temps, Paris 1994.

Dal Covolo, E. (Hg.): Gli imperatori Severi. Storia, archeologia, religione, Rom 1996.

Damerau, P.: Kaiser Claudius II. Goticus (268–270 n. Chr.), Leipzig 1934.

De Blois, L.: The policy of the emperor Gallienus, Leiden 1976. Wichtige Grundlagenarbeit, die erstmals den innovativen Charakter der Herrschaft des Gallienus in vielen Aspekten herausgearbeitet hat.

Dietz, K.: Senatus contra principem. Untersuchungen zur senatorischen Opposition gegen Kaiser Maximinus Thrax, München 1982.

Frézouls, E. (Hg.): Les empereurs illyriens, Straßburg 1998. Sammlung von Detailstudien zu den illyrischen Kaisern.

Geiger, M.: Gallienus, Frankfurt am Main 2013.

Glas, T.: Valerian. Kaisertum und Reformansätze in der Krisenphase des Römischen Reiches, Paderborn 2014.

Gnoli, T.: C. Furius Sabinius Aquila Timesitheus, Mediterraneo Antico 3 (2000), 261–308.

Haegemans, K.: Imperial Authority and Dissent. The Roman Empire in AD 235–238, Leuven 2010.

Handy, M.: Die Severer und das Heer, Berlin 2009.

Herrmann, K.: Gordian III. Kaiser einer Umbruchszeit, Speyer 2013.

Körner, Ch.: Philippus Arabs. Ein Soldatenkaiser in der Tradition des antoninisch-severischen Prinzipats, Berlin 2002. Geradezu enzyklopädische Auswertung des Materials. Vertritt die These, dass die Soldatenkaiser bis Philippus Arabs noch weitgehend in severischer Kontinuität standen.

Kolb, F.: Der Aufstand der Provinz Africa Proconsularis im Jahr 238 n. Chr., in: Historia 26 (1977), 440–477. Widerlegt plausibel das Modell eines „Klassenkampfes" im 3. Jahrhundert.

Kreucher, G.: Der Kaiser Marcus Aurelius Probus und seine Zeit, Stuttgart 2003.

Kuhoff, W.: Diokletian und die Epoche der Tetrarchie, Frankfurt am Main 2001. Monumentale Darstellung mit wichtigen Ergebnissen auch für die Periode der Soldatenkaiser.

Polverini, L.: Da Aureliano a Diocleziano, in: Aufstieg und Niedergang der römischen Welt II,2, 1013–1035.

Spielvogel, J.: Septimius Severus, Darmstadt 2006.

Swain, S. / S. Harrison / J. Elsner (Hg.): Severan culture. Cambridge 2007.

Townsend, P.W.: The administration of Gordian III., Yale Classical Studies 4 (1934), 57–132.

Watson, A.: Aurelian and the third Century, London 1999. Umfassende Monografie mit kritischer Beleuchtung der Krisen-These.

Wiegels, R., Zu den Heeresformationen Roms an Rhein und oberer Donau in der Zeit des Alexander Severus und Maximinus Thrax, in: Klio 96 (2014), 93–143.

White, J.F.: Restorer of the world. The Roman Emperor Aurelian, Staplehurst 2005.

Willger, H.-J.: Studien zur Chronologie des Gallienus und Postumus, Saarbrücken (Diss. phil.) 1966.

IV. Herausforderungen: Die alte Ordnung in der Krise

Bakker, L.: Raetien unter Postumus. Das Siegesdenkmal einer Juthungenschlacht im Jahre 260 n. Chr. aus Augsburg, in: Germania 71 (1993), 369–386. Untersuchung zum Augsburger Siegesaltar.

Baldus, H.R.: Uranius Antoninus. Münzprägung und Geschichte, Bonn 1971.

Corbier, M.: Svalutazioni, inflazione e circolazione monetaria nel III secolo, in: A. Giardina (Hg.): Societá romana e impero tardoantico. Istituzioni, ceti, economie, Rom 1986, 489–533. Ausführliche Analyse des numismatischen Materials.

De Blois, L.: Image and reality of Roman imperial power in the third century AD. The impact of war, London 2019.

Dodgeon, M.H. / S.N.C. Lieu: The Roman eastern frontier and the Persian wars. AD 226–363, London 1991. Quellensammlung zu den römisch-persischen Kriegen (in englischer Übersetzung). Enthält auch sonst schwer zugängliches Material.

Flaig, E.: Für eine Konzeptionalisierung der Usurpation im Spätrömischen Reich, in: F. Paschoud / J. Szidat (Hg.): Usurpationen in der Spätantike, Stuttgart 1997, 15–34.

Giardina, A.: The transition to Late Antiquity, in: W. Scheidel / I. Morris / R. Saller (Hg.): The Cambridge economic history of the Greco-Roman world, Cambridge 2007, 743–768.

Hächler, N.: Kontinuität und Wandel des Senatorenstandes im Zeitalter der Soldatenkaiser: prosopographische Untersuchungen zu Zusammensetzung, Funktion und Bedeutung des „amplissimus ordo" zwischen 235–284 n. Chr., Leiden 2019.

Haklai-Rotenberg, M.: Aurelian's monetary reform. Between debasement and public trust, in: Chiron 41 (2011), 1–40.

Hartmann, F.: Herrscherwechsel und Reichskrise. Untersuchungen zu den Ursachen und Konsequenzen der Herrscherwechsel im Imperium Romanum der Soldatenkaiserzeit, Frankfurt a.M. / Bern 1982. Entwirft eine Typologie des Herrscherwechsels. Nimmt die „Reichskrise" als gegebenen Tatbestand hin.

Hekster, O. / G. d. Kleijn / D. Slootjes (Hg.): Crises and the Roman Empire. Proceedings of the seventh workshop of the International Network Impact of Empire (Nijmegen, June 20–24, 2006), Leiden 2007.

Kettenhofen, E.: Die römisch-persischen Kriege des 3. Jahrhunderts n. Chr. nach der Inschrift Šabuhrs I. an der Ka'be-ye Zartošt (ŠKZ), Wiesbaden 1982.

Kettenhofen, E.: Die Einfälle der Heruler ins Römische Reich im 3. Jh. n. Chr., in: Klio 74 (1992), 291–313.

Lewit, T.: Agricultural production in the Roman economy. A.D. 200–400, Oxford 1991. Führt anhand von Surveybefunden überzeugend den Nachweis, dass die ökonomische Krise des 3. Jahrhunderts weitgehend ein modernes Konstrukt ist.

Mazza, M.: Lotte sociali e restaurazione autoritaria nel III secolo d. C., Rom 1973. Marxistische Deutung der „Krise" des 3. Jahrhunderts als Klassenkampf, mit instruktiven Bemerkungen zum Kolonat und zur Währungskrise.

Mennen, I.: Power and status in the Roman Empire, AD 193–284, Leiden 2011.

Quet, M.-H. (Hg.): La »crise« de l'Empire romain. De Marc-Aurèle à Constantin. Mutations, continuités, ruptures, Paris 2006.

Scheidel, W. (Hg.): The Cambridge companion to the Roman economy, Cambridge 2012.

Szidat, J.: Usurpationen in der römischen Kaiserzeit. Bedeutung, Gründe, Gegenmaßnahmen, in: H.E. Herzig / R. Frei-Stolba (Hg.): Labor omnibus unus. (FS G. Walser), Stuttgart 1989, 232–243. Problematische Deutung des römischen Usurpators als eines „illegitimen" Herrschers.

Todd, M.: Die Germanen. Von den frühen Stammesverbänden zu den Erben des Weströmischen Reiches, Stuttgart 2000.

Vittinghoff, F.: Europäische Wirtschafts- und Sozialgeschichte in der römischen Kaiserzeit (Handbuch der europäischen Wirtschafts- und Sozialgeschichte, Bd. 1), Stuttgart 1990.

Wells, P.S.: Die Barbaren sprechen. Kelten, Germanen und das römische Europa, Darmstadt 2007.

Wenskus, R.: Stammesbildung und Verfassung. Das Werden der frühmittelalterlichen Gentes, Köln [2]1977. Klassische Darstellung ethnogenetischer Prozesse in der Völkerwanderungszeit.

Wiesehöfer, J.: Das antike Persien. Von 550 v. Chr. bis 650 n. Chr., Zürich 1993. Umfassende, vor allem strukturgeschichtliche Aspekte beleuchtende Monografie mit kommentierter Bibliografie.

Winter, E.: Die sasanidisch-römischen Friedensverträge des 3. Jahrhunderts n. Chr. Ein Beitrag zum Verständnis der außenpolitischen Beziehungen zwischen den beiden Großmächten, Frankfurt am Main 1988.

Winter, E. / B. Dignas: Rom und das Perserreich. Zwei Weltmächte zwischen Konfrontation und Koexistenz, Berlin 2001. Studienbuch, das quellennah chronologisch und systematisch in das Thema einführt.

Witschel, C.: Krise – Rezession – Stagnation? Der Westen des römischen Reiches im 3. Jahrhundert n. Chr., Frankfurt am Main 1999.

Wolfram, H.: Die Goten. Von den Anfängen bis zur Mitte des sechsten Jahrhunderts. Entwurf einer historischen Ethnographie, München 1979. Standardwerk zur Geschichte der Goten.

Wolfram, H.: Das Reich und die Germanen, Berlin 1990.

Wolfram, H. / W. Pohl (Hg.): Typen der Ethnogenese, Wien 1990.

V. Antworten: Eine neue Ordnung zeichnet sich ab

Alföldy, G.: Das Heer in der Sozialstruktur des römischen Kaiserreiches, in: Ders.: Römische Heeresgeschichte. Beiträge 1962–1985, Amsterdam 1987, 26–609.

Babusiaux, U. / A. Kolb (Hg.): Das Recht der „Soldatenkaiser". Rechtliche Stabilität in Zeiten politischen Umbruchs, Berlin 2015.

Beard, M. / J. North / S. Price: Religions of Rome, Bde. 1–2, Cambridge 1998. Darstellung und Materialband. Gewährt auch den nichtrömischen Religionen im Reich breiten Raum.

Berrens, S.: Sonnenkult und Kaisertum von den Severern bis zu Constantin I. (193–337 n. Chr.), Stuttgart 2004.

Bleicken, J.: Verfassungs- und Sozialgeschichte des Römischen Kaiserreiches, Bde. 1–2, Paderborn 1978.

Drinkwater, J.F.: The Gallic Empire. Separatism and Continuity in the North-Western Provinces of the Roman Empire A.D. 260–274. Interpretiert, trotz des Titels, das „Sonderreich" des Postumus gerade nicht als gallischen Separatismus.

Fears, J.R.: Princeps a diis electus. The divine election of the emperor as a political concept at Rome, Rom 1977.

Fischer, H. Th. (Hg.): Die Krise des 3. Jahrhunderts n. Chr. und das Gallische Sonderreich, Wiesbaden 2012.

Gradel, I.: Emperor worship and Roman religion, Oxford 2002. Aktuelle Gesamtdarstellung zum Kaiserkult. Deutet das Phänomen als Ausdruck einer reziproken Bindung zwischen Kaiser und Kultteilnehmern.

Hartmann, U.: Das palmyrenische Teilreich, Stuttgart 2001. Gut lesbare, quellennahe Gesamtdarstellung. Interpretiert die Vorgänge als Usurpation im römischen Sinn.

Herrmann, P.: Die Karriere eines prominenten Juristen aus Thyateira, in: Tyche 12 (1997), 111–123.

Isaac, B.: The limits of empire. The Roman army in the East, Oxford 1990. Argumentiert überzeugend gegen die „Grand Strategy"-These Luttwaks.

James, S.: Rom und das Schwert. Wie Krieger und Waffen die römische Geschichte prägten, Darmstadt 2013.

Johne, K.-P. / J. Köhn / V. Weber: Die Kolonen in Italien und den westlichen Provinzen des Römischen Reiches, Berlin 1983.

Johne, K.-P.: Von der Kolonenwirtschaft zum Kolonat, in: Ders. (Hg.): Gesellschaft und Wirtschaft des Römischen Reiches im 3. Jahrhundert, Berlin 1993, 64–99.

Kaizer, T.: The religious life of Palmyra. A study of the social patterns of worship in the Roman period, Stuttgart 2002. Mit wichtigen Ergebnissen für die Deutung der palmyrenischen Gesellschaft.

König, I.: Die gallischen Usurpatoren von Postumus bis Tetricus, München 1981.

LeBohec, Y.: L'armée romaine sous le Haut-Empire, Paris 1990. Umfassendste und aktuellste Gesamtdarstellung der römischen Armee.

Leppin, H.: Old religions transformed. Religions and religious policies from Decius to Constantine, in: J. Rüpke (Hg.): A companion to Roman religion, Oxford 2007, 98–108.

Lo Cascio, E.: Teoria e politica monetaria a Roma tra III e IV sec. d. C., in: A. Giardina (Hg.): Societá romana e impero tardoantico. Istituzioni, ceti, economie, Rom 1986, 535–557.

Luttwak, E.N.: The Grand Strategy of the Roman Empire. From the first Century A.D. to the third, Baltimore 1976. Vertritt die These, dass seit dem frühen Prinzipat drei strategische Konzeptionen einander ablösten.

Millar, F.: The Greek East and Roman law. The dossier of M. Cn. Licinius Rufinus, in: Journal of Roman Studies 89 (1999), 90–108.

Pohlsander, H.A.: The religious policy of Decius, in: Aufstieg und Niedergang der römischen Welt II,16,3, 1826–1842. Deutet das Opfer-Edikt nicht als „Christenverfolgung", sondern als Maßnahme, um das Wohlwollen der römischen Staatsgötter sicherzustellen.

Rives, J.B.: The decree of Decius and the religion of empire, in: Journal of Roman Studies 89 (1999), 135–154.

Rives, J.B.: Religion in the Roman Empire, Malden, Mass. 2007.

Selinger, R.: The mid-third century persecutions of Decius and Valerian, Frankfurt am Main [2]2004.

Smith, A.M.: Roman Palmyra. Identity, community, and state formation, Oxford 2013.

Sommer, M.: Palmyra. Biographie einer verlorenen Stadt, Darmstadt 2017.

Strobel, K.: Strategy and army structure between Septimius Severus and Constantine the Great, in: P. Erdkamp (Hg.): A companion to the Roman army, Oxford 2007, 267–285.

Register